Beyond fundamentalism

Confronting religious extremism in the age of globalization

Reza Aslan

仮想戦争

イスラーム・イスラエル・アメリカの原理主義

レザー・アスラン

白須英子訳

藤原書店

Beyond fundamentalism
Confronting religious extremism in the age of globalization
by Reza Aslan

This translation is published by arrangement with Random House,
an imprint of The Random House Publishing Group, a division of Random House, Inc.
through Tuttle-Mori Agency, Inc., Tokyo

日本語版への序文

目を閉じると、一面の銀世界が瞼《まぶた》に浮かぶ。何て奇妙な連鎖反応だろう。三十年前、私の家族が降り立ったオクラホマ州エニード市は、たしかビルや住宅、教会や公園が肩を寄せ合って立ち並ぶ陸の孤島のような町だった。そして、そこにしばらく暮らすうちに季節は移り、時は経ち、人通りのない街路が雪に覆われておらず、空に黒や灰色の雲が垂れ込め雷鳴が聞こえたりしない歳月もあったはずだが、何一つ覚えていない。オクラホマ州エニード市の歩道に積もり、木々の枝にかぶさり、ガラスのような湖面を一様に覆い、すべてを包む降りたての雪の白さしか思い出せない。

テヘランに降る雪はこんなではなかった。めったに降らないが、降ればたいてい牡丹雪で、頻繁に通る車やブーツに踏みしだかれて、たちまち泥混じりになる。雪と言えば、どろどろした風情のないものだった。こちらの雪は産毛のようにふわりとしていて、真っ白だ。こういう雪は、新たな出発、新生の象徴として記憶に残るものだと、のちに学校で教わった。

もしかすると、それは私の単なる思い込みだったのかも知れない。もしかすると、あのオクラホマ州エニード市の見渡す限りの平原を、子供心に感じた畏怖の念とつい結びつけてしまったのか、それとも、こちらのほうが可能性は高いが、人生において何もかもが新たに始まるように見えた場所に、大人になってから、はっきりそれとわかる里程標を建てておかずにはいられない気持ちがそうさせたのかも知れない。

実は、アメリカの雪はちがうものであってほしかったのだ。ちがうはずだと期待していたのだ。地球上のいたるところに自国の影響力をやすやすと行使し、地球上に征服するべきところがなくなったら、月に国旗を立ててしまうような国には、ほかのところに降るのと同じ雪が降るはずがないと、私は思い込んでいた。ずいぶん幼いときから、アメリカはちがった国だと思い込まされてきた。アメリカは一つの国というよりは、生き方そのものであった。一言《ひとこと》では表わしにくいアメリカ人の国民意識《エートス》を形成している気質、基準、分別、慣習も、アメリカ以外のところで語られれば、どこでもだれでも、いかに懸命にそれを真似るかという話になってしまう。イランでも、アメリカ風の装い、アメリカ風の話し方、アメリカ風の行動はできるし、それが何を意味するか、みんな知っている。イラン風ならありのままでよいが、アメリカ風にするなら、多少は変身の努力が要る。

この教訓を改めて学んだのは、私がアメリカ市民になった日である。痩せた冷たい感じの移民担当官は、私を招き入れて、市民権獲得のためのテスト（「われに自由を与えよ、しからずんば死を」と言ったのはだれですか?）などを行ない、最後に出し抜けに、「新しい名前は何にします?」と訊いた。

私がぎくりとしたのは、質問をする彼女の態度がよそよそしかったためではない。質問そのものに当然のように埋め込まれている僭越さに対してだった。これは市民権の取得ではなくて、改宗なのですよ、と彼女は言っているように見えた。どんな宗教への改宗でも、新しい名前が必要になる。新たな帰属意識《アイデンティティー》を示す新しい名前だ。

だが、アメリカの国民意識以上に、民族性や祖先とのつながりの重荷を背負わず、融通が利き、国籍変更や「〇〇系アメリカ人」といったハイフネーションに開かれた国民意識は容易に想像できない。移民でできた国は、共通の伝統に訴えることによって集団的帰属意識《アイデンティティー》を形成することはできないし、共通の原則をきびしく守らせればすむものでもない。それよりもむしろ、神話や記憶、移民（もしくは改宗者）のそれぞれの新しい世代の慣習や伝統によって形づくられる新しい国家の物語を自ら生み出してゆかなくてはならない。それぞれの移民新世代の文化、宗教、民族的親和力が結合して生まれるアメリカ国民としての帰属意識《アイデンティティー》は、絶え間なく再生され、常に進化している。

E pluribus unum.《イー プルーラバス ユーナム》（多数から一つへ）〔州の連合からなる一つの政府を意味する米国の国璽、一部の硬貨に刻印されている標語〕。

私がこのスローガンを初めて耳にしたのは小学校だった。私たち子供の真向かいの壁に張られた、黄ばんだ大きなアメリカ国旗の真上に、それは大文字で刻み込まれていた。私たちは厳《おごそ》かに片手を胸に当て、教師と全能の神の前で、このスローガンと、そのために闘う共和国に忠誠を誓った。私以外の級友にとって、この毎日の宣誓は、おそらく、棒暗記で覚えた、夢のような抽象概念にすぎなかったかもしれない。だが、英語にまだ慣れていない者にとっては、鵜呑みにした言葉の意味はわからないが、子供ながらにそれは自分が何かを約束することであり、その見返りに、自分にも何かが約束されるということはわかった。アメリカの国旗は、アメリカに忠誠を誓え、そうすればアメリカはあなたがたのために何でもする、あなたがたはそれを求めてここにやってきたのだから、と言っているのだと。

私は一九七九年に七歳でアメリカにやってきて、イランのアメリカ大使館員人質事件、イラン・イラク戦争、イラン・コントラ・スキャンダル、ベイルートのアメリカ軍兵舎爆破事件、二度にわたるパレスチナのインティファーダ、第一次湾岸戦争などのあいだ、ここで育った。あの誓いを疑問視せずにはいられないと感じたことは一度ならずあったが、それを撤回しようとまでは思わなかった。私は三十年間、アメリカの誓いを信じていた。その信頼の上に、私はイラン人として、ムスリムとして、アメリカ市民としての自分の帰属意識《アイデンティティー》を築いた。ところがその後、あるからりと晴れた九月の朝、私と価値観や信仰を共有する一九人の男たちが、四機の飛行機をハイジャックし、世界貿易センターと国防省《ペンタゴン》に突っ込んだのだ。

はっきり言って、私は九月一一日の攻撃以降、脅迫されたり、身の安全を脅かされたりしたことはない。地下鉄のなかで神経質なまなざしを感じたり、空港で〝無作為の〟検査にひっかかったり、エレヴェーターのなかで横目でじろりと見られたりしたことはあるが、別にわずらわしいとは思わなかった。それはみな、〝その後の変化〟の一部にすぎなかったからだ。何もかも変わった、と人々は言った。それは私にもわかった。実際、私は二重の悲しみを感じていた。私の帰属意識《アイデンティティー》の二つのよりどころである私の住む国と私の信仰が、両方とも襲撃されたからである。

だが、何日か経つうちに、線が引かれ、そのどちら側に立つか選ばなければならなくなったことを私は実感させられた。「あなたはわれわれにつくか？　それとも彼らにつくか？」と人々は訊ねる。「どっちにするんだ？　今、決めてくれ。中立はナシだ」。

「あなたはわれわれの側につくのか、それともテロリストの側につくのか？」とブッシュ大統領は警告した。「この闘いに中立地帯はない」と。言葉を換えれば、あなたが「対テロ戦争」の遂行において、われわれに同意しないなら、あなた自身もテロリストだということになる。

ジョージ・W・ブッシュがこの言葉を発してから八年余りが経ち、アメリカではいろいろなことが変化した。現在の大統領は、もはや「正と邪」、「われわれVS.彼ら」、前政権時代に大流行した「文明の衝突」思考に関心をもっていない。

バラク・フセイン・オバマ。彼は、テヘランでの子供時代の私がいつも信じずにはいられなかったアメリカ、オクラホマ州エニード市の朝礼で、クラスメートといっしょに起立し、片手を胸に星条旗に忠誠を誓うように教えられたアメリカの権化である。オバマは大統領受諾演説で、このきわめて重要な式典を注視している地球上の数十億の人々にこう語りかけた。「アメリカはどんなことでもできる国だということをまだ疑っている人が他のどこかにいるとしたら、われわれの建国者たちの夢がいまだに生きていることに驚く人がいるとしたら、われわれの民主主義の力をまだ疑問に思う人がいるとしたら、今夜がみなさんの答えです」。

カンザス州出身の白人キリスト教徒の母とケニア出身の黒人ムスリムの父親のあいだに生まれた子供であるオバマ大統領は、イスラームと欧米を一つのまとまった文明としてつなぐ架け橋として、意識的に自分を位置づけていた。「ムスリム世界には自分の暮しを立て、子供たちによりよい人生を願っているだけのすばらしい人たちが満ち満ちていることをアメリカ人に伝えることが私の仕事です」とオバマは当選数か月後の大統領としての初会見に、アラブのニュース・チャンネル「アル・アラビーヤ」のインタビューに答えて語っている。「ムスリム世界への私の任務は、アメリカ人はあなたがたの敵ではないことを伝えることです」。

そのような言葉は、アメリカ大統領にどう対応するか躍起になっていたザワヒリやビン・ラーディンのような、がちがちのジハード唱道者に大きな揺すぶりをかけた。前任者の宗教的二極化を招くようなレトリックを自ら否定し、「私の家族にはムスリムがいます。私はムスリム国に住んだ経験もあります」と誇らしげに語り、「私たちが使う言葉は大事」であることを認め、仮想戦争《コズミック・ウォー》に勝つ唯一の方法は、同じ土俵で闘うことを拒否することだとついに理解した大統領が登場したからである。

それは単にムスリムとキリスト教徒の結合で生まれた異種族間の混血男性が世界で最高の政治的地位にまでのぼりつめただけのことではない。彼の登場は、世界中のすべての人にアメリカの誓いを思い起こさせるためにぜひ必要だった——アメリカはすでに、人種的にも、民族的にも、宗教的にも、地球上でもっとも多様性に富んだ国で、まもなく少数派が多数派を形成する唯一の国になろうとしている。私はムスリム世界をあちこち旅してみて、まず第一に、アメリカとは信仰であれ、文化であれ、民族であれ、接触する者すべてを吸収してしまうスポンジのような国という認識によって、反アメリカという抵抗しがたい影響力をしばしば克服できるのを肌身に感じた。テヘランの街角で「アメリカに死を！」と群衆に唱和するムスリムが、個人的にはアメリカの査証《ビザ》をとる手助けをしてくれと私に頼むのを見てきた。「対テロ戦争」がムスリム世界全般でのアメリカのイメージを悪くしているにもかかわらず、アメリカのもっとも信頼できる批評家でさえ、ムスリムがアメリカ以上に宗教を自由に堂々と追求できる国は世界のどこにも、イスラーム国においてさえもないことを今でも認めている。

実際、アメリカのムスリムが、ヨーロッパのムスリムにくらべてずっと、ジハード唱道運動の影響を受けにくいのは、何よりもアメリカが宗教と宗教的表現の自由を重視しているからである。そしてその同じ自由が、世界中のムスリムにこのアメリカの誓いの魅力を感じさせつづけている。世界中の人たちが求めている信仰と良心の自由の権化としてのアメリカは、それ自体が地球規模のジハード唱道運動《グローバル・ジハーディズム》の拡大に対するもっとも有力な武器である。これまでの数年はもう過去のものになった。アメリカはふたたび「世の光」としての位置につき、すべてのことが本当にやればできる国になることができる。

E pluribus unun universitatum.《イー プルーラバス ユーナム ウニヴェルシタトゥム》（多数から一つの世界へ）。

仮想戦争／目次

仮想戦争

——イスラーム・イスラエル・アメリカの原理主義

凡例

一　本書は Reza Aslan, *Beyond Fundamentalism: Confronting Religious Extremism in the Age of Globalization* の全訳である。

一　原注は、［　］を用いた。

一　訳注は、〔　〕を用いた。

一　原文のイタリック強調は、傍点で示した。

謝辞

アマンダ・フォーティニ、イアン・ウェレット、マーク・ユルゲンスマイヤー、リチャード・アッペルバウム、リーザ・ハージャー、デリク・シアラー、ナザニン・アンゴシュタリ、メーガン・クリストファー、ウィル・マーフィー、エリス・チーニ、コートニー・ターコウ、ニコール・スティード、ハウイ・サンダーズその他大勢の人たちの支えがなければ、この本を書き上げることはできなかったであろう。

はじめに——われわれVS.彼ら

二つのタワーが、がくりと折れて崩れ、その震動による衝撃——あの生々しく、むごい現実のすべて——が瓦礫と灰に成り果てたあと、九・一一のハイジャッカーの一人の旅行カバンのなかから奇妙な文書が見つかった。そこには、彼らが身の毛のよだつような供犠を実行するに当たっての最終的な指示が記されていた。私が「供犠」という言葉を使うのは、この無記名の文書が、ハイジャッカーの心のなかで行なわれる儀式めいたドラマを盛り上げるためのおごそかな宗教儀礼、ひとつひとつの注意深い行為、どれもリハーサルずみの一瞬一瞬を描いた台本のように読めたからである。ハイジャッカーたちはこう命じられていた。

すべての不純なものを殺《そ》ぎ、心を浄めよ(1)、心を素直にさせ、納得させ、理解させよ。〝この世〟のことを完全に忘れよ。

ホテルを出るとき、神のご加護を祈れ。タクシーに乗るとき、空港に入るとき、神のご加護を祈れ。飛行機に乗るとき、神のご加護を祈れ、死の瞬間にもご加護を祈れ。

聖句を唱えつつ身を清めよ。聖句を唱えつつ手荷物、衣服、パスポートを改めよ。聖句を唱えつつナイフを研ぎ、切れ味を確かめよ、生け贄に苦痛を与えてはならぬ。

相手は自分より強いかも知れないことを忘れるな。だが、相手の装備、防衛手段、テクノロジーの何一つとして、任務の遂行を妨げることはあるまい。どれほど多くの小さな集団が、神の意志によって大きな集団を敗北させてきたことか？

これは神のための闘いであることを忘れるな。敵はサタンの味方、悪魔の兄弟である。彼らを恐れてはいけない。信者が恐れるのは神だけだからだ。

その時が近づいたら、神のために死を喜んで迎えよ。息を引き取るとき、神を思い起こせ。最後の言葉は、「アッラーのほかに神なし！」であれ。


これらの最後の指示には、グロテスクだが回避できない事実がある。あの九月の朝、三〇〇〇人以上の命を奪ったハイジャッカーたちは、宗教儀礼のような芝居を演じていたのだ。彼らは犠牲者たちに強制的に虐殺の場に導かれる生け贄の羊の役を割り当てた。彼らはこの事件を、〝神のための闘い〟という宗教的仮想世界の用語で表現した。彼らは、目覚めた瞬間から、自分の死と犠牲者たちの死の瞬間にいたるすべてにおいて雑念を排除することに努めた。彼らを強くしたのは彼らの信仰だった。

九・一一の諸事件をきっかけに、現代世界における宗教と暴力をめぐる議論がスタートしたわけではない。だが、この事件で、その問題を避けて通るわけにはいかなくなった。宗教の名で実行された暴力行為を、宗教のせいにすることはたやすい。聖典の頁をたぐって、蛮行の断片を拾い上げたり、聖典にある章句や信者の行為のなかからありふれた傷害事件の一つを取り上げたりすることはもっと簡単だ。だが、どんな宗教も本質的に狂暴でもなければ、平和的でもない。狂暴になったり平和を求めたりするのは人間なのだ。

さらに、実行者がムスリムだったことも、彼らの凶悪な犯行も、この事実を否定していない。イスラームは平和の宗教でもなければ戦う宗教でもないが、ほかのさまざまな宗教と同様、思いやりを醸成することもあれば人間生来の堕落性を唆すこともある一つの宗教にすぎないと言っていいであろう。しかし、実行者たちはクルアーンを読み、彼らが生け贄にしようとしているのは無辜の民ではなく、サタンの味方、悪魔の兄弟だと確信した。彼らの言語道断な行為の背後には、ほかに何か差し迫った危機感、あるいは何らかの社会的、政治的動機があったかも知れないが、これら一九人の実行者たちが神への奉仕と信じて行動したことは疑いない。彼らは軍隊や国家間の戦争ではなく、光の世界の天使と闇の世界の悪魔の闘いというきわめて形而上学的な闘争に従事したのだ。彼らはアメリカの絶対的支配権に対してではなく、永遠の悪の勢力を相手にした仮想戦争《コズミック・ウォー》（2）を闘っていたのである。

仮想戦争《コズミック・ウォー》とは宗教がらみの戦争のことである。そうした戦争では、神がどちらかの側に直接関与していると信じられている。地球上で相互に敵対する宗教グループのあいだで行なわれる戦争を意味する「聖戦」とはちがって、参加者は地球上で闘っていると思っているが、実際には天界で行なわれている儀式めいたドラマのようなものだ。言葉を換えれば、この世で現実に起こる身体を張った戦争であるとともに、時空を超えた世界での想像上の倫理的な会戦でもある。この闘いは実際には大殺戮の修羅場になるかもしれないが、戦争自体は精神的レベルで行なわれ、私たち人間は、神によって書かれた神聖な台本のなかの役者にすぎない。

仮想戦争《コズミック・ウォー》は、殺し屋や刺客にすぎないと考えられている人間を、神によって認められた戦士に変貌させる。それは犠牲者を生け贄に換え、人間のモラルの概念では到底認められないような極端に異常な破壊行為を正当化する。仮想戦士が神の掌に載った人形にすぎないならば、彼らにとってそのような倫理的懸念は何の役にも立たないにちがいない。

仮想戦争《コズミック・ウォー》は、策略や戦略ではなく、むしろ信仰の力によって勝つ。仮想戦士たちは武器や戦闘能力のような戦術的なことを懸念する必要はない。結末は人間の手に委ねられているのではないと信じ、神の怒りという大きな力で敵をやっつけるために、自分の意志を神の意志だと思うだけでよい。

仮想戦争《コズミック・ウォー》は世界を白と黒、善と悪、私たちと彼らに分ける。そのような戦争には中立的立場はない。だれもが自分のつく側を選ばなければならない。軍人と民間人、戦闘員と非戦闘員、侵略者と野次馬など、これまでの実戦での見分け方は、仮想戦争《コズミック・ウォー》では通用しない。あなたはわれわれと同じでないならば、彼らと同じであるにちがいないという単純な方程式があるだけだ。もしあなたが彼らと同じであるならば、あなたは敵であり、したがって滅ぼされなければならない。

　そのような非妥協的な区分けは、敵を非人間扱いするだけではない。敵を悪魔に見立てる。したがってその戦争は、国家やそこに属する軍人もしくは民間人を相手にした闘いではなく、悪魔とその子分との闘いである。つまり、私たちが善の側であれば、彼らは悪の側であるはずだ。したがって仮想戦争《コズミック・ウォー》の究極の到達点は、地上軍を敗北させることではなく、悪自体をほろぼすことにある。それが仮想戦争《コズミック・ウォー》を、絶対的で、永遠につづく、終わりのない、究極的には勝利のない戦争にしている。

　もちろん、仮想戦争《コズミック・ウォー》が勝利のない戦争であるならば、敗北も同じようにない。仮想戦争《コズミック・ウォー》は領土や政治政策をめぐる争いではなく、帰属意識《アイデンティティー》をめぐる闘いである。危機にさらされているのは、不確定な世界に生きている自分自身の意識である。そのような戦争では、敗北は信仰の喪失を意味する。そしてそれは考えられないことだ。だから仮想戦争《コズミック・ウォー》において妥協はありえない。協定も、決着も、降伏もありえない。

二〇〇一年九月一一日にアメリカを攻撃した男たちは仮想戦争《コズミック・ウォー》を闘っていた。あのような社会的倫理に反する、非イスラーム的な行為を実行することに何らかのためらいがあったかも知れないが、それを封じたのは、彼らに行動せよと命じたのは自分たちではなくて神であるという固い信念であった。彼らは占領国を激しく罵ったために失業し、希望をなくしていた男たちではなかった。社会の片隅に追いやられた貧しい人たちでもなかった。彼らがアメリカを攻撃したのは、特定の大義名分を唱道するためでもなければ、何らかの不正を是正するためでもなかった。宗教学者ブルース・リンカーンの言葉を借りれば、「外見とはまったく反対に、「彼らは」自分たちの敵よりも限りなく優勢で、まったく異なった命令によって生じる力をもっていた」(3)。

どれほど多くの小さな集団が、神の意志によって大きな集団を敗北させてきたことだろう?

確かに九・一一の攻撃の当事者とされる人たちは、パレスチナ人の苦しみ、アラブの独裁者たちへのアメリカの支援、ムスリム国への外国軍隊の駐留など、欧米世界に対する数限りない悲憤の正体を暴いた。それらは正当な悲憤であるかも知れない。だが、ジハード唱道者《ジハーディスト》たちにとって、それらは現実のものというより象徴的なものである。それらは取り組むべき政策でもなければ、解決するべき問題でもなく、自分たちがそのまわりに結集するための抽象的概念である。ハイジャッカーたちは、世界貿易センターと国防総省への攻撃が、パレスチナに平和をもたらしたり、結果的に中東からアメリカ軍を撤退させたりするかなどは微塵も想定していない。実際、彼らが望んでいたのは、この地域にさらに多くの軍隊を引っ張り込むことだった。

私たちが理解しなければならないのは、仮想戦士たちは想像上の戦争を闘っているということである。彼らは実際に予測可能な期間内に勝利することはできないことを知りながら闘っているのだ。これは彼らが目標をもっていないという意味ではない。それどころか、彼らの目標はまさに地球規模の変革なのである。だが、そのような変革がどんな形をとるか、だれが新体制をリードするのか、究極的にはどんな体制になるのかは、この世が消えてなくなるまで提示する必要のない問題なのだ。彼らが、少なくとも何かしら社会的、政治的行動計画を制定するというような意味において、何らかの〝勝利〟を達成することにめったに触れることがないのはそのためである。「アル・カーイダ」のような宗教がらみの過激派グループによる世界制覇が差し迫っているという懸念が声高に警告されているにもかかわらず、こうしたグループ自体からのそのような宣言はほとんど聞こえてこないことは特筆に値する。ビン・ラーディンの書いたもの、スピーチ、宣言などのどれを見ても、現状に代わる社会計画に近いものを提示する意図はどこにも見られない。「真実を立証し、悪を断ち切る」(4)というアル・カーイダの憲法に埋め込まれた漠然とした言質以外に、何の提案、政策、計画もない。殉教死という栄光の成就に熱烈に専念することによって、アル・カーイダのような組織を一つの社会運動として永久に位置づけること自体、その目的が形のない、不明確な、現世では達成不可能であることを暗に示している。アル・カーイダは、すべての国境を取り払い、世界規模の「カリフ座」〔六三二年に預言者ムハンマドの死後確立され、一九二四年にムスタファ・ケマル・アタチュルクが廃止するまで続いたイスラームの名目上の首長の政務所〕を自分たちが再建するのは不可能であることを知っている。アル・カーイダがアラブ・ムスリム世界の支配権を掌中にすることはありえない。アメリカを敗北させることや、ましてやこの地へのアメリカの影響力を排除することもできない。「イスラエルを地図上から抹殺する」見込みはまったくない。

それらがまったくの狂気の沙汰であるにもかかわらず、彼らのばかげた野心が私たち一般人の意識に焼きつけられてしまっているのは、アル・カーイダのテロリストたちの能力のせいなどではさらさらなく、テロリズム産業の恐怖を掻き立てる効果によるところがはるかに大きい。「テロリズム産業(5)」という言葉は、国家安全保障省のマニフェストを引き合いに出して、アメリカ人に「テロリストはどこでも、いつでも、事実上どんな兵器でも利用して攻撃できる」ことをアメリカ人の肝に銘じさせておくために、さまざまな本質的には異なる理由を挙げて、政治、軍事、経済、メディア、宗教界の関心を結びつけることを表わした、政治学者ジョン・ミューラー〔一九三七年生〕の造語である。

人はテロリストによって殺されるよりも落雷の衝撃を受ける可能性のほうが高いということを一瞬無視すれば、そのようなぎょっとするような宣言が、テロリズムというものがいかに幻の威力を効果的に提示するかがよくわかる。テロリストたちの目標がどんなにばかげたものであろうと、とにかく実行可能であるという印象を与えるからだ。彼らはもちろん、そんなことをできるはずがない。そしてその基本的な真実のなかに仮想戦争《コズミック・ウォー》の意図と威力が潜んでいる。それは絶対に存在しない勝利への希望を提供する。仮想戦士たちのなすべきことは、〝現世〟と呼ばれるものを忘れ、来世に視点を合わせさえすればよいのである。

九・一一の当事者たちにたった一つ大きな抱負があったとすれば、それは、ビン・ラーディンの言葉を借りれば、「キリスト教徒十字軍に対峙するムスリム世界を統一し」、いかなる犠牲を払っても、彼らの仮想戦争《コズミック・ウォー》の永続化を図ることだった。なぜなら、それ以外に彼らの帰属意識《アイデンティティー》を維持できる手段はないからである。「仮想戦争《コズミック・ウォー》」という造語の生みの親である社会学者マーク・ユルゲンスマイヤーが書いているように、「戦争状態のなかで暮らすことは、個々の人間が、自分はだれなのか、なぜ自分が苦しみ、だれから屈辱を受け、どんな犠牲を耐え忍んできたかを思い知る世界に住むことだ[6]」からだ。

九・一一の攻撃は一種の宣戦布告だったと言われている。事実、あの攻撃はすでに進行中の戦争、宗教ならではの想像上の世界における、原初以来、善と悪との勢力のあいだで行なわれてきた仮想戦争《コズミック・ウォー》への勧誘だった。それはアメリカ自身の仮想戦士たちが大喜びで乗ってくるはずの勧誘だった。

アメリカの哲学者エリック・ホッファー〔一九〇二―八三〕は、狂信的なイデオロギーであるナチズムに対する世界戦争の恐怖が終わり、スターリニズムという新たな敵に対する冷戦がスタートしたばかりの頃にこう書いている。「平時における民主国家というものは、多かれ少なかれ、自由な個人によって組織化された協会のようなものである。その存在が脅かされ、人々を団結させ、究極の自己犠牲精神を発揚させなければならなくなると、民主国家は過激派の教会か革命政党に近いものに変身せざるを得なくなる」(7)。

世界貿易センターと国防総省が攻撃されたのとほぼ同時に、アメリカではこの変身が始まっていた。

今は正常な時代ではない。アメリカの福音派《エヴァンジェリカル》キリスト教徒に計り知れない影響力をもつ人気の高い牧師で、『レフトビハインド』シリーズ〔最後の審判の日とそのあとに残された者をテーマにしたスリラー小説〕の共著者でもあるティム・ラヘイは、大勢のアメリカ人に対して、九月一一日を「終末的事件の最たるもの」(8)と宣言した。

これは普通の戦争ではない。われわれの一国民としての帰属意識《アイデンティティー》そのものが危機にさらされた。世界は善の側と悪の側の二つに引き裂かれてしまった。勝利に行き着くためには、「世界から悪を退治する」(9)しかないと、ジョージ・W・ブッシュは誓いを立てた。

これは通常の敵ではない。「これはわれわれが拠り所とし、信じているものすべてを破壊しようとする理解の範疇を超えた敵である」(10)と上院議員ジョン・マケインは断言した。これは私たちが聞かされている「われわれとは考え方が正反対の」(11)敵である。元国防総省次官補で情報収集とビン・ラーディンの追跡担当のウィリアム・G・ボイキン陸軍中将はもっと直截だった。

「われわれの敵は信仰上の敵だ。なぜならわれわれは信仰者の国だからだ」[12]と彼はオレゴン州の福音派の信徒たちに語った。「彼の名はサタン……サタンは一国としてのわれわれを滅ぼそうとし、キリスト教徒軍としてのわれわれを敗北させようとしている」。

彼らはわれわれの反対側にいる。これはきわめて抽象的な闘いだ。倫理的な抑制は、この際、無視しなければならない（つまり拷問など）。敵は軍隊でもなければ国家でもなく、悪そのものである。これは文明をめぐる闘いである。われわれの帰属意識《アイデンティティー》が危機にさらされている。交渉の余地はない。降伏はできない。敗けるわけにはいかない。

勝つことも不可能だ。事実、アル・カーイダのようなグループの宗教性を帯びたレトリックと仮想戦争《コズミック・ウォー》という世界観を採用し、そのようなテロリスト組織を国際的な犯罪、陰謀として法に照らして裁くのではなく、文明社会を破壊しようとする悪魔的勢力とみなすことにより——つまり、「地球規模の対テロ戦争」を仮想戦争《コズミック・ウォー》として扱うことにより——私たちはこうした過激なムスリム戦士たちの思うつぼにはめられたばかりでなく、新たな恐るべき宗教戦争時代への下地をつくってしまった可能性がある。

それは、神は死んだと確信をもって語られてきたにもかかわらず、実際には、宗教が今日までの数世代間に類例がなかったほど強力な、世界的規模の勢力になっているためである。二十世紀初頭には、世界の人口の半分が、自分自身をカトリック、プロテスタント、ムスリム、あるいはヒンドゥー教徒と自認していた。それから一〇〇年の社会の発達、テクノロジーの刷新、科学の進歩のあいだに、これらの信者であると自認する人口は約三分の二に達した。[13] そして（神を信じていると告白するが、特定の伝統宗教の信者ではないという人の数が増えているのと同様に）冷静な無神論者の数もまた、世界的に増えている一方で、特定の教会または宗派に属している人のなかでは、保守派や原理主義者《ファンダメンタリスト》の数が、穏健派やリベラル派よりも多くなっている。

宗教的帰属意識《アイデンティティー》におけるこのような趨勢をどう解釈するべきか？ それは、一つには、十九世紀から二十世紀にかけて一世を風靡したイデオロギー的原則である非宗教的ナショナリズムが、地球規模の平和と繁栄の約束を達成できていないことと関係があるのかも知れない。歴史上、宗教が言語を絶する罪を犯してきたのは事実であるのと同様、過去百年間におけるもっとも野蛮な暴力行為が、ナチズム、毛沢東思想、スターリニズム、社会主義、進化論信奉者にいたるまで臆面のない非宗教主義者《セキュラリスト》のイデオロギーの名において行なわれてきたのは事実であるが、十八世紀から十九世紀にかけての非宗教主義《セキュラリズム》の勃興が宗教信仰の低下に対応する形で生まれたとすれば、宗教的帰属意識《アイデンティティー》の増大はおそらく、非宗教主義《セキュラリズム》に対する幻滅の広がりによるところが大きいであろう。

だが、それ以上に大きな原因がある。グローバル化は、個人的にも集団的にも自分自身の定義の仕方を急激に変えてしまった。非宗教的ナショナリズムは、世界のいたるところで、民族、部族、とりわけ宗教を基盤にした新しい形のナショナリズムに道を譲り始めている。ますますグローバル化する世界で、国民国家という古い区分けはじわじわと消滅しつつあり、宗教はもはや、個人的経験の範疇とされる単なる神話や儀式のセットと見なすことはできなくなっている。宗教とは帰属意識《アイデンティティー》なのだ。実際、世界の多くのところで、宗教は急速に、民族、文化、国籍さえも超えて広がる最高の帰属意識《アイデンティティー》になりつつある。

宗教と政治がますます同じ語彙を共有するようになり、同じ領域で機能するようになっている世界では、宗教的な悲憤は当然のように政治的悲憤として論じられ[14]、宗教的暴力は政治的暴力と同様に理に適っているとされる。これは、仮想戦争《コズミック・ウォー》が時には政治的戦争になりうることを意味し、その場合、こうした戦争は来世への義務であるばかりでなく、この世を変えることになる可能性がある。ただし、政治的戦争には終わりがあり、政治的悲憤は解決可能だが、仮想戦争《コズミック・ウォー》は勝者も敗者もないまま永遠につづくことになる。

グローバル化が急速に進み、非宗教的ナショナリズムがじわじわ後退してゆくなかで、ユダヤ教徒、キリスト教徒、ムスリムの伝統のなかに浸透していて、今や地球全体を仮想戦争《コズミック・ウォー》の世紀へと突入させる恐れのある過激な原理主義《ファンダメンタリズム》的勢力にまともに挑戦するには、世界紛争から宗教的解釈を除去しなければならない。自分たちのリーダーと自分たちの敵といった宗教的に二極化したレトリックに振り回されず、火急の具体的問題に焦点を絞り、仮想戦争《コズミック・ウォー》の推進力の背後に常に潜んでいる現世的な問題に積極的に取り組むことが大事である。なぜなら、ハイジャッカーたちの悲憤は象徴的なもので、彼らがそれを中心に結集するための大義名分にすぎなかったかも知れないが、それでもなお、あの貿易センターのタワーの崩壊を見ていた世界中の大勢のムスリムにとって――彼らこそ、本当にあのドラマティックな暴力の誇示を見てもらいたい観衆だった――それらは正当な悲憤であり、あのような形で提示するしかなかったのだ。パレスチナ人はイスラエルの占領下で本当につらい経験をしていたし、アラブの独裁者たちは事実上アメリカの政策によって支えられていた。ムスリム世界はまさに「十字軍的」欧米世界に攻撃されていると感じるのも無理はない。こうした悲憤と取り組むことでは、ムスリムであろうと、ユダヤ教徒であろうと、キリスト教徒であろうと、この世の仮想戦士たちを満足させないかも知れない。だが、そうすることによって仮想戦争《コズミック・ウォー》を地上に戻し、もっと建設的な対決が可能になる。なぜなら、結局、仮想戦争《コズミック・ウォー》に勝つ方法はただ一つ、同じ土俵で闘うのを拒否することだからだ。

第Ⅰ部

帰属意識の地勢学

第1章　国境のない個人——パレスチナ

ベン・グリオン国際空港は、テル・アヴィヴの多くの建物と同様、古いアラブの港町ヤッフォの砂漠の砂地がそのままにょっきり形になって現われたかのような、輪郭のはっきりした、美しい、驚くほど自信に満ちた建造物である。イスラエル国建設の立役者で、無愛想な将軍の名にちなんだこの空港は、組織されていない大勢の敵のまっただなかにありながら、社会的にも、テクノロジー面でも格段に進歩した要塞のようだと自画自賛するこの国の立場をこれ見よがしに証明している。実際、ベン・グリオン空港の第一の役割は、まさしく厳重な入国審査によってそうした敵をふるい分けることであるように見える。これはどこの国際空港でもやっていることで、九・一一以降、アメリカに入国する際に、入念に審査され、指紋や写真をとられるという屈辱を経験した人なら、それを立証できるのではないかと思う。現代世界の空港は、一種の身分証明情報《アイデンティティー》ファイル的機能をもっており、私たちがそれぞれの国籍にしたがって別々の行列に振り分けられる前に、すでにこれ以上は不可能なほど細密に識別され、登録され、分類されている。

それにもかかわらず、イスラエルはぶしつけな理由を付けて、このプロセスを新たな前例のないレベルの執拗さで執り行なっている。私は飛行機を降りて二歩も行かないうちに、ユダヤ教徒のニット帽《ヤムルカ》を被ったニキビ面の入国審査官につかまり、続々と降りてくる乗客の群れから引き離されてしまった。

「パスポートを出してもらおう」と彼は大声で怒鳴った。「どうしてここに？」

このところ数か月間、封鎖されているガザに忍び込みたいと、本当のことを言うわけにはいかない。二〇〇六年、パレスチナ人が初めて自由で公正な選挙を経験させてもらえることになったとき、彼らは一九五八年にヤセル・アラファトが設立した宗教色は少ないが、およそ無能に見える政党である「ファタハ」の政治家たちではなく、「ハマース」の宗教がらみのナショナリストたちに圧倒的多数の票を投じた。イスラエル、アメリカ、ヨーロッパ列強はパレスチナ人に自己決定を許すと約束しておきながら、ハマースの統治を認めないことを即座に決定した。ハマースが設立の党是として、イスラエル国家を認めず、無数のイスラエルの軍人および民間人を殺したのは、その過激な右翼イッズ・アッディーン・アル・クァサム部隊だと考えていたからである。ハマースが事実上の本拠地にしている細長い休閑地ガザは外界から遮断された。国際的援助がなくなり、『ニューヨーク・タイムズ』紙の言葉を借りれば、「パレスチナ自治政府への金と国際的コネクションを断ち切って[1]」、新たな選挙を行なわざるをえないようにする計画が施行された。その結果、占領地区はハマースとファタハの二つにすさまじい勢いで分裂した。ヨルダン川西岸地区はイスラエルと欧米列強の援助のあるファタハが統治し、他の世界から孤立させられ、飢えて、いきり立つ一五〇万人の囚人を抱えた拘置所のようなガザ地区はハマースの支配下になった。

私は活気溢れるテル・アヴィヴから数キロのガザ地区北部にあるウム・アル・ナスルの崩壊した村に行ってみようと思っていた。数か月前、二人の幼児を含む村人数人が、報道陣の言う

「汚水津波(2)」に襲われて溺死した場所である。氾濫は、村の上方にあって、かなり前からじわじわと汚水が漏れていた処理施設の突然の崩壊が引き金になった。ウム・アル・ナスルの村人たちは何か月も前から汚水が溢れるのを防ぐために必要なポンプや排水管、フィルターの輸入許可をイスラエルに要請していた。だが、ガザ地区から毎日絶え間なく発射される粗雑なロケットの連発に動揺していたイスラエルはそれを拒否した。それらのロケットの一部は、この地に唯一残っていた古い配水管で造られていたとは、おぞましくも皮肉な話である。村人たちは処理場のまわりに土手を築き、そこはたちまち排泄物の巨大な湖になった。だが、土手は保ちきれなくなった。二〇〇七年三月二七日の朝、ウム・アル・ナスルの村人たちの大半がまだ眠っている間に、土手は崩れ、村に汚水が押し寄せた。

ガザ地区と言えば必ず、人間が――男も女も子供も――文字どおり糞尿に溺れたところという話になるのはこのためだった。

「どうしてここに？」

「観光しに」と私は答える。

それは納得できる答えではないから、私は窓のない部屋に連れて行かれ、そこでも同じ質問が、今度はやや年配の係官から繰り返される。一時間ほど経ち、三人目の係官が入ってきて、同じ質問をする。「どうしてここに？」

その後も質問はつづく――殺風景な入国管理事務所のなかで、最初の事務所のなかのさらに殺風景な部屋で、その部屋のなかのさらに小さな部屋で、さらに入国審査の行列で、手荷物受渡所で、税関で——そこで私はやっと、「どうしてここに？」は一種の挨拶なのだと思うようになった。

こうした措置はどれも仕方がないものだ。私はそのどれにも腹を立てなかった。私はアメリカの公民権をもっているが、生まれたのはイランで、イスラエルの存在権を認めてさえいない国々でたくさんの時間を過ごしてきている——そうした国とは、もし私のパスポートにイスラエルのスタンプが押されていれば、入国を許さないどころか拘置所へ放り込む可能性さえある国々である。イスラエルが、見かけは私と同じような人たちから受けた暴力を思えば、用心深くなる理由は山ほどある。

問題はイスラエルにあるのではなく、いくつもの帰属意識《アイデンティティー》を重ねもっている私にある。公民権があるのはアメリカで、国籍上はイラン人、民族的にはペルシア人、文化的には中東人で、宗教的にはムスリム、性別は男性である。私の帰属意識《アイデンティティー》が示す多重性のどれもが——それらが、今の私を形成しているのだが——自分たちと私のような者たちのあいだに安全な距離を維持することを仕事としている、申し分なく明るく理性的な入国審査官たちが延々と行なわなければならない手続きに、何らかの脅威とみなされるのだった。

それにしても、こうした手続き全体を通じて、私は有名なフランスの理論家エルネスト・ルナン〔一八二三—九二〕がずいぶん昔に、国民とは「過去や自分たちの隣人の憎しみについて間違った見解のもとに統合された人間集団」[3]と定義したのを思い出さずにはいられなかった。そのような感慨が、中東の広大な地平線上に散らばる比較的新しい国々のあいだ以上にしみじみと、あるいは強烈にわきあがる場所はない。ナショナリズムの勃興が遅く、しかもそれが他者の意志によって掻き立てられることが多かったこの地域が、今、グローバル化の高波のもっとも強烈な直撃を受けていることを思えば、それも驚くに当たらないであろう。

グローバル化は多くの人たちにとってさまざまな意味をもっている。この言葉そのものは新しく、一九八〇年代に私たちの語彙に入れられたばかりだが、この言葉から想定される社会、経済、文化の全面的な変化は何百年も前から起こっている。グローバル化のプロセスは、最初の人類が獲物や安全な場所、穏やかな気候などを求めて、アフリカから長い道のりを踏み出したときに始まったという説[4]は、十分説得力がある。帝国の時代も、ある意味でグローバル化の最盛期であった。ローマ人、ビザンツ人、ペルシア人、モンゴル人は、広大な地域にわたって頻繁にやすやすと交易、通信、文化の相互交流をやってのけていた。植民地時代についても同じことが言える。旧帝国時代の近隣王国との通商関係のやり方は、あまり職業的倫理に適っているとは言えないまでも、やりやすい形にして、地元民の経済活動全般のモデルにされた。さらに、宗教は、国境、部族、民族を超えてメッセージを広めようとするのが常である。これ以上にグローバル化の推進に間違いなく大きな影響を与えた勢力はなかったと言えるであろう。

簡単に言えば、グローバル化は新しい現象ではないのである。

だが、今の時代の用法における「グローバル化」という言葉は、国際経済システム、国家間利益の相関関係、地球規模のメディアやインターネットのようなテクノロジーの発達と人々の大移動など、どれも独立した国民国家の国境を越えて展開される現代の動向を指している。現代におけるグローバル化のもっともシンプルかつ明快な定義は、デンマークの政治哲学者ハンス゠ヘンリク・ホルムとゲオルク・ソレンセンの「国境を越えた経済、政治、社会、文化関係の拡大」[5]であろう。だが、私はどちらかというと、社会学者ローランド・ロバートソンの「世界の縮小と世界は一つという意識の増大の両方を指す概念」[6]（傍点は筆者）というグローバル化観をとる。

グローバル化は単なるテクノロジーの進歩や国境を越えた関係についてばかりの事柄ではない。ますます一つの空間として見られるようになってきた世界における自己意識についても言える。私たちの自己意識は拡大している。自分を社会的集団の一員としてどう位置づけるか、公共の空間をどう認識するか、同じ意見をもつ人たちとどう交流するか、自分たちの宗教的、政治的リーダーをどう決定するか、宗教や政治形態の分類についてどう考えるかなど――個人として、より大きな社会のメンバーとして、自分をどう定義するかにまつわるすべてのことが、自己意識が地域の境界による制約を受けなくなっているために、グローバル化した世界では変化しつつある。個人は、国籍、階級、性別、宗教、民族などの重層的な帰属意識《アイデンティティー》によって構成されているので、そのうちの一つ（たとえば国籍）が意味をもたなくなると、別の（宗教、民族などの）帰属意識《アイデンティティー》がその隙間を埋めるようになるのはきわめて自然なことである。

二十世紀は大体において、非宗教的ナショナリズム――集団的帰属意識《アイデンティティー》の中心に国民国家をおく政治哲学――が世界の大半において帰属意識《アイデンティティー》の第一の目印であって、発展途上国でさえも、指導者たちはしっかりした国民的帰属意識《アイデンティティー》の創出を一国の経済的、政治的進歩の第一歩と見なす傾向があった。ナショナリズムはもちろん、国民という発想から始まるのだが、国民とは必ずしも簡単に定義できるものではない。

この問題にはうってつけの理論家アンソニー・スミスの言葉を借りれば、国民とは、「共通の祖先をもつ人たちの共同体」[7]のことで、共通の価値観と伝統、神話や歴史的記憶をもち、「〝自分たちの〟賢人、聖者、英雄が暮らし、働き、祈り、闘った場所」という先祖伝来の故郷と結びつけられることが多い。国家とは、領土的境界内に住む国民を組織し管理するために必要な官僚機構（つまり、政府）である。国家には境界があり、地理的に画定することができる。国民には境界がない。よく引用されるベネディクト・アンダーソン（一九三六年生）の言葉を借りれば、国民とは「想像の共同体」[8]である。国民がもつ唯一の境界線は、そこに含まれる人と除外される人のあいだに引かれる。つまり、だれがそこに属し、だれが属していないかを見分けるためだ[9]。

国家においては、その構成員かどうかは、公民権の有無によって定義される。だが、一つの国民の構成員であるかどうかは、その構成員が同じ伝統を共有し、同じ言語を話し、同じ神を信じるか、もしくは同じ儀式を実施するかなどいくつかのほかの統合手段を必要とする。近代的な国家が成立したのは、十八世紀以降のことに過ぎない。だが、国民は、そこに住む人間が家族、氏族、部族、国民として自分たちを組織化し始めてからずっと存在していた。ケルト人、アステカ人、ペルシア人、ユダヤ人、アラブ人らはみな、ある程度、その「国民性」を主張し、共同体意識を持ち、彼らがさまざまな国家に吸収されるはるか前からある祖先の郷土との関連を維持していた。

　国民というものを、世代から世代へとつながる人々の神話も現実も交えた記憶を綴った壮大な歴史物語として考えてみていただきたい。国家はその物語をまとめて綴じ、読みやすい書物にする表紙である。すると、国民国家というときの私たちは、国民について比較的新しい考え方を示すことになる。それは国家という領土的、もしくは行政的境界内に含まれる共通の祖先をもった共同体である。そして、非宗教的ナショナリズムと私たちが言うとき、国民国家の構成員は、宗教や民族的所属ではなく、自由で平等な国民のあいだで交わされる社会的契約を通してまとめられるべきであるというさらに新しい考え方を意味している。

　国民国家がある程度、文化的同質性を共有していた人々の共同体を統治する、独立した領土的境界線をもった統一体であった――十九世紀の大半から二十世紀にかけてがそうであった――時代には、非宗教的ナショナリズムがもてはやされた。だが、グローバル化がすべてを変えてしまった。ニューヨーク、パリ、ロンドン、香港のようなコスモポリタン都市が台頭し、大量の移民、二重国籍者、混血児の急増、国境を越えて絶え間なく移動する人々などが、領土的境界内の文化的均質性のようなものを達成することをほとんど不可能にしてしまっている。世界を地域単位に分けることがむずかしくなればなるほど、ナショナリズムは集団的帰属意識《アイデンティティー》の第一の目印としての地位を失う。一つの物語が一冊の書物に収まりきれなくなるのと同様に、グローバル化は、国民が国家という地理的境界内に収まっているはずだという考え方が間違いであることを立証する。

実のところ、非宗教的ナショナリズムはその発端からあやふやな概念であった。それは宗教改革後のヨーロッパで生まれ、ヨーロッパの啓蒙主義時代に奨励されて、やがて征服や植民地主義を通じて地球上のほかの場所に計画的に押しつけられた。発展途上国の大部分では、国民国家というのは外国産の発想である。中東地図は、勝手に引かれた国境線、適当に付けられた国名、しばしば植民地主義者に強引に押しつけられたでっち上げの国民性などで何度も上書きされている。この地域では、ナショナリズムが集団的帰属意識《アイデンティティー》の第一の目印であったことは一度もない。ほとんどのスーダン国民は自分をスーダン人だと言わないし、ルワンダ国民の帰属意識《アイデンティティー》は主に部族を基盤にしたものであって国家ではない。シク教徒は公民権がどこにあっても、郷土はカリスタンだと常に思っている人が大勢いるだろう。クルド人は領土的境界内の住民であったことは一度もない。イラクは、現代イラク人にはほとんど共通点のない人々の神話や記憶をもとにしてつくられた国である。こうした国々の「国民」のあいだでは公民権というのは一片の書類にすぎない。英国の政治哲学者エドマンド・バーク〔一七二九—九七〕が一〇〇年以上も前に言っているように、「人間は書類や印鑑ではなく、類似性、相似性、共感によって相互に結ばれるものなのである(10)」。

ヨーロッパや先進世界においてさえ、非宗教的ナショナリズムという概念には問題があった。それは、国民国家の構成員というよりも、むしろ公民権をもつ居住者が、生活のあらゆる面で国家の統治権に従うことを要求されるからである。国家とは拘束力の合法的利用の独占権を主張する存在であるというマックス・ヴェーバーの有名な格言(11)は、もっとも自由で、もっとも解放された国民国家でさえ、ほとんど絶対的な権力を主張できるということを悲しいほど舌足らずに表現したものである。現代国家は拘束力ばかりでなく、帰属意識《アイデンティティー》についても独占権を保持している。公私ともに、社会生活のあらゆるレベルで、こまごまと規制するのを当然のこととしているのだ。人間の衝動的行為を支配するのは、もっとも大きな抑圧的拘束力である。それは、宗教的、政治的表現の何が適切で、何が不適切かを宣言する。現代国家は、社会的、性的、精神的活動のすべてに同意を求める。つまり、国自体がはっきり区分けした集団的帰属意識《アイデンティティー》をだれが共有でき、だれが共有できないかを決定する。生死に関わる国家の支配力は絶対的で、そこから逃れられない。

想像がつくと思うが、一国のメンバーすべてが、必ずしも喜んで国家が彼らのまわりに引いた境界線を認め、彼らを一つの国民、一つの宗教、一つの文化で呼び、絶対的な同一性を押しつけ、帰属意識《アイデンティティー》のたくさんの面を共有しているかも知れないのに、たまたま同じ地理的境界内に入っていない人を除外するのを喜んで認めるとは限らない。世界中いたるところで、家族、部族、民族、宗教に対する忠誠心は、国家に対する忠誠心より優る傾向にある。どう少なく見積もっても、グローバル化は個人の帰属意識《アイデンティティー》に対する非宗教的ナショナリズムの締め付けをゆるめ始めているので、人々は国家機構が簡単にコントロールできない宗教や民族といった昔ながらの原始的な形の帰属意識《アイデンティティー》を中心に再集合し始めている。

旧ユーゴスラヴィアの分裂に注目していただきたい。[12] かつては一つの国民としての帰属意識《アイデンティティー》でまとまっていた人々を、構成要素別に分けて、たがいに争い合う小さな民族的に同質の国に強制的に分けたことは、国民を超えた帰属意識《アイデンティティー》——この場合は民族性——が国家への忠誠心と衝突したとき、何が起こるかをもっとも明らかに示す例であろう。同じような緊張状態が、ウルドゥー語を話す西パキスタンと、ベンガル語を話す東パキスタンをパキスタンとバングラデシュという同質の国家に分割する結果になった。だが、国家を超えた帰属意識《アイデンティティー》の力がナショナリストのそれに挑戦する場合、宗教以上に大きな力を引き出せるものはないのである。

ファタハは苦労してこの真実を学んだ。ヤセル・アラファトの党は、エジプトとヨルダンで活動する数的にはもっとも侮りがたい、形式的には単なる地下組織ゲリラ集団として政治的キャリアをスタートしたが、瞬く間に「パレスチナ解放機構」〔略してPLO〕というパレスチナ人の利害を代表する唯一の正当な団体を牛耳るまでに頭角を現した。ファタハの当初の成功は、ばらばらで、しかもしばしば反目し合うパレスチナ人の政治集団すべてを、一つの非宗教的な、民族という帰属意識《アイデンティティー》のもとにまとめる能力があったからである。

だが、一九六〇年代から七〇年代にかけて、まさにそのファタハをパレスチナ政治の頂点にまで押し上げた勢力——非宗教的ナショナリズム——がじわじわと統治権を失っていった（大勢のファタハ指導者たちの歯止めのきかない汚職がそれに大きな役割を果たしたのは確かであることを断っておかなければならない）。一九八八年、二〇年にわたる圧倒的な力による占領がつづいたあと、パレスチナ人は突如として「イスラーム抵抗運動」——アラビア語の頭文字をとって「ハマース」という名で知られる——という新たな組織をつくっておおっぴらに蜂起し、政治の舞台に躍り出た。ファタハの提供した非宗教的ナショナリズムに真っ向から反対する形で、ハマースはその政治綱領を宗教用語のみでつくりあげた。新たな集団的帰属意識《アイデンティティー》を創出するために、広く認識されているイスラームのシンボルや特殊用語に依拠したその綱領は、文化、階級の境界をすべて取り払い、パレスチナ人をイスラエルに対する抵抗へと団結させることができた。

ムスリム世界では、宗教とナショナリズムの融合を〝イスラーム主義〟と呼んでいる。主として植民地時代以降のエジプトとインドで発達したイスラーム主義とは、明らかにイスラームの道徳規範の枠組を基盤とし、草の根的な社会・政治活動、もしくは暴力を伴う革命を通してイスラーム国家を設立することを目的とした一種の政治哲学である。エジプトの「ムスリム同胞団」、ヨルダンの「イスラーム行動戦線」、トルコの「公正発展党」〔AKP〕、アルジェリアの「イスラーム救国戦線」〔FIS〕など、市民としての、民主的でさえある社会参加の形でスタートしたイスラーム主義者グループもあれば、アフガニスタンの「ターリバーン」、エジプトの「イスラーム・ジハード団」、アルジェリアの「武装イスラーム集団」〔GIA〕のように、武装蜂起によって自分たちの政府を転覆させようと願うものもある。

宗教的ナショナリズムは決してイスラーム独特の現象ではない。ファタハとハマースの内戦（非宗教的ナショナリズムと、宗教的ナショナリズムの衝突）は、後述するように地球上のいたるところで、ほとんどの主立った宗教それぞれに起こっている闘いの一つである。これは、国民国家を集団的帰属意識《アイデンティティー》の中心におくことを求める非宗教的ナショナリズムという言葉が、宗教に代わる別の選択肢として意識的に使われるようになった事実にも原因がある。二十世紀前半のナショナリズムがおおむね成功したのは、宗教機関の語彙、権威、人的資源などをそれ自体の目的のために取り込むことができたからだった。非宗教的ナショナリズムが下火になるにつれて、宗教がふたたび集団的帰属意識《アイデンティティー》の第一の目印に、しかも極端にそうなるのは、おそらく避けがたかったであろう。

宗教的ナショナリズムに伴う問題はその高邁な抱負にあるのではない。それはせいぜい、特定の価値観や慣習を社会に吹き込む（あるいは多分押しつける）くらいのことしかしていないことが多いからだ。問題は、宗教的帰属意識《アイデンティティー》を国民国家につなぎ止めることができないことである。地球全体の安全保障にとって最大の脅威は、少なくとも民主主義国では、トルコの公正発展党〔AKP〕や、ヨーロッパにいくつかあるキリスト教系のナショナリスト政党のような、時間と空間が与えられればその出現は避けがたく、やがて成熟した、責任ある統治組織へと進化して行く可能性をもっている宗教的ナショナリズムから生まれるのではない。地球全体の平和と安全保障に対する本当の脅威は、「ジハード唱道運動《ジハーディズム》」のような、領土的境界内に収められない国境を越えた宗教運動の台頭から生まれている。そして、これまでのところこうした国境を越えた新しい運動のなかでもっとも危険なのは、地球規模の広い基盤をもつ過激なイスラーム的ピューリタニズムである。「アル・カーイダ」は、そのなかでももっとも悪名高い、暴力を伴う示威行為としてのジハード唱道運動（はっきり言えば、「地球規模のジハード唱道運動《グローバル・ジハーディズム》」）を行なっているにすぎない。

そこには、「ジハード唱道運動」（アラビア語では「ジハーディイーヤ」）という言葉の意味と適用をめぐってたくさんの混乱がある。とりわけそれが、アメリカの敵対者をたった一つの項目にまとめてしまう楽観的な政治家や、見識のない一般人に恐怖の仲立ちをする不注意なメディアによって、不適切に利用されることがあまりにも多いからである。とくにムスリムはこの言葉に迷惑している。アル・カーイダやこれに近い過激派によって利用されているジハードの概念は、正しくは行動基盤の一つであって、イスラームの主要教義の一つなどでは断じてないのに、大昔からそうであるかのように間違った解釈をされているからである。アラビア語の「ジハード」の字義どおりの意味は[13]、「葛藤」(動詞の「ジハーダ」は、「目標に向かって努力する」という意味)で、ほとんどいつも、クルアーンにある「神の道のために」という句のあとにつなげて用いられる。ジハードが示唆しているのは、自分自身との葛藤、人間に重くのしかかる情念、本能、誘惑との闘いである。さらに、社会的正義感にとりつかれた宗教においては、内的な葛藤としてのジハードの概念はたちまち、抑圧、無秩序状態、敵対意識、イスラームの内外の敵、不信仰に対する、身体を張った闘争にまで拡大される。

だが、ジハード唱道者《ジハーディスト》にとって、ジハードの原則は、こうした伝統的な定義を超え、献身の手段に変わる。ジハード唱道者の運動は、ビン・ラーディンの言葉によれば、「ジハードを弱めることなく、積極的に取り入れて、日常生活の一部にすることを求め、それに名誉ある地位を与えること求める」[14]。カシミールのジハード唱道者組織「ジェイシェ・ムハンマド」のリーダーであるマウラーナ・マスード・アズハルにとって、ジハードは、「〔信者のなすべき〕行為のなかで最も崇高なもの」であるばかりでなく、実際に、「他のすべての行為に匹敵する見返りが得られる」[15]という。イスラームの基盤である礼拝、喜捨、断食、巡礼、信仰告白という信仰と実践の五行は、ジハード唱道運動においては、ジハードというたった一つの実践行為で代行できる。「今日、ジハードを行なわない者はみな、義務を怠っているのだ[16]」と近代ジハード唱道者の父アブドゥッラー・アッザムは書いている。「それは、断食月のあいだに理由なしにものを食べたり、裕福な人が自分の財産の一部を喜捨しないのと同様である。それどころか、ジハードを放棄する人間の状態はもっと血も涙もない」。言葉を換えれば、ムスリムを定義するのは、聖典でも、神学でも、祈りでも、善行でも、法律でも、精神的努力でもなく、「ジハードとライフルだけ」であるとアッザムは断言した。

ジハードへのこうした病的こだわりにもかかわらず、地球規模のジハード唱道運動は、宗教運動というよりも、宗教的なシンボルを使って国境や隔たりを越えた集団的帰属意識《アイデンティティー》を醸成するための社会運動のようなものである。これについては第6章で詳述する。

社会運動としてのジハード唱道運動の歴史的ルーツは、預言者ムハンマドではなく、ハサン・アル・バンナーやサイイド・クトゥブのような二十世紀のアラブ人反植民地主義者たちにある。その教義的根拠は、クルアーンではなく、十三世紀のイスラーム法学者アフマド・イブン・タイミーヤの書物に依拠している。それは、パレスチナのイスラーム抵抗運動ハマースやレバノンのヒズボラのような、過激なムスリム民族主義集団よりも、ボリシェヴィキやフランス革命家たちとの共通点のほうが多い。ジハード唱道運動をイスラーモファシズムとして語ることは、ジハード唱道運動にとってもファシズムにとっても誤解を招くことになる。ファシズムとは極端な民族主義イデオロギーであるが、ジハード唱道運動は国民国家の概念そのものをイスラームとは相容れないものとして拒否しているのだ。この点について、ジハード唱道運動はイスラーム主義と対立する。

ジハード唱道運動がしばしば非近代的なものとしてみられているのは皮肉である。ジハード唱道運動は近代性を否定しないどころか、近代性の産物である。だが、ジハード唱道運動は欧米特有の慣習を拒否する。ところが、「近代性」と「西洋」とは（とくに欧米において）深く絡み合っているために、どちらかを否定すれば、自動的にもう一方も否定しているように思われてしまう。ジハード唱道運動はそれ自体、近代世界の選択肢の一つとして提示されていると言ってよいが、その発想は、まったく近代的なものから引き出されている。英国の政治哲学者ジョン・グレイ〔一九四八年生〕のわかりやすい言葉を借りれば、ジハード唱道運動とは、「治療に見せかけた病的症状の一つである」[17]。

ジハード唱道運動は伝統第一主義でもない。ジハード唱道者のイデオロギーは、イスラームの伝統的教義にかなりの距離を置いている。この運動においては、イスラームの権威筋を徹底的に拒否し、イスラーム法をほぼ完全に無視している。アメリカやヨーロッパでは、ムスリム青年の過激化の責任はモスクやイスラーム神学校にあると指摘するのが普通になっているが、そうした想定は、衛星テレビやインターネットなどの新しいテクノロジーの誕生は言うに及ばず、識字率や教育の向上が広範囲にわたって普及した二十世紀のアラブ・ムスリム世界に及ぼしたグローバル化の地殻変動的な社会の動きを無視している。ジハード唱道運動のリーダーたちはこうした手段を使って、イスラームの伝統的な宗教界の権威を回避し、自分たち個人の反体制的メッセージを直接世界中のムスリムに伝達できるようになったのだ。

ジハードの教義の基本的なイメージの再生には、ジハード唱道運動がイスラームの伝統を尊重しないことがいっそうはっきり表われている。何百年もの間、大体において帝国もしくは国家の領域内で、生活、信仰、所有財産の防衛のためにのみ遂行される集団的義務と考えられてきた（「神の道のために、おまえたちに敵する者と戦え。しかし、度を越して挑んではならない。神は度を越す者を愛したまわない」と『クルアーン』第二章一九〇節は警告している）ことが、ジハード唱道運動では、いかなる制度化された権力からもきっぱり離れた極端に個人的な義務になってしまった（イエメン人シャイフ・ラビー・アル・マズハリは、「ジハードを純粋に個人的に戦うべき義務と信じている者」をジハード唱道者と定義している）[18]。実際、ジハードの基本目的は、ジハードの教義をあらゆる政治的、宗教的制度から切り離し、結果的にはどこまでも倫理的な義務にすることである[19]。これは伝統的なクルアーンでいう抑圧に対する闘争を意味するジハードではない（「無法な目にあったかどで戦う人々には、それは許されている」第二二章三九節）。それとはまったくちがうものだ。これは帰属意識《アイデンティティー》の一形態としてのジハード――つまり、あらゆる政治的配慮を剥奪したきわめて抽象的な闘争にすぎない。

これが仮想戦争《コズミック・ウォー》としてのジハードである。

ウエスト・ポイントにあるアメリカ陸軍士官学校付属テロ対策センター所長ジャレット・ブ

ラックマンは、二〇〇三年頃までの地球規模に成長したジハード唱道運動のルーツを調べたところ、その起源は、二十世紀初頭の「サラフィー主義」と呼ばれるイスラーム復興運動（「サラーフ」という言葉は預言者ムハンマドの最初の教友たちを指す言葉）にあるという。[20] サラフィー主義は、植民地時代のエジプトとインドで進歩主義的な運動として始まったもので、その信奉者たちは伝統的なイスラームの教義の改革と解放を唱道した。この運動が基盤にしているのは、二十世紀最高のムスリム知識人として名高い、イラン人学者で活動家でもあったジャマール・アッディーン・アル・アフガーニーと、エジプトの改革者ムハンマド・アブドゥの二人の著述である。アル・アフガーニーとアブドゥは、ムスリム世界が植民地主義の軛《くびき》を投げ捨て、欧米の文化的支配を押し返す唯一の方法は、イスラームの復興しかないと信じていた。「近代主義者」と呼ばれた彼らは、ムスリム社会の嘆かわしい現状は、「ウラマー（イスラーム知識人）」という既成宗教指導者階級に責任があるとみた。彼らはイスラームの唯一の正当な解釈者と自認する宗教指導者の役割に、クルアーンとハディース（預言者ムハンマドの言行録）を、個人として、仲介者を経ず、あくまでも自分なりに読むようにと勧めることによって挑戦しようとした。

これまでのところ、断然成功しているサラフィー主義組織は「ムスリム同胞団」だった。エジプトの学校教師から活動家に身を転じたハサン・アル・バンナーによって一九二〇年代に設立されたムスリム同胞団は、宗教的な福祉と教育計画を通じて社会の暫時的イスラーム化に貢献しようとする草の根的社会運動として始まった。アル・バンナーは、本当のイスラーム国家をつくる唯一の方法は、仲間の一部のイスラーム主義者が論じているような、暴力や武装蜂起によってではなく、説教や善行を通じてでしかないと信じていた。アル・バンナーは、アル・アフガーニーやムハンマド・アブドゥよりもイスラームの解釈の仕方はずっと保守的だったが、それにもかかわらず、イスラームの復興が直面している大きな障害は、「ウラマー」もしくは、もう少しはっきり言えば、エジプトの有名なアズハル大学の高齢の宗教指導者たちだった。この大学の国際的威信と長命さ（創立は一千年以上前）は、その存在をムスリム世界のヴァチカンに近いものにしている。実際、アル・バンナーは、ムスリム同胞団を、アズハル大学の宗教指導者が提供するいかにも形式ばった神学とはまったく対照的で、これに代わる改革派の展望として、社会活動を中心としたムスリム精神の拠り所として創立した。

一九四九年にハサン・アル・バンナーが亡くなるまでに、ムスリム同胞団はエジプトでもっとも大きな社会運動になっていた。実際、世界規模のムスリム共同体を意味する「ウンマ」であったオスマン帝国が一九二四年に崩壊してからは、ムスリム同胞団は世界でたった一つの真に国家を超えたイスラーム主義運動であり、その分派はシリア、ヨルダン、パレスチナ、レバノンにもできていた。一九五二年に、ガマル・アブドゥル・ナセル大佐の率いるエジプト軍将校団が英国に支援された君主に対しクーデターを起こすと、ムスリム同胞団は新体制のもとにこの国が奮い立つのを助けた。最初、ナセルは同胞団を歓迎し、そのメンバーを自分の政権下のいくつもの上級管理職に据えた。だが、同胞団のメンバーの一人によるとされたナセルの暗殺未遂事件のあと、この組織は丸ごと非合法化され、リーダー格は投獄された。

収監中に、同胞団はいくつかの競合するグループに分裂した。カリスマ性のあるエジプトの学者サイイド・クトゥブが率いる新たに生まれた活動家たちは、アル・バンナーの社会運動を「人間の王国を排除し、地上に神の王国を設立する」[21]ために貢献する革命勢力に変えた。クトゥブは、ナセルおよび事実上ほかのどの指導者も、イスラーム法（「シャリーア」と呼ばれる）を厳重に適用し、それを固守するのでなければ、本当のムスリムとは考えられないと論じた。ナセルはそうしなかったので、「不信仰者《カーフィル》」であり、その罪は死に値する。クトゥブはナセルのリーダーシップを認める者はみな不信仰者《カーフィル》だとまで述べた。「自分自身をムスリムだと考えているが、さまざまな抑圧と闘おうとせず、抑圧されている者の権利を擁護もせず、独裁者の前で声も立てないのは、間違っているか、偽善者であるか、イスラームの教えを無視しているのだ[22]」とクトゥブは主張した。

ナセルは一九六六年にクトゥブを処刑したが、その頃までにはクトゥブの影響はムスリム同胞団の一般メンバーを通じて広がり、サラフィー主義運動を急進化させていた。クトゥブの影響を受けたサラフィー主義者やムスリム同胞団の過激派メンバー（彼らはクトゥブ主義者と呼ばれることもある）は、生命の危険を感じて、エジプト、シリア、ヨルダン、パレスチナなどの祖国を去り、彼らを匿ってくれる唯一の国であるサウディアラビアに逃げ込んだ。そこで彼らは通常「ワッハーブ主義」と呼ばれるもっと保守的なイスラーム教徒と遭遇した。

アラビア半島東部のナジュドと呼ばれる広大な砂漠の荒れ地に生まれたワッハーブ主義（その信奉者たちは「神の唯一性を公言する人々」という意味の「ムワッヒドゥーン」[23]という言葉を使いたがる）は、十八世紀半ばにムハンマド・イブン・アブドゥルワッハーブを始祖として誕生した徹底したピューリタン的運動である。イスラームの純粋性は、聖人を崇め、その墓に詣でるなど〝非イスラーム的〟な信仰や実践によって汚されていると宣言するアブドゥルワッハーブは、イスラーム教徒から彼が文化的、民族的、宗教的〝逸脱《ビドア》〟と考えるものを剥奪し、信仰をその生成期のままの汚されていない、明らかにアラブ的な起源に戻そうとした。

一九三二年、石油の発見がアラビア半島の自然と社会の風景を変え始めたのとちょうど同じ頃、ワッハーブ主義はサウディアラビアの国教になった。一九六〇年代には、この王国は世界でもっとも金持ちの国の一つになっていた。マッカ〔メッカ〕のような伝統的な都市の中心部には巨大な高層ビルがどんどんそびえ立った。サウディアラビアの西部にある都市ジェッダは、ビジネスと金融の国際的な中心地になった。反体制派（とくに宗教的反体制派）を抑えるために、サウディ政府はワッハーブ派の宗教指導者たちを取り込み、王家の意のままに、宗教的お墨付きを与えさせた。これがサウディの若者たちに伝統的な宗教権威者に背を向けさせる結果を招いた。若者の大半は、国際的に孤立した、超保守的な社会に生まれたが、「欧米の金」にまみれ、「欧米的価値観」に強い影響を受けて、どんどん金持ちのコスモポリタン的になっていく国家に突然、対抗しなくてはならなくなっていることに気づいた。そこで彼らはサウディアラビアのインテリ層をまたたく間に虜《とりこ》にしたクトゥブ主義者や、過激なサラフィー主義者に仲間入りしたのである。これはイスラーム主義にもとづく政治活動であるサラフィー主義と、サウディ的ピューリタニズムを混成《ハイブリッド》化したもので、そこから「ジハード唱道運動」という言葉がぴったりの、若いムスリムたちの新たな、超保守的で、しかも極端に暴力的な社会運動が生まれることになる。

当初、ジハード唱道運動はイスラーム国家を設立することに焦点を当てたもう一つのイスラーム主義運動にすぎなかった。ジハード唱道運動についてアメリカの最初の研究者であるファワズ・ガーゲズが証明しているように、初期のジハード唱道者たちは、「自分たちの社会に革命的な変化を起こすことを基本目標とした宗教心の強いナショナリスト」[24]だった。彼らがまず第一に目をつけているのは、アラブの政治体制、「偽善者的な」宗教指導者《イマーム》、不信仰なムスリムなどの「近い敵」である。これに対して、イスラエル、ヨーロッパ、アメリカは「遠い敵」である。「エルサレムへの道はカイロを通る」[25]と、アル・カーイダに参加する前の一九九五年にアイマン・ザワヒリは書いている。当時の彼はまだ、熱烈なイスラーム主義者で、「エジプト・イスラーム・ジハード団」〔ＥＩＪ〕として知られる宗教心の強いナショナリスト組織の団長だった。

だが、一九八〇年代から一九九〇年代にかけて、ザワヒリと大勢の彼の信奉者であるジハード唱道者たちは、次第にその焦点を「近い敵」から「遠い敵」へ、地域中心主義《ローカリズム》から国境無視主義《グローバリズム》へと移し始めた。これは、イスラーム主義が長いあいだ約束していた革命をもたらすことができなかったことにも多少の原因がある。アラブ世界全体にわたる宗教心の強いナショナリズムへの激しい弾圧が、イスラーム主義者たちの運動の根元を効果的に粉砕してしまっていた。アルジェリアでは、イスラーム主義者の「イスラーム救国戦線」〔FIS〕が議席の過半数を占めそうになると、軍部は国会議員選挙を取りやめにした。民主的な選挙による参加で、イスラーム主義者のサークル内で物議を醸していたFISは、たちまち非合法化され、リーダーたちは投獄された。その結果、内戦が起こり、二〇万人近い人命が失われるという甚大な被害をもたらし、「武装イスラーム集団」〔GIA〕のようなアルジェリアのさらに過激なイスラーム主義者集団に政治的参加は時間の浪費だと確信させた。同じ頃、「前衛戦闘隊」と呼ばれるムスリム同胞団の分派が、シリアのハマーで蜂起した。これに対してシリアのハーフェズ・アル・アサド大統領は、この町へ手持ちの全軍を派兵し、数万人のムスリム同胞団員を殺害し、ハマーを事実上潰滅させた。反乱軍の一員ではなかったが、前衛戦闘隊のメンバーだったアル・カーイダのイデオロギー唱道者アブー・ムサブ・アル・スーリはハマーの虐殺に関する回想録の中で、イスラーム主義の命運は尽きたことを何よりも強く実感したと書いている。(26)

他方、ムスリム同胞団のエジプト支部は、軍事活動をやめ、政府からの厳しい弾圧下で武器を持って闘うよりも、一つの政党として政治的地位の確立に従事するために別途の道に進むことになった。サウディのワッハーブ主義の影響を受けなかったサラフィー主義者グループは、まもなくエジプトのムスリム同胞団の指導に従い、公に暴力を非難し、説教と社会福祉という彼らのルーツに戻っていった（同胞団とちがって、サラフィー主義者たちは政界入りを拒んだ）。一九九〇年代末には、オリヴィエ・ロワやジル・ケペルのような学者たちは、実現性のある政治的イデオロギーとしてのイスラーム主義は死んだと自信をもって宣言した。

だが、傍目に見えるイスラーム主義の失敗を乗り越えて、地球規模のジハード唱道運動というはるかに重要な運動が発展した。一九七九年のソヴィエトのアフガニスタン侵攻は、世界中のあらゆる場所からジハード唱道者たちをどっとこの地域に引き寄せた。その大半は、ザワヒリやアル・スーリのように自国のイスラーム主義運動の挫折によって喪失感を強めていた人たちだった。エジプト、サウディアラビア、シリア、イエメン、パレスチナ、アルジェリア、スーダン、チュニジア、イラク、パキスタン、ヨルダン、マレーシア、インドネシアなどから集まった数万人のムスリム戦士の戦場への登場で、みな一つの大義名分のために働くようになると、ジハード唱道者たちのなかにこれまで経験したことのない地球規模のコミュニティー感覚が生まれた。たまたまビン・ラーディンの主要護衛官の一人だったナーシル・アフマド・アル・バフリの回想録によれば、ボスニアで戦ったジハード唱道者のなかにも同じような集団的帰属意識《アイデンティティー》があったという。「われわれは自分がさまざまな国民の中で傑出した地位にある国民［ムスリム共同体《ウンマ》］であることを実感した。そうでなければ何で私がサウディアラビアを去り——私はもともとはイエメン人——ボスニアに闘いに行ったりするだろうか？　ナショナリズムの問題はわれわれの心を離れ、ムスリム共同体《ウンマ》の問題という、より広い視野を得たのだ」[27]。

戦争が終わり、それぞれの故国へ帰った戦士たちは、以前ほど地元への関心が高まらなかった。一部の者には、イスラーム国家を樹立するという発想がずいぶん古くさいものに思えた。「イスラーム国家を樹立するための闘争は、地域レベルで闘うことはできない[28]」と急に地球規模で考えることに目覚めたザワヒリは二〇〇一年一二月、ウサーマ・ビン・ラーディンのアル・カーイダと彼の立ち上げたナショナリスト集団エジプト・イスラーム・ジハード団を合併させたあとで宣言した。アフガニスタンばかりでなく、ボスニアやチェチェン、スーダンやソマリアで、ジハード唱道者たちは、国籍、市民権、民族、言語でさえもはや主要な条件ではなく、唯一の重要なアイデンティティーは宗教的帰属意識《アイデンティティー》だという国境のない未来像を垣間見ることができたのだった。彼らの視野は今、地球規模の変革へとしっかりと据えられた。彼らの銃は「遠い敵」に向けられたのである。

二十世紀末には、かつては従兄弟同士だったイスラーム主義者とジハード唱道者は、「宗教的ナショナリズム」対「宗教的国境無視主義《トランスナショナリズム》」という、相対するライバル同士の運動にはっきりと分裂した。今日、イスラーム主義はナショナリスト・イデオロギーにとどまっているが、大半のジハード唱道者たちは、できればすべての国境線を消し、すべての国籍を撤回し、宗教的共同体主義という理想化された過去へ戻りたいと思っている。ヒズボラのようなイスラーム主義者集団は地球規模の行動計画を何らもっていない。活動資金はイランから入ってくるようだが、その行動計画はレバノンの国境線でとどまっている。自分たちの活動をナショナリスト運動に限定したエジプトのムスリム同胞団もまた、同様である。だが、ジハード唱道運動はナショナリズムの概念そのものを拒否する。それは国境を越えた運動であり、反ナショナリスト運動でもあるからだ。

ハマースのイスラーム主義者たちは、ウム・アル・ナスル村で溺死した子供たちの父親たちのような、社会の周辺に押しやられ、希望を失い、未来がないように見える人たちを仲間に引き入れた。そのようなグループのメンバーにとっては、社会的、政治的、経済的窮乏がしばしば行動の大きな動機になる。

ジハード唱道運動はそうではない。そのメンバーは、教育を受けた、都会的な中流階級のムスリムの子弟で、たとえば、東ロンドンに住んでいて、ウム・アル・ナスル村で子供たちが死んだ話をインターネットで読むような人たちである。こうした若手のムスリムたちは、社会的には同化していて、政治的には活発だが、伝統的なイスラーム教徒風の表現――つまり、自分たちの両親のようなイスラーム教徒――では現代世界の挑戦を受けて立つには不十分であると思っている。彼らは抑圧と不正に立ち向かうという基本物語によって結束し、善と悪とのあいだの仮想戦争《コズミック・ウォー》にこそ、自分たちの役割があると確信する。

イスラーム主義者のグループは、グローバル化を自分たちの宗教に対する〝欧米の〟攻撃として恐れることがある。他方、地球規模のジハード唱道運動はグローバル化の落とし子である。それは国境のない世界、宗教と政治のあいだに、聖なるものと俗なるもののあいだに障害物が存在しない世界に、その存在自体が依拠している。地球規模の「カリフ座」の再興を目指すジハード唱道運動は、民族や文化の境界によって制約を受けない、地域単位ではないイスラーム教徒を求めている。

もちろん、ジハード唱道者のすべてが国境無視主義者《グローバリスト》であるわけではなく、すべてのイスラーム主義者がナショナリストとしての関心事にこだわっているわけではない（後述するように、二〇〇一年九月一一日の攻撃は、多くのジハード唱道者リーダーたちに「遠い敵」に焦点を狭めることの迫真性を疑問に思わせた）。だが、増えつづける「地球規模のジハード唱道運動」参加者の一人を自認する人たちにとって、「遠い敵を戦場に引っ張り出し」、ジハード唱道運動の目標と抱負の焦点を、地域的な悲憤を超え、ナショナリストとしての関心事を超え、「近い敵」から「遠い敵」に移すという戦略は、シリア人アル・スーリの言葉を借りれば、「敵を明確にすることによってムスリム共同体《ウンマ》内の精神的コンプレックスを解消し(29)」、ジハード唱道者たちの闘争を、敵対する政治的イデオロギーのあいだの闘いではなく、信仰者と不信仰者、ザワヒリの言葉では「イスラーム教徒と異教徒」のあいだの仮想論争と位置づける。そのような闘争では、だれも中立のままでいることはできない。ムスリムはみな、ジハードの呼びかけに答え、イスラームの旗印のもとに参集し、その防衛のために、その闘争の震源地がイスラエルにある仮想戦争《コズミック・ウォー》に参加する義務があるのだ。そこでは、ナショナリストと国境無視主義者《トランス・ナショナリスト》たちが集まり、非宗教的ナショナリズムと宗教的ナショナリズムがぶつかり合って、しばしば流血沙汰になる。仮想戦争《コズミック・ウォー》の概念そのものが、そこで誕生する。ユダヤ教徒、キリスト教徒、ムスリムの伝承によれば、そこでの闘いは最終的には激烈な結末にいたると言われている。

第2章　二度約束された土地——聖都エルサレム

エルサレム。神の町。仮想ドラマの舞台としてこれほどふさわしい場所があるだろうか？

この町では自分の立場の位置づけがむずかしい。時間はここでは変幻自在だ。過去と現在は——二本の自律した糸だが、エルサレムではあまりにもしっかり絡み合っていてほぐれない。唯一変わらないのは空間で、明確に把握できて、永遠に消えることがない。串焼き肉《カバブ》を売るスタンドやピカピカのガラス張りのビジター・センターを取り払えば、そこは今でも二〇〇〇年前にヘロデ王が開拓した町である。

歴史はヘロデ大王と呼ばれた男に優しくした例《ため》しがなかった。一番よく知られているのは、幼子イエスを捜し出すことができなかったため、ベツレヘムの子供たちをむやみに皆殺しにしたことである——この出来事は、新約聖書の「マタイによる福音書」以外に、当時のいかなる年代記や歴史書にもそれを裏づける史料がまったく存在していないため、本当に彼が関わり合った事件かどうかわからない。ヘロデはしばしば、残忍で放縦な混血ユダヤ人（母親はアラブ人）として描かれている。ユダヤ人というよりも強欲な解放奴隷で、追従の限りを尽くして権力を握った放縦な雄牛と言われた。

だが、そうした評判とは別に、市場や劇場、宮殿や港、屋内競技場や野外劇場、浴場などを建設して、エルサレムの町を古代世界のコスモポリタン的至宝の一つにしたのもヘロデである。タルムードによれば、「神がこの世に授けられた一〇の美のうち、九つはエルサレムの地に収まっている(1)」という。

ヘロデの最大の業績は、モリヤ山のてっぺんにエルサレム神殿を復興、拡張し、白いエルサレム・ストーンを使った間口の広いローマ風の柱廊で飾り立てたことだ。これはエルサレムに二度目に建てられた神殿である。ソロモン王が建てた最初の神殿は、紀元前五八六年にバビロニア人によって破壊された。その約七十年後に建てられた第二神殿は、ヘロデによる改築のわずか五十年後の西暦七〇年に、熱心党《ゼロット》と呼ばれる急進的な革命家集団による蜂起の罰として、ローマ軍に強奪されることになる。

今日、ヘロデ神殿の遺跡として残っているのは、モリヤ山の西側基礎部分にある「嘆きの壁」もしくは「コーテル」と呼ばれることもある一枚の壁だけである。壁そのものは、その巨大さ以外に何も特記すべきものはない。簡素で、何の飾りもなく、きちんと手入れされている風でさえなく、古代の石の割れ目や裂け目のあちこちに濃い緑のケイパーが茂っている。だが、第二神殿が破壊されて以来、この壁はエルサレムに神の神聖な存在のシンボルとして、今も保持されている。願いごとを抱えてここにやってくるユダヤ人がこの石に抱きついて接吻するのは、宗教儀礼以上のふるまいだ。彼らは一種の政治的所信表明をしているのである。この壁がユダヤ人国家の誕生の証人として数千年もこの場所に建っているのと同様に、今、この国を取り戻し、聖都に永遠の姿を現わしていることを示してもいる。この巨大な壁が地中から掘り出せないのと同様、ユダヤ人がエルサレムから根こそぎにされることはあり得ない。

私が「神殿の丘」を訪れた日、イスラエル国防軍の士官候補生の大きな一団が、「嘆きの壁」

に祈祷しにきていた。それは目を瞠るような光景だった。人種や民族は異なるがオリーブグリーンの軍服がよく似合う初々しい若者たちが、黒服に顎髭を生やした老人たちと腕を組んで、瞬く炎のように身体を前後に揺すりながらいっしょに踊っていたのである。

だれかが私の肩を叩いた。青白い顔のユダヤ正教徒の女の子だった。二十歳《はたち》くらいだろうか。

「あなた、ユダヤ人？」と彼女は訊ねた。質素な白いスカーフをかぶっている。

「いや」と私は答えた。「よくそう言われるけど」。

彼女は落胆しなかった。それどころか、目を輝かせた。彼女の話によれば、エルサレムにいるユダヤ人を助成する財団のボランティアとして、一週間学校を休み、ミネアポリスからやってきた大学生だという。壁の近くにいっしょに立った彼女は、私に冊子やチラシ、小さなお土産品などを手渡しながら、ユダヤ人にとってこの壁のもつ永遠に変わらない重要性について、興奮気味に話した。私に理解させようと懸命に。この場所に立ったときの彼女の感動を、ぜひ私にも伝えなくてはならないと身体全体を震わせながら。

「あの上の神殿の丘へ行こうよ」と私は誘った。

この思いつきに彼女はたじろいだ。正統派ユダヤ教徒は神殿の復興を毎日祈るが、正統派ユダヤ教宗教指導者《ラビ》たちは、救世主《メシア》が戻るまで、至誠所にうっかり侵入することのないように、「神殿の丘」（神殿が建っていたモリヤ山のてっぺんの広場）にユダヤ人が足を踏み入れることを断固として禁じていた。「神殿の丘」への入口には、イスラエルのラビ庁による「この場所は聖所であるため、神殿の丘へのユダヤ人の入場は禁じられている」という立て札が立っている。よほどくそまじめなユダヤ人でない限り、この警告を真剣に受け止める人はほとんどいない。

「あなたはいらして。私は下のここで待ってるから」と彼女は言った。

彼女は「神殿の丘」につながる急傾斜の木製渡り廊下を昇ろうとして待っている、カメラをもったツーリストの列のほうを指さして言った。重装備のイスラエル兵が歩行者用通路の警備に当たっている。私が列に並んで数分しか経たないうちに、その一人が私を呼び止めた。

「あんた、あんたは入れないよ。バックパックはだめだ」と彼は怒鳴った。

「みんなバックパックをもってるじゃないか」

「ムスリムはバックパックをもったあんたを丘に入れてくれない。言われたとおりにするしかないんだ」

「だって、ぼくはムスリムだよ」

「言われたとおりにするしかない」

イスラエルの治安部隊は、エルサレム旧市街全体の法的管轄権を保持しているが、「神殿の丘」そのものは、エルサレムのムスリムの宗務省（「ワクフ」と呼ばれる）の管理下に置かれている。長年にわたり、この微妙なバランスは何度も試練に遭っている。ごく最近では、二〇〇〇年に元「リクード」党のアリエル・シャロンが、現職のリクードのリーダー、ベンジャミン・ネタニヤフと、党の支配権をめぐって国会で激しいつばぜり合いをしている最中に、暴動鎮圧用の装備を身につけた数百人のイスラエル兵を引き連れて「神殿の丘」を訪れ、これ見よがしの挑発行為をした（シャロンは一九八二年、レバノンのサブラとシャティーラの難民キャンプで民間パレスチナ人数千人を虐殺したことで、パレスチナ人からひどく毛嫌いされている人物である）。武装した護衛官に囲まれて「嘆きの壁」の前に立ったシャロンは、「神殿の丘はわれわれの掌中にあり、これからもわれわれの掌中にありつづけるであろう。ここはユダヤ教ではもっとも神聖な場所であり、ユダヤ人はだれでも、神殿の丘を訪れる権利がある」(2)と宣言した。

ユダヤ人が「神殿の丘」を占領しようとしているという噂が、たちまちエルサレム旧市街に広がった。怒ったパレスチナ人群集が現場に駆けつけ、お祈りをしているユダヤ人に石を立てつづけに投げ始めた。イスラエル警察はこれに催涙ガスで対処し、パレスチナ人とイスラエル人双方に三〇人以上の負傷者が出た。この事件をきっかけに、「第二次インティファーダ」と呼ばれるパレスチナ人蜂起が発生した［第一次インティファーダが起きたのは一九八七年］。これはまた、国会選挙においてシャロンのネタニヤフに対する勝利を促した。

バックパックを身から離したくなかったので、私はツーリストの列から出て、「嘆きの壁」の辺りを急ぎ足で通り抜け、旧市街のユダヤ人地区とアルメニア人地区を通り過ぎた。そしてキリスト教徒地区の「悲しみの道《ヴィア・ドロローサ》」を通り、群集でごった返すムスリム地区をすり抜けて、かつてのエルサレム神殿のあったのとほとんど同じ場所にある、周囲を美しいタイル張りの壁で囲んだ聖所「岩のドーム」に直接上がって行ける門にたどり着いた。およそ一三〇〇年前に建てられた「岩のドーム」はモスクではない。「神殿の丘」（パレスチナ人はここを「崇高な聖域《ハラム・アッシャリフ》」と呼ぶ）の天辺、東南の端にあるのはアル・アクサ（「もっとも遠い地」の意）・モスクである。「岩のドーム」は本来、エルサレムにムスリム信徒を引き寄せる手段として、マッカとは別の巡礼地を想定して建てられたものだ。預言者ムハンマドが天国に発つ前の「夜の旅《ミラージュ》」のあいだに立った岩を入れるために造られたといわれるこのドームは、今日まで、「嘆きの壁」と同様、宗教的にも政治的にも大事な、聖都にムスリムの存在を永遠に示すシンボルである。金色に輝く丸屋根の画像は、パレスチナ人のどこの家庭にもある。ドームの写真は、パレスチナの大統領で「ファタハ」の党首の机のうしろにもかかっている。二本の剣で守られたそのシルエットは、「ハマース」の紋章にもなっている。

「神殿の丘」へのこの側からの入場は、宗務省《ワクフ》によって厳重に規制されていて、キリスト教徒やユダヤ教徒が大集団でこの場所に集まることを禁止している。この貴重な不動産の分厚いコンクリート上になるべく足を踏み入れてもらいたくないのだ。これは根拠のない脅え《パラノイア》のせいではない。「岩のドーム」の廃墟のあとに第三神殿を建設するために、これを炎上させることを究極の目標にしているユダヤ教徒とキリスト教徒の過激派集団がいくつかあるからだ。一九六九年、オーストラリアからきたあるキリスト教徒が、「神殿の丘」に忍び込みアル・アクサ・モスクの銀色の屋根に放火した。一九八二年には、一人のイスラエル軍兵士が同じモスクを急襲し、軍隊で支給されたM16ライフルを振り回して、手当たり次第に参拝者に発砲し始めた。とりわけ執拗な過激派の一人ヨエル・ラーナーは「岩のドーム」を焼き払おうとして三回も有罪判決を受けた。裁判のたびに、ラーナーはイスラエルの非宗教主義政権を打倒し、ユダヤ教徒の神政国に置き換えるべきだと、堂々と主張した。

「岩のドーム」破壊のもっとも野心的な試みは、一九八四年に行なわれたものだろう。パレスチナ人ガードマンが早朝巡回をしていて、広場への門がこじ開けられているのに気がついた。彼はただちにイスラエル保安部隊に通報し、兵士らは現場に駆けつけた。侵入者たちは追っ手の危険を嗅ぎつけてちりぢりばらばらになり、姿を消していた。だが、彼らの遺留品は国中をぞっとさせた。ドームの周辺には数百ポンドの爆発物、数十個の軍隊用の手榴弾、いくつもの箱入りダイナマイト、ロープ、梯子、ナップザックなどが散らばっていたのだ。

二か月にわたる捜査のあと、三人の男が逮捕された。全員がエルサレムに近い穏やかな春と段丘に設えた庭のある地中海沿岸風の村リフタ・ヴァレイの出身だった。イスラエルのメディアで「リフタ・ギャング」というあだ名で呼ばれたこの男たちは、ユダヤ教徒地下活動グループのメンバーであると自白した。そのうちの何人かが徒党を組んで、「岩のドーム」を破壊して「神殿の丘」の支配権を握ろうとした。彼らの究極の目的は、救世主《メシア》の訪れる道を準備するために神殿を再建することだった。

もしこの計画が成功していたら、流血の大惨事になっていた可能性が高い。もちろん、それが狙いだった。リフタ・ギャングが望んでいたのは、ユダヤ教徒、キリスト教徒、ムスリムを、仮想戦場で一掃する最後の闘いに挑むことだった。こうした作戦の結果、ユダヤ教徒の死者も出る可能性があったことを裁判で問われても、リフタ・ギャングのメンバーは平然としていた。

私はムスリム地区の裏通りをのろのろと進み、やがて「岩のドーム」に入る倒れかけた緑のゲートのところに着いた。軍部の雑役係の作業服を着てマシンガンを持った二人の新兵が入口に腰掛けていて、私に用心深く目を付けていた。

「止まれ」とそのうちの一人がアラビア語で言った。

「お祈りしたいだけだよ」と私は答えた。

「ムスリムか？」と一人が訊き、私が答えないうちに「証明しろ」ともう一人が言った。どういう意味でそう言っているのか、私にはさっぱりわからなかった。

「ファーティハだ」ともう一人が急に思いついて言った。「ファーティハを唱えてみろ」

私は精一杯うまいアラビア語で、クルアーンの開扉章の言葉をすらすら唱えた。

「慈悲ぶかく慈愛あつき神の御名において。神に讃えあれ、万有の主……」

「オーケー、オーケー」と最初に口をきいた護衛が、今度は英語で遮った。「じゃあ五ドル出せ」

「何のための五ドル？」

「もちろん、あんたのバックパックの番をするためさ。ユダヤ人はこれをもったママじゃ、あんたをあそこに入れてくれないよ」

同様なことは何十年も、何百年もつづいている。国民とは、一つにまとまった人々の神話と記憶をもとに書かれた歴史物語で、国家とはその物語の表紙と綴じ糸であるならば、イスラエルとパレスチナのあいだの仮想戦争《コズミック・ウォー》は、二つの競合する国民の物語が――どちらも国家によって完全に制御できていない――同じ神聖な、永遠の空間を奪い合うときに起こっている。

イスラエル国の物語は通常こう始まる。

一八九四年、パリ。フランスの首都中心部にある要塞のようなドイツ大使館のなかで、掃除婦がいつものように仕事をしているとき、ドイツ軍武官のマックス・フォン・シュヴァルツコッペン少尉のくずかごの中から一枚の疑わしい紙片を発見した。それはシュヴァルツコッペン宛にフランス語で手書きされた事務的メモ[3]だった。

「貴殿が小生とお会いになりたそうなご様子はうかがわれませんので、いくつかの耳寄りな情報を転送いたします」とそのメモにはある。

以下は、このドイツ人少尉が望むなら入手可能であるらしい軍事機密書類の要覧になっていて、そのなかには、フランス軍砲兵隊の編成に関する情報や、フランス軍の新兵器「一二〇ミリ砲の油圧ブレーキについての文献」なども含まれていた。

そのメモには署名がなかった。それは機密文書を少尉の都合のいいときにいつでも入手できるという約束にすぎなかった。だが、書類の末尾に、短いがのちに事件に巻き込まれることになる「小生、軍事演習は非番です」という結びの言葉が添えられていた。

掃除婦は手にしたものから直ちにぴんときた。「軍事演習は非番」とは、陸軍のだれかがドイツ軍に軍事機密を提供しようとしているとしか考えられない。これは反逆罪だ！　彼女はすぐにそのメモをフランス軍情報部に渡し、軍部はアルザス出身のユダヤ人アルフレッド・ドレフュスという下級参謀を反逆罪で告発した。

この容疑には、ドレフュスの筆跡を問題のメモのそれと関連づける怪しげな専門家の証言以外に何の証拠もなかった。だが、証拠など必要なかったのだ。ドレフュスに対する容疑が表沙汰になったとき、ドレフュスがユダヤ人であると聞いたフランス情報省の長官は、軍隊内、およびほとんどフランス中に反ユダヤ主義が蔓延していることを素早く見て取り、「当然気づいているべきだった(4)」と言った。

裁判は茶番劇で、ドレフュスの容疑の証拠は、陸軍情報部長アンリ・ユベールによる目に余るほどのでっち上げだった。決め手に必要な他の唯一の証拠は、ドレフュスの血統だった。彼はフランス人ではなく、ユダヤ人だったのだ。

忠実な王党派と熱烈なナショナリスト揃いだったフランスの軍法会議は、非公開の秘密法廷でドレフュスを有罪にし、彼は自分に対する証拠を見ることも許されなかった。繰り返し抗議したにもかかわらず、ドレフュスは終身刑を宣告され、仏領ギアナの沖にある悪魔島《デヴィルズ・アイランド》と呼ばれる悪名高い流刑地に収容された。

十九世紀のヨーロッパにおける反ユダヤ主義の台頭が、ナショナリズムの台頭と一致しているのは決して偶然ではない。ナショナリズムとは、一つの集団的帰属意識《アイデンティティー》のもとに住民を束ねるためのもので、一つの国民国家内にはある程度の民族的、もしくは文化的同一性があって然るべきだと想定されていたことが思い出される。だが、ユダヤ人は、ヨーロッパのあらゆる地域に数百年にわたって住み、存在感を示していたにもかかわらず、多くの人たちが心のなかでは未だに十分にヨーロッパ社会に同化していない（少なくとも違いがまったくなくなるほど十分ではない）、著しく異なった文化を代表していた。アルフレッド・ドレフュスの秘密裁判と茶番による有罪判決は人災による悲劇である。だが、この事件はまた、フランス人のあいだに国民としての帰属意識《アイデンティティー》というより広汎な論議を巻き起こした。フランス右派の新聞編集者エドゥアール・ドリュモンは、ドレフュスの裏切り行為は彼の属する人種の宿命だと言い切って、多くのフランス人ナショナリストの共感を得た。ユダヤ人は国家のなかの国家で、彼らの忠誠心はフランスにあるとは到底思えなかったのである。

「ユダヤ人よ、フランスを出て行け！」とドリュモンは広い読者をもつ雑誌『ラ・リーブル・パロール』で要求した。「フランスはフランス人のものだ！」

ごわごわした顎髭が胸元まで広がる毒舌家で、恰幅のいい、癇癪もちのドリュモンは、しばしばヨーロッパの反ユダヤ主義の父とみなされている。彼がフランスにいるユダヤ人の存在を迷惑げに書いた著書『ユダヤ人のフランス』（*La France juive*）は一〇〇万部も売れ、ヨーロッパの他の言語に翻訳される前に、フランスでは一〇〇回以上も版を重ねた。「ヨーロッパにおけるユダヤ人問題」についてのドリュモンの頑迷な議論は、まさに当時のナショナリズムの発想の副産物だった。英国の歴史家エリック・ホブズボーム（一九一七年生）が書いているように、ナショナリズムとは、「定義によれば、自分の〝国〟に属していない人すべて、すなわち人類の大部分を視界から除外する」(5)思想である。

集団的帰属意識《アイデンティティー》の構築という骨の折れる仕事は、とりわけ文化的同一性というような漠然としたものを基準にした場合、そのもの自体を定義するために、正反対の〝別のもの〟を必要とする。ヨーロッパの多くのところで、ユダヤ人は「ナショナリスト運動の陰極(6)」として役立ったとフランスにおける反ユダヤ主義の歴史を書いたミシェル・ヴィノックは言う。ヴィノックによれば、ユダヤ人は、内集団を浮き彫りにするための外集団で、ヨーロッパ人の国民的帰属意識《アイデンティティー》の〝顕現者〟になった。フランス人、ドイツ人、オランダ人にとって、それぞれの帰属意識《アイデンティティー》がナショナリスト的に定義され始めたとき、それはいったい何を意味したか？　それは、ユダヤ人ではないということだった。

もちろん、フランス人がみんなドリュモンの先導に従ったわけではない。大勢の軍人、政治家、裁判官、弁護士、知識人らが無実のドレフュスの弁護に立ち上がった。なかでも、作家エミール・ゾラがパリの日刊紙『オーロール』の第一面に載せた、かの有名な「J'accuse!（われ弾劾す）」に始まる公開状は、彼の知的義侠心の有形の証拠として残っている。彼らの執拗な真実追究が実って、最終的にはドレフュスは悪魔島《デヴィルズ・アイランド》で五年間という無茶な刑期を勤めさせられたあと、ようやく釈放された。それでもやはり、ナショナリズムは統合を必要とする。統合とは、エルネスト・ルナンの言葉を借りれば、「常に無慈悲な手段によって成就されるものだ」[7]。ドレフュス事件は、ヨーロッパ人のナショナリズムを、究極的にはナチズムの台頭と六〇〇万人余のユダヤ人の虐殺につながる道へと進ませるのである。

だが、この言語道断な事件の半世紀も前に、大勢のすぐれたユダヤ人知識階級がすでに、ヨーロッパ文化への同化は無駄だと実感していた。彼らは、ヨーロッパに芽生えつつあった国民国家のなかで構築されている想像上の文化的均一性を決して共有することはなく、その結果、ヨーロッパ大陸内に故郷を見いだすことはないだろうと思っていた。ドリュモンは正しい、と思う人たちもいた。ユダヤ人は国家のなかの国家だったのだ。ヨーロッパから脱出し、自分たち自身の国民国家を設立することによってしか、真に迫害から解放されそうもなかった。

確かにそれは奇抜な発想だった。十数カ国の異なった国に住んでいるユダヤ人の文化的一貫性は、想像するのもむずかしい。いったいどうやって国民としての一貫性が編み出されるのだろうか？　ユダヤ人の国民国家という発想は、あの前代未聞の歴史的諸事件の一つがなかったら、単なる思いつきのままだった可能性が高い。ドレフュスが悪魔島《デヴィルズ・アイランド》に連行される日、彼は街頭に引き出され、公衆の面前で身分を剥奪されたあげく、「ユダヤ人に死を！」「裏切り者に死を！」という大合唱にさらされた。この憎悪に満ちた群集のなかに、この事件を取材するためにパリに来ていた若いウィーン人ジャーナリストでアマチュア劇作家がいた。彼の名はテオドール・ヘルツルだった。

やがてイスラエル国家へと花開いていく発想の胚芽は、事実上、ドレフュス事件の十二年前に、レオン・ピンスケル〔一八二一―九一〕という名のポーランド人医師によってドイツ語で出版された小冊子に植えつけられていた。「自力解放」という題名のこの小冊子は、「シオンを愛する者たち」《ホヴェヴェイ・ツィヨン》、のちに短く「シオニズム」と呼ばれるようになるユダヤ人入植運動と、ナショナリスト哲学の先駆けであった。

ピンスケルが見たように、「ユダヤ人の古くからある問題」――彼らは「同化もできないし、どんな国にも容易に溶け込まない」――は、要約すると二つの基本的な事実を含んでいる。ユダヤ人は世界中のいろいろな国に離散しており、そのどこの国においても、迫害されて少数派となっている。（ピンスケルはこの迫害を「ユダヤ人嫌い」《ジュディフォビア》と名付けた。アラブ人もまたセム族であるので、反ユダヤ主義を意味する“anti-Semitism”という言葉は、自民族中心主義者の混乱を招くことを正しく認識していたのである）。この重層的な問題に対するピンスケルの解決策は、波のように迫ってくるヨーロッパ人のナショナリズムに対抗する、明確なユダヤ人版ナショナリズムを発達させることだった。それはたやすい仕事ではなかったであろう。ピンスケルは、世界に散らばっているユダヤ人にはナショナリズムを醸成するような、共通の言語、文化、民族的同質性、血縁関係、それにピンスケルが「結束の場」と呼ぶ基本的な属性が欠けていると見た。この最後の点が決め手になった。国民的な帰属意識《アイデンティティー》は、ユダヤ人が地球上に離散していては決して出現しない。「ユダヤ人にはたくさんの母国はあるが、自分たち自身の祖国がない。焦点もしくは吸引力の中心となるものがなく、自分たちの政府もなければ、公的代表機関もない。彼らはどこにいてもそこを母国と感じられるが、母国のなかに居場所がない」とピンスケルは書いている。

ユダヤ人にとって唯一の解決策は、自分の住んでいる国を去り、新たな、領土的境界線をもった「祖国」のなかに一つの国民として集まることだった。だが、ピンスケルでさえも、自分の提案に問題があることを認めていた。「自分たちの境界内に一つの国民を入植させる許可を与えてくれる土地などあるのだろうか?」とピンスケルは自問した。

十四年後、テオドール・ヘルツルは自分には答えがあると思った。「自力解放」[8]が出版されたとき、彼はウィーン大学の学生だった。当時のウィーンには、若くて、ナショナリズム志向の強いユダヤ人には事欠かなかった。ヘルツルの学友だったナータン・ビルンバウム〔一八六四—一九三七〕は、「カディマ(前進)」と呼ばれるユダヤ人ナショナリスト組織を設立した。その目的は、ヨーロッパにいるユダヤ人のあいだに民族的統合感覚を促進することだった。「シオニズム」という言葉を一八九〇年につくったのはビルンバウムだった。だが、その発想に実体を与えたのは、一八九六年に出版されたヘルツルの衝撃的な声明書《マニフェスト》「ユダヤ人国家」(*Der Judenstaat*)であろう。

ビルンバウムとちがって、ヘルツルは完全に同化した、まったく宗教色をもたないユダヤ人で、ヘブライ語もイディッシュ語(当時のヨーロッパにいるユダヤ人のあいだで一番よく使われていた共通言語)も流暢ではなく、ユダヤ人の文化や宗教に何の永続的な関心もなかった。だが、彼はドレフュス事件ですっかり変わってしまった。無実の男の血を求めて騒ぎ立てる残忍な群集を目撃して、ヨーロッパ在住のユダヤ人に未来はない、自分たち自身の国を建設することになるであろうと確信した。未来のユダヤ人国家の場所について、彼の意向はさまざまな妥協をせざるをえなかったが、ヘルツルにとっても、ビルンバウムにとっても、ナショナリストとしての抱負を実現するためにともに土地探しを手伝ったシオニスト会議にとっても、パレスチナの海岸に近い広野と草木のない渓谷があるところに建設されるべきだということについては、深刻に疑問視する人はだれもいなかった。シオンとはつまり、聖書に出てくるエルサレムの名称である。「パレスチナはわれわれにとって決して忘れることのできない歴史的郷土である」(9)とヘルツルは『ユダヤ人国家』に書いている。

問題は、すでに相当数の土着アラブ人が数百年にわたってパレスチナに住んでいることだった。相当数のパレスチナ在住のユダヤ人もまた、アラブ人と混じり合って住んではいたが、人口の圧倒的多数はアラブ人で、ユダヤ教徒もムスリムもキリスト教徒もいた。その土地にはすでに入植者がおり、宗主権をもつオスマン帝国のカリフが、ヨーロッパ系のユダヤ人にそこを引き渡すという案をあっさり受け入れるはずはなく、またパレスチナ、とりわけエルサレムは、ユダヤ人にとってと同様、アラブ人にとっても神聖な場所だった。ヘルツルのアイディアを実現する可能性を調査するために派遣されたウィーン在住のユダヤ教指導者《ラビ》は、「カノ花嫁ハ美シイガ、彼女ハスデニ別ノ男ト結婚シテイル[10]」と電報を打った。

ヘルツルにとって、解決策は、たとえ少々問題があるにしても、明らかだった。「個人の所有地を徐々に買い上げ、貧乏な住民を境界線の向こうに移さなければならない[11]」と彼は一八九五年六月の日記に書いている。イスラエルの歴史家ベニー・モリス〔一九四八年生〕は、「十九世紀末のパレスチナ・アラブ人の大半が〝貧しい〟という前提のもとに、ヘルツルは人口のほとんどを何らかの形で大移動させるつもりでそう言ったとしか思えない[12]」と述べている。

それはまさにヘルツルの思っていたとおりだった。そう計算しなかったはずはない。シオニストの理想は、パレスチナにユダヤ人国家を創設することを通してしか実現できそうもなく、そのような国家のユダヤ人口が多数派になるには、非ユダヤ人住民を追い出すしかなかった。ユダヤ人国家の事実上の構築者ダヴィド・ベングリオンは、もっと単刀直入に、「アラブ人は出て行かねばならないだろう[13]」と一九三七年に息子に書いている。シオニストたちはヨーロッパ人のナショナリズムから、「統合は常に無慈悲な手段によって成就されるものだ」という建設的な教訓を学んでいたように思われる。

二十世紀初頭のユダヤ人ナショナリストたちは大仕事に直面した。たがいに遠く離れた所に住み、慣習も異なるフランス系、ドイツ系、イラク系、ロシア系、ポーランド系、ルーマニア系の人たちを、一つの国民という帰属意識《アイデンティティー》のもとにどうやって統合するべきか？　この解決の難しい問題が、しまいにはビルンバウムとヘルツルを仲違いさせた。ビルンバウムにとって、ユダヤ人の国民的帰属意識《アイデンティティー》は、イディッシュ語のような共通言語を通しての文化的統合を基盤にするしかないように思われた。イディッシュ語を話さないヘルツルは、歴史的記憶や領土の保全などを基盤にした政治的統合という、もっと広義の、やや漠然とした概念にこだわった。言葉を換えれば、人々をいっしょに集めて、囲いをつくれば、国民国家が出来上がるだろうというわけである。

だが、ユダヤ人であるということは、ユダヤ教の信仰、実践、宗教機関とたとえわずかでも関わりを持っているはずではないだろうか？　アハド・ハアムのような初期のシオニストたちはそう考えた。ハアムは最初、ピンスケルの「シオンを愛する者たち《ホヴェヴェイ・ツィヨン》」運動の支持者だったが、のちにはユダヤ人の統合をもっとはっきりと宗教的に定義するようになり、ユダヤ教を「迷信と狂信」(14)とまで言うヘルツルが提示する非宗教的シオニズムを厳しく批判した。他方、正統派ユダヤ教徒にとって、エルサレムは巡礼地であり、救世主《メシア》再臨を待ち望む地でもあったため、この町への宗教的義務はそれをめぐる政治的統治権と解釈されるという考えにぞっとした。彼らに関する限り、「モーセ五書の掟」にはこの点について、救世主《メシア》しかイスラエル国を再建することはできず、それは終末の時だけであるとはっきり書かれていた。さらに、正統派とは反対の、ユダヤ人国家創設を支持するが、もし建設されるなら、ユダヤ法を基盤にした宗教的な神政国とするべきだと考えるかなり大きなユダヤ人グループがあった。宗教的シオニストと呼ばれる彼らは、一八九七年、スイスのバーゼルで開かれた第一回世界シオニスト会議にはわざと欠席し、最終的には自分たちなりのいくつかの宗教を基盤にした政党を結成したが、それらは今日まで、イスラエル国家の創立基盤とされている非宗教的ナショナリズムに背を向けたままである。

「ホロコースト」の恐怖が、ヨーロッパへの同化は不可能だというシオニストの論議に重みを与えたあとでさえ、ユダヤ人国家が一国のなかに包括されてよい——それは当然だ——とは思い込んでいない人はまだ大勢いた。そのような民族的にも多彩で、文化的にも同質でなく、宗教的にもいくつもの派に分かれていて、言語的にも同じでないコミュニティーを、一つの非宗教的ナショナリストの傘の下にまとめるものは何であろうか?

ユダヤ人的ナショナリズムがパレスチナで生き残るには、ミシェル・ヴィノックの言葉を借りれば、〝陰極〟——その対極として文化的凝集性をもった、民族的に同質な、国民的に統一されたコミュニティーとして定義できる〝他者〟が必要だった。すでに入植し始めていたユダヤ人に対して、〝他者〟は急速にこの土地の土着住民という形をとった。二十世紀前半のパレスチナにおけるユダヤ人ナショナリストであることは何を意味しただろうか？　それは、アラブ人ではないという意味である。

　文化的同質性を基盤にした国民的帰属意識《アイデンティティー》を十分与えるために、〝国家のなかの国家〟を追放する必要のあったヨーロッパにいたシオニストたちは、パレスチナ内に自分たちの物理的な居場所を切り開き、やがてじわじわとその居場所から、ユダヤ文化、宗教、民族的、言語的遺産を共有しない者たちを追い出した。こうしたやり方で、それまで約二〇〇〇年も、そのようなことを想像すらしたことがなかった人たちに、国民的帰属意識《アイデンティティー》をつくり出したのである。「この渓谷からアラブ人コミュニティーを撤去することによって、われわれは歴史上初めて、本当のユダヤ国家建設を達成した」[15]とベングリオンは日記に書いている。「魔法の杖を使えば、今までわれわれの入植事業につきまとっていたあらゆる困難と欠点を「消せる」」と。

　注意深く構成された物語がシオニスト・リーダーたちのあいだで形成され始めた。確かに、パレスチナにはすでにかなりのアラブ人住民が住んでいた。だが、彼らはパレスチナ人ではなかった。彼らははっきりと識別できる人たち、部族、民族ではなかった。彼らはある国民としての統一体とは考えられなかった。彼らは地球上に散らばる「アラブ民族」の一部であって、自分たちが住んでいる土地の権利を主張したりはしなかった。イスラエルの〝鉄の女〟ゴルダ・メイルはこう説明している。「それはあたかもパレスチナ国民と考えられる人たちがパレスチナにはいないかのように、われわれはやってきて彼らを追い出し、彼らの国を彼らから奪った。彼らは存在していなかったのだ[16]」。

そういうわけで、シオニストのスローガンは、「土地のない人たちに、人間のいない土地を」になった。

パレスチナのアラブ人のあいだに、少なくともシオニストが大挙して到着する以前のパレスチナのユダヤ人以上の確固とした国民的意識がなかったことは確かである。当時のナショナリズムとは、明らかにヨーロッパ的な、非宗教的現象だった。トルコ人の支配する帝国の中で、シリアと呼ばれる地域とは別の、「パレスチナ」と呼ばれる地方に住んでいて、自分たちを「パレスチナ人」と考えていたアラブ人上流階級のインテリや土地持ちのエリートはたくさんいたが、パレスチナ・アラブ人ムスリム人口の大多数は、この時点まで、自分たちをオスマン帝国カリフの臣民であると思っていた（だが、パレスチナのキリスト教徒は、自分がパレスチナ人であるという意識がずっと強く、実際、反シオニズムのもっとも活発な議論はキリスト教徒アラブ人から生まれている[17]）。

それでも、アラブ人のナショナリズムの脈動は、ヘルツルとビルンバウムがウィーンで会っていたのと同じ頃、オスマン帝国全土に生まれていた、たくさんの秘密の作家の集まりのなかで感じられていた。こうした集まりのメンバーたちは、トルコの文化的主導権に対して、アラブ人が多数派を占める地域ではアラビア語を公用語とすること（言語は民族的団結を促すのに効果的な手段である）を主張することによって、自分たちのアラブ人としての（そして明らかに非宗教的な）帰属意識《アイデンティティー》を世に認めてもらおうとしていた。こうしたアラブ人ナショナリストたちは、一九〇八年の青年トルコ人革命に勇気づけられていた。これは当時、士官学校生、若手陸軍将校、トルコ人ナショナリストらが連携してオスマン帝国カリフ、アブデュルハミト二世に対してクーデターを起こし、帝国全域にわたる一連の憲法改正の端緒を開いたものである。この改革はたいしたものではなく、事実上は、革命自体が、ヨーロッパ人が〝ヨーロッパの病人〟と陰口をたたくオスマン帝国の終焉を早めたにすぎないように思われる。だが、この出来事はアラブ人に、オスマン帝国支配からの解放は可能であると確信させた。

その感覚は、英国が、アラブ世界の大部分に、第一次大戦中にオスマン帝国に敵対する連合国側につけば、その見返りとして完全な独立を認めると約束したことによって助長された。独立はもちろん、決して具体化されず、征服したオスマン帝国領土は、戦利品としてヨーロッパ列強のあいだで山分けされた。第二次大戦が勃発すると、ヨーロッパ人はふたたびアラブ人に独立を保証した。今回は英国のアドルフ・ヒトラーとの闘いに味方することが交換条件である。この約束もまた、反古にされた。だが、一九二三年のオスマン帝国カリフ座の廃止に加えて、こうした果たされなかった約束が、アラブ世界全般の国民的な意識の昂揚に火を点けた。エジプトやシリアのような国ではアラブ人のナショナリズムはこの時点ではまだ、主に共通の文化や言語を基盤にした明確な形のない信念だったが、パレスチナでは、五〇万人近くの新たに到着したユダヤ人移民の存在が、国民的帰属意識《アイデンティティー》の確立の達成を容易にしていた。(18)

シオニズムが予期していなかった成り行きは、それがパレスチナ・アラブ人の意識を、ほかのところで起こっているような非宗教的ナショナリズムのなかでは規模の大きい汎アラブ活動から引き離し、もっと鋭くとぎすまされたパレスチナ人帰属意識《アイデンティティー》へと移行させたことである。それは、アラブ世界の他の場所のほとんどに存在していた以上の緊密な民族的結合力を生み出した。それは、ユダヤ人ばかりでなく英国人による占領へのレジスタンスを基盤にした、集団的帰属意識《アイデンティティー》を創出したのである。シオニズムはパレスチナのアラブ人にとって、なくてはならない陰極になったわけである。パレスチナ人であるということは何を意味したか？　それはユダヤ人ではないということだった。

その後の成り行きは、余すところなく記録され、討議されているので、歴史であることをやめて、歴史的神話という実体の疑わしい領域に滑り込んでしまっている。一九一七年、エルサレムに進軍した英国軍は、気がついたら、双方のナショナリズムの主張がせめぎ合う内乱の渦中に入り込んでいたのだった。英国は最初、ユダヤ人国家創設という発想に快く従っていた。ヘルツルの言葉を借りれば、ユダヤ人の掌中にあるパレスチナは「未開状態に対する文化の前哨地点」(19)であり、付随的にこの地方における英国の植民地主義の指針の道具になるだろうというシオニストの論議はたまらなく魅力的なものであった。当時の英国外相で、英国のイスラエル国家支援を約束した「バルフォア宣言」を書いたアーサー・バルフォア〔一八四八―一九三〇〕はこう主張している。「四大列強がシオニズムに関わり合っており、シオニズムは、それが正しかろうと間違っていようと、良いものであろうと悪いものであろうと、長年の伝統、差し迫った必要、将来の抱負に根ざしたものであり……この古代からの土地に今も住むアラブ人の願望や偏見よりはるかに重要性をもっている[20]」。

だが、第二次大戦の終結によって、英国はもはや、暴徒に発展しやすく、ひどく分裂した住民をコントロールする意志も手段もなくなり、パレスチナ問題は、新たに形成された国際連合に委ねられ、国は二つに分割されることになった。一九四七年一一月二九日、国連総会は、それぞれが民族的にも宗教的にも同質の「国民」を擁する二つにはっきり分かれた国家を設立する国連決議一八一を承認した。

パレスチナ人は国連決議一八一を即座に拒絶した。パレスチナ人の要望を代表するアラブ高等委員会によれば、分割の地形が「不合理で、実状に沿わず、不公平[21]」だったからだ。この決議案は、曲がりくねった国境線を設定していた。それは、当時の土地の七％を所有し、人口の三分の一を占めるユダヤ人に対し、国土の五六％、柑橘類の生育地の八分の七、耕作可能地のほとんど、地中海沿岸の港の大部分を与えていた。未来のイスラエル国家となる土地のほぼ八〇％は、まだアラブ人の所有地であった。

大勢のシオニストもまた、この分割案を拒否した。イスラエルの歴史家アヴィ・シュライムによれば、「パレスチナ全土とエルサレム――すなわち〝聖書でいうイスラエル〟を含む国家を夢見て舞い上がっていたシオニストにとっては期待はずれだったのだ[22]」。当時、「イルグン」と呼ばれた準軍事地下組織の隊長で、のちに首相になり、ノーベル平和賞を受賞したメナヘム・ベギンは、多くのユダヤ人ナショナリストの感情を次のように言い表している。「パレスチナの分割は違法である。それは将来も決して認められないであろう。エルサレムは過去も、これからも永遠にわれわれの首都である。エレツ・イスラエルはイスラエルの民に返還されるであろう。そのすべてを。永遠に[23]」。

シオニストのなかのもっと冷静な人たちが優勢に立った。終始一貫、実務家だったベングリオンは、歴史上、国際的なお墨付きを得るまたとない機会だと判断して、国連決議一八一をとりあえず好ましいスタートとして承認した。ベングリオンはすでに一〇年前に、シオニスト・リーダーのあいだで初めて分割が討議されたとき、「この国のほかの部分については、隣人のアラブ人との合意や相互理解、あるいは別の手段を通して、いずれ話し合いをつけることが可能だと確信する。だから、たとえ全土ではなくても、とにかく、直ちにユダヤ人国家を樹立させようではないか。残りは、やがてわれわれのものになる。きっとなるはずだ[24]」と言っていたのだ。

ヨーロッパは二つの戦争で荒廃し、独りよがりのアメリカはソ連の動きに目が離せず、アラブ諸国は独立をめざして解決不可能な袋小路にぶざまに行き当たっているあいだに、シオニストは単独で国家の独立を宣言した。一九四八年五月一四日、イスラエル国家が誕生した。翌日、アラブ諸国は宣戦布告した。

イスラエル人が「独立戦争」と呼び、パレスチナ人が「アル・ナクバ」（大災害《カタストロフ》）と嘆く戦争が始まって以来、六十年が過ぎている。イスラエルという奇跡的に誕生した国家は、六十年の歳月、四回の戦争、その後の数え切れないほどの死者を乗り越えて生き延び、内外の敵と対決、撃破して、中東の始終塗り替えられる地図上のど真ん中にユダヤ民族のための永続的な郷土を保持してきた。今日のイスラエルは、これまでになく豊かで、安全である。経済は繁栄している。軍隊は今のところ、この地域では最強だ。中東では最高の大学がいくつもあり、教育のある人間がもっとも多い。世界中のユダヤ人にとっての駆け込み寺でもある。それ以上に、イスラエルは、絶滅の危機に直面したユダヤ人たちの力強さ、不屈さ、創意工夫の才の生きた証拠である。

それに引き換え、パレスチナ国家は消えかけた夢のようなものだ。世界に散らばる一〇〇〇万人のパレスチナ人のうち、半分は難民として暮らしている。[25] 一つに統合された国家をという希望は、ハマースとファタハ、非宗教主義と宗教がらみのナショナリズムが競合する主張のあいだで進行中の内輪もめでしぼんだままだ。今日、ガザは地球上でもっとも貧しく、人口過密な地域であり、西岸地区のほぼ半分はイスラエルの管理下にある。[26]

イスラエルとパレスチナという二つの競合する国民の物語がこれまで六十年以上にわたって

たどってきた道のりを正しく認識するには、エルサレム旧市街の巨大な「嘆きの壁」ではなく、イスラエル人とパレスチナ人を分けておく防御手段としてイスラエルが建設した東エルサレムの分離壁の前に立ってみることだ。コンクリート、有刺鉄線、通電柵、狙撃塔、チェックポイント、バリケードでできたこのグロテスクな障壁は、「ベルリンの壁」の四倍も長く、場所によっては高さが二倍もある。この壁はすでに、エルサレムだけでも、一四万エーカーのパレスチナ人の土地を呑み込んでしまっている。[27] 究極的には、西岸地区の四〇から五〇%を包囲することになり、そこにパレスチナ国家を隣り合わせて造るという発想をほとんど滑稽なものにしている。この壁は、大きな市街地区を二分し、かつては繁栄していたパレスチナ人の町をゲットーにし、農夫が自分の土地から収穫することを不可能にし、愛する家族を分断し、パレスチナ人を学校、病院、職場から遮断した。

イスラエル政府は、この障壁がパレスチナ人テロリストをイスラエルに入れないためにも、さらに差し迫った事態である占領地区に散在する五〇か所以上のユダヤ人入植地に住む数十万人の入植者を保護するためにも必要であると主張している。壁の建設が始まってから、エルサレムへの自爆テロ攻撃は確かに激減した。だが、たいへん皮肉なことに、今日のイスラエル最大の存立危機は、アラブ軍やパレスチナ過激派ではなく、この壁そのもの、あるいは少なくともそれが表象するものから生じている。パレスチナ人だけではなく、世界中に住むムスリム、キリスト教徒、ユダヤ教徒にとって、二つの国民国家のあいだの領土紛争は、神をどちらの味方につけるかをめぐる闘争——どんなに長くて高い壁でも阻止できない、仮想戦争《コズミック・ウォー》になってしまっていることだ。

ウェスト・ヨークシャー出身で、やさしい口調で話すパキスタン系英国人二世モハメド・シッディク・カーンが、友だち三人を率いて自爆攻撃を行ない、二〇〇五年七月七日、同じ英国人市民五〇人以上を殺害するにいたる二年前、彼はこの壁沿いに五〇〇か所ほどある治安維持のためのチェックポイントの一つに立っていた。いわゆる七月七日事件の爆破犯人に関する刊行物は、この一見善良そうな四人の英国青年たちを過激な行動に駆り立てた原因の発見を意図したものだが、その文書、研究、会議の内容のどれ一つとして、カーンのイスラエル旅行に言及したものはこれまでのところ見当たらない。だが、人生これからの年代の夫であり、父親であり、どう見ても順応性のある、同化もうまくいった、教育のある若い社会人を、大量殺人につながる過激なジハード唱道者《ジハーディスト》に転換させたのはこの瞬間であったことはほとんど疑いない。

カーンは妻を伴い、数人の友人と連れ立ってマッカへの巡礼を果たした帰りに、思い立って寄り道をすることにした。境界線を越えてパレスチナ地区に入ると、カーンは自分自身の人生を何一つコントロールできない、移動の自由すらない人々が背負わされている凋落の耐え難い重みを自分自身で目撃した。

彼の同行者の一人が私に語ったところによれば、カーンはあまり並ばなくてもすむ英国のパスポートを見せて境界線を越えた。そこで彼は、この乾燥した小さな土地にずっと住んでいる一人の年老いたパレスチナ人が、苛立っている若いイスラエル兵に手荒く扱われているのを見た。その兵士は、テル・アヴィヴで飛行機を降りた私を脇へ引っ張り込んだにきび面の入国管理官とたぶん同じくらいの年齢だったであろう。汗ばんでおろおろした、最初の兵士とほぼ同年齢の二番目の兵士は、ライフルの銃床を老人の胸に突きつけていた。過去にこの横断地点で攻撃があり、イスラエル兵が死んだ。ユダヤ人が死んでいたのだ。

老人はうなだれていた。こういうことには慣れっこになっていた。兵士が彼の所持品をくまなく引っ掻き回しているあいだも無言だった。だが、その老人は屈辱感で頬を真っ赤にしていた。モハメド・シッディク・カーンはアラブ人ではなかった。アラブ世界を広く旅したこともなかったし、彼の友人たちの話によれば、そうすることにとくに大きな関心を持っているわけでもなかった。パレスチナ人の苦境に過剰な連帯感を表明したこともなかった。この地へ旅をするのもこれが初めてだったという。この旅行前までは、彼はとくに信心深いと考えられてさえいなかったという。

だが、この宿命的な瞬間に彼の帰属意識《アイデンティティー》は目覚めさせられた。彼はもはや英国人ではなかった。もはやパキスタン人でもない。彼の自己意識には、どちらのナショナリストとしての肩書きも含まれていなかった。彼は同じように分裂した想像上の「国民」であるユダヤ人との永遠の仮想戦争《コズミック・ウォー》にしっかり組み込まれた、分裂した想像上の「国民」であるムスリムの一人にすぎなかった。

カーンと彼の仲間の七月七日の爆破犯人が住むリーズ市南部にあるくすんで孤立した地区ビーストンに戻る途中、この穏やかそうな若者は同行者たちに突然、自分の新たな帰属意識《アイデンティティー》と、凶悪な犯行意図を高らかに宣言して衝撃を与えた。

「やつらはわれわれを殺す。だからわれわれはやつらを殺さなくてはならない！[28]」と彼は叫んだ。

同行者たちは狼狽した。彼はいったい何をするつもりなのだ？　われわれとはだれのことか？　やつらとはだれだ？　と彼らは訝しんだ。

それから二年後、カーンはあの凶悪行為を行なう前に残したビデオ・テープの中で、こうした疑念を一掃する証言をしている。「あなた方の側の民主的に選ばれた諸政権は、世界中のわが民に果てしない暴虐非道を働きつづけている」と彼は自分が属する国民国家である英国を非難している。「あなたがたのそれら諸政権への支援は、あなたがたに直接の責任がある。私がわが同胞ムスリムの兄弟姉妹たちを保護し、その仇討ちをすることに直接責任があるのと同じように」。

私たちはこれとまったく同じ言葉、あるいはこれに似た言葉を、前に聞いたことがある。それらは、ジハード唱道者たちが凶悪な任務の遂行に取りかかる前に、あとに残していった、いわゆる自爆テロ・ビデオと呼ばれる映像による証言に共通したものである。国境を越えた社会運動としてのジハード唱道運動《ジハーディズム》に当たって最大の挑戦は、その本質的に異なる帰属意識《アイデンティティー》——人種、文化、民族、もしくは国籍とは無関係の——を一つの集団的帰属意識《アイデンティティー》のもとに結びつけることである。これを行なうには、アメリカの社会学者ウィリアム・ギャムソンが言うところの「不当行為の基準枠づくり」[29]がもっとも簡単な手段である。不条理な状況を確認し、不当行為の責任を突き止め、その不当行為とその責任を負う人々の措置法を提案し、そして、さらに重要なのは、その不当行為をより大きな意味をもつ基準枠につなげて、できるだけ多くの人たちの反響を呼ぶような、一貫したメッセージを伝えることである。

　基準枠づくりに成功すれば、漠然とした怒りや憤懣の感情を、具体的な、定義しやすい悲憤に移し替える力を発揮できる。[30]さらに、運動の指導者たちが、そのメンバーのより大きな関心事やさまざまな抱負を包含し得る「全体像」をもとにして、たがいにあまり関係のない、地域的な悲憤と世界規模の悲憤を結びつけることもできる。

　こうしたいわゆる「基準枠整合テクニック」は、ジハード唱道運動のような社会運動を、個人が所属する内輪の集団においても、所属外集団においても生みやすくする。それは敵を確認することにも、さらに大事なのは、敵をなじるのにも役に立つ。これによって、運動の指導者たちは、運動の大義名分に共感をもっている人か、あるいは敵対感情をもつ中立的な傍観者かをあぶり出し、はっきりした目標をもってその運動に参加し、彼らの悲憤のために何かをするようにすべての人々を仕向けることができる。つまり、基準枠づくりは社会運動のメンバーに集団的帰属意識《アイデンティティー》から集団的な行動へというむずかしい移行を可能にする。[31] これまでのところ、集団的行動のもっとも安易な形は暴力である。とくに組織化され、儀式化された暴力である。そしてそれは、単純に白黒の色分けができにくい責任のありかを、「やつら」という風に決めつけることによって、複雑で、多岐にわたる闘争に変貌させることができる。[32]

今日、ムスリムのイマジネーションのなかにある不当行為をもっともよく象徴しているのは、イスラエル占領下のパレスチナ人の苦難である。とりわけアラブ世界では、だれもコントロールできないが、だれかを責めずにはいられない状況のせいで、自分たちと同じ年頃の少年少女が、もっとも基本的な権利や、当然手にしていてもおかしくない恩典を共有できない日常の惨めさについて教えていない小学校や中学校はほとんどない。大学では、パレスチナ人の窮状は、アメリカ史における南北戦争と同じくらい、アラブ史の研究に必須の一章である。パレスチナは、ある点では、ムスリム世界における汎イスラーム的帰属意識《アイデンティティー》の唯一の源になっている。カリフ位のなくなってしまった今、それが人種、国籍、階級、信仰心を超えて、すべてのムスリムを一つの「ウンマ」、一つの信仰共同体に統合する普遍的なシンボルになっているのだ。最近のイランへの旅で、私は高速道路をまたぐように掲げられた二枚一組のどぎつい色彩の大きな絵にショックを受けた。最初の一枚は、二〇〇〇年にBBCが世界に放映した今では有名になっている映像で、パレスチナ人男性ジャミル・アッドゥーラがコンクリート・ブロックのうしろにうずくまって、近くに立つイスラエル兵が連発する弾丸から幼い息子をむなしくもかばおうとしている姿である。その映像は、少年が父親の腕のなかで撃たれて死亡した瞬間を静止画として捉えていた。二枚目のものは、もっとよく知られたものだ。顔を覆われ、黒服を着せられてアブ・グライブ刑務所に収容されているイラク人囚人が、裸足で箱の上に立たされ、両腕をまるで十字架に磔にされているかのように広げ、その指先から電気の通う巻き髭のような電線が広がっている写真である。

最初の画像の下には、「昨日のパレスチナ」というキャプションがついており、二つ目のほうは、「今日のイラク」と読めた。

だが、パレスチナ人の悲惨さが、どれほど否定しがたい恐ろしいものであろうと、ジハード唱道者たちにとってのパレスチナとは、単なる抽象概念、その唯一の目的は、ムスリムを自分たちの大義名分へと引き込むためのシンボルなのである。多くのジハード唱道者たちを活気づけているのは、国家としての地位をめぐるパレスチナ人の闘争ではない。地球規模のイデオロギーとしてのジハード唱道運動は、そのようなナショナリスト的な関心事とはまったくかけ離れたものである。ジハード唱道者の戦士たちは、ハマースの過激派たちといっしょに闘うためにパレスチナへ旅したりはしない（たとえそうしたとしても歓迎されないだろう）。

ジハード唱道に凝り固まっている者たちは、イスラエルを海に追い落とすという（ばかげていて、ジハード唱道者たち自身でさえも、実現の見込みのない概念）以外は、パレスチナ人の置かれた状況に取り組むための特別な計画を何ら立ち上げたこともない。ビン・ラーディンやザワヒリのような、ジハード唱道者のリーダーたちが、イスラエルの占領下でパレスチナ人が苦しむのを放置していると言って、イスラエルとアメリカを罵っているのは事実だ。だが、そのような苦情の申し立ては、正当性はあるけれども、ジハード唱道者たちの幅広い悲憤のリストの一部として読まれなければならない。そのなかには単なる思いつきや、難解で焦点の定まらない、人集めのためのありふれた大義名分よりも、もっと本質的に悲憤以下と認められてしかるべきものもある。たとえば、アメリカが国際犯罪裁判所への署名をしぶっていることに対する抗議や、地球温暖化におけるアメリカの役割に対する怒りなどもこれに入る（「あなたがたは、他の国以上に、自国の産業廃棄物やガスで自然を破壊してきた」[33]とビン・ラーディンは書いている。「それにもかかわらず、京都議定書に署名を拒み、そのおかげで自国の強欲な会社や産業の利益をまもることができるのだ」）。

ビン・ラーディンは、アメリカの選挙資金規制法に対しても、「自分の支持政党に大きな影響力をもつ、金持ちで裕福な人たちに有利にできていて、金持ちたちの贈り物を選挙運動の基金に繰り入れている」[34]と長々とした不可解な攻撃演説を行なってもいる。ジハード唱道者たちは、広く認められている、二〇〇〇年のジョージ・W・ブッシュとアル・ゴアのあいだで争われた大統領選挙のフロリダでの開票中に行なわれた不正選挙に対する抗議さえ始めた。[35]

こうしたことは、ジハード唱道者たちにとって「目先の」悲憤ではない（ビン・ラーディンはおそらく、アメリカの選挙資金規制法改正に関心をもっていないという意味ではない）。それらは、どちらかと言えば、地元や世界規模の憤りをできるだけ広く、国境や境界——実際のものであろうと形而上のものであろうと、国家、国籍、民族、文化、階級、性別までも含む「ムスリム共同体《ウンマ》」を分裂させるすべてのもの——を超えて、一つの基本物語、一つの集団的帰属意識《アイデンティティー》を形成するための手始めである。彼らの悲憤がたとえどんなものであろうと、それは、パレスチナ人、チェチェン人、カシミール人の悲憤と少しも変わらないことをムスリムに確信させ、すべてのムスリム、ユダヤ教徒、キリスト教徒——仮想戦争《コズミック・ウォー》に長く、深く根ざした伝統をもつ三つの信仰——が参加しなければならないムスリム世界と欧米世界との闘争を、真実と虚偽、信仰と不信仰、善と悪とのあいだの仮想戦争《コズミック・ウォー》の一部として描写するためなのである。

　モハメド・シッディク・カーンは、自爆テロ犯行前のビデオのなかで、仮想レベルのことしか考えていない男の平静さと屈託のなさで、「われわれは交戦中である」と述べ、「そして私は、その戦士の一人だ」と結んだ。

第II部

神こそ戦《いくさ》びと

第3章

神殿への熱情が私を虜にする――イスラエル

それは気軽に思いついた感想を述べているように見えた。だが、原稿ナシとはいえ、おおやけの場で口癖のように信仰告白をしてきた政治家や、聖書の比喩をちりばめた平凡なスピーチが多い大統領でもないかぎり、うっかり言ったとは思えない。ギョッとしたのは、その演説がいかにも自然だったことだ。作家ジェイムズ・キャロルの言葉を借りれば、「まるでさりげなく野球の話でもするみたいに」[1]。それはまるで、過去五十年のあいだに最悪の本土侵犯を受けたことに対するアメリカの反応を、四日間、心配そうに待ちつづけていた世界が、大統領のすべての動作を指導するカウンセラーとコーチらが締めた幕を引き戻して、ほんの束の間ではあるが、この人物自身の心のなかをのぞき込むことができた場面のように思えた。

私はその声明をテレビで見て、数百万のアメリカ人と数千万の地球上のあちこちにいる人々とともに、この新しい世紀が一世代かそれ以上にわたって忘れがたいものになったことをすぐに悟った。

「このクルセイド〔crusade〕は」とブッシュ大統領は言ってから、まるで永遠かと思うほど間《ま》をおいて、「この対テロ戦争は」と言い換え、また間《ま》をおく。そして、「しばらくつづくことになる」と言った。

クルセイド〔crusade〕。

その言葉は、ずっと、不発弾みたいに宙に浮かんでいた。あまりにもいろいろな意味があって、ピンとくるまで長い時間がかかったのだ。そのあいだに、どう見ても極めて破壊的な結果をもたらしそうな言葉をようやく呑み込むことができた。

Cru・sade（名詞）。中世にムスリムに対してキリスト教徒によって行なわれた一連の宗教戦争の一つ――。

小文字で始まるcrusadeは「聖戦」という意味だ。大文字のCで始まる複数形のCrusades〈十字軍〉はこの言葉を起源にしている。これは単なる言葉ではなく、キリストの十字架が一つの野蛮な神政帝国によって、もう一つ別の野蛮な神政帝国に対して刀のように振り回された時代を象徴している。ジェイムズ・キャロルが言うように、この「聖戦」とは、単なる一連の軍事行動ではなく、「今日まで連綿とつづく敵対意識、明らかにイスラームに敵対する欧米側の一致団結した帰属意識《アイデンティティー》」を生んだ決定的な出来事であった。

すでに宗教的な怒りに溢れていた非常に多くのアメリカ人が、この言葉をそう解釈していたことは間違いない。ブッシュ大統領が、就任以来、公然と示してきた福音派《エヴァンジェリカル》の世界観に苛立ちや当惑を感じていた広大な地域に広がるアラブ・ムスリム世界も、この言葉を同じように解釈したに違いない。Crusadesという言葉が、「十字架をかけた闘い」を意味する「ハルブ・アッサーリブ」というアラビア語に翻訳され、アラビア語の新聞がブッシュの声明を、「この十字架をかけた闘い……このテロリズムとの闘い……」と報道したことが事態をまずくしたことは確かである。

予想どおり、ブッシュ大統領は大急ぎで回れ右をして、それからの数週間、予定外の行動をとって世界中のムスリムに、イスラームに対して軍事行動に出ることを意図しているのではないと触れ回った。「アメリカの敵は、われわれの大勢のムスリムの友人たちではない」(2)と彼は明言し、アドバイザーたちも、ブッシュ大統領はあの言葉を歴史的な意味で使ったのではないと説明するのに大わらわだった。これは、小文字の〝c〟で始まるもっと格の低い crusade で、たとえば、「悪事を行なう者に対する撲滅運動」のような、ある思想や運動に対する積極的な行動だと。

だが、たとえこうした言いわけや説明を認めたとしても、それがいかにむなしいか、私にはよくわかる。それは私が無様《ぶざま》な失敗を許すことができないからではなく、二〇〇一年九月一一日の攻撃に対する最初の直観的な対処において、起こった出来事(それにどう対応するかを含めて)の意味と背景をどう位置づけるか、世界中の人々が注目している人物が、突然の心ならずの誤りとはいえ、今世紀初の大戦争の雰囲気をつくってしまったからである。少なくともブッシュは、この時以降、この時点ではまだだれにも定義されていなかった「テロとの闘い」をこの crusade と同義語にしてしまったことは確かである。そうすることによって、彼はアメリカ人に大惨事発生を予言するようなレンズを与え、それを通してムスリム世界との来るべき戦争を予見させたばかりでなく(実際には多くのアメリカ人にそう奨励する必要などなかった)、あの攻撃の実行者たちが挑発しようと目論んでいた仮想世界の二元主義にそのまま反応していたのである。あの大統領声明の数日後、ビン・ラーディンが大喜びでリポーターに宣言しているように、「われわれの目標は、ムスリム・コミュニティーがキリスト教徒のCrusadeに対峙して団結することである……ブッシュ自身がCrusadeと言ったのだ……人々は彼のために言いわけをしている。彼らはブッシュがこれは『十字軍戦争』だという意味で言ったのではないという。彼自身がそう言ったのに！」[3]

ビン・ラーディンはさらにこうつづけた。「おかしなことに、ブッシュはまさにわれわれの口から出るはずの言葉をそのまま言ってくれたのだ」[4]。

十字軍は長いあいだ、アラブ人のイマジネーションのなかに大きく不気味な影のように出没していたが[5]、興味深いことに、聖地から異教徒ムスリムの遊牧民を一掃するために乗り込んできた、イスラーム教徒に対するキリスト教徒の攻撃を手っ取り早く伝えるあの十文字の紋章を付けた騎士たちのイメージが、欧米の帝国主義者の野心を表わすもっとも力強いシンボルになったのは、八〇〇年後の植民地時代になってからのことだった。「十字軍精神はすべての欧米人の血のなかに流れている」[6]と二十世紀のもっとも影響力の大きかった思想家サイイド・クトゥブは言っている。

十字軍と植民地主義との関連——そしてもっと広い意味では、キリスト教と欧米の帝国主義とのつながりは、以来、アラブ人の心理に鮮明に刻み込まれてしまっている。ムスリムが大多数を占める国々では、いまだにヨーロッパやアメリカとの関係を、まず第一にそうした関連性の枠組を通して見ている。二〇〇五年九月、デンマークの『ユランズ・ポステン』紙がひとつづきの預言者ムハンマドの挑発的な風刺画――ターバンの代わりに頭に爆弾を巻き付けたムハンマド、二人のヴェールを被って縮こまっている女性の前に立っているムハンマド、三日月刀を振り回しているムハンマド――などを掲載してヨーロッパ中が怒りの声を上げたとき、あるムスリムの漫画家が、デンマーク国旗を胸当てにした十字軍の騎士が、武具を着けた馬に乗り、槍の代わりに鉛筆を振り回している独自の風刺画でこれに対抗した。

ジハード唱道者《ジハーディスト》たちにとっては、十字軍は歴史的出来事というよりむしろイデオロギー的な複合概念であり、語り継がれてきた物語の最終章は、今もまだアフガニスタンやイラクの戦場で書かれつつある。キリスト教徒とイスラーム教徒のあいだの果てしない仮想戦争《コズミック・ウォー》において「十字架を掲げている」のは、もはやヨーロッパではなく、二十一世紀のキリスト教徒帝国主義の中心的存在としてのアメリカである点だけが異なるにすぎない。「これは『アル・カーイダ』とアメリカのあいだの闘いではない。地球規模の十字軍に対するムスリムの闘いなのだ」[7]と二〇〇一年一〇月にビン・ラーディンは公言している。

そういう二極化した言い回しは頭にこびりつきやすい。十字軍が、域内のいがみ合う諸侯たちの暴力の矛先を共通の敵に向け直させることにより、ばらばらになっていたヨーロッパを、一つの「キリスト教共同体《コーパス・クリスチアヌム》」[8]に変容させる役割を果たしたのと同じように、ばらばらになっていたムスリム世界に、十字軍は現実的にも想像上も、外からの攻撃に対する団結と大胆な抵抗のシンボルを提供する。「ブッシュは『われわれにつくか、テロリストにつくか、どちらかだ』と言ったが、［私は］『十字軍につくか、イスラーム教徒につくか、どちらかだ』と言う[9]」とビン・ラーディンは声を大にして叫んだ。

十字軍は、地上と天界とで同時に行なわれていると想定される仮想戦争《コズミック・ウォー》の典型的な表出である。きわめて具体的なレベルにおける十字軍の働きは、何と言っても教会の外の敵（ユダヤ教徒、ムスリム）と内なる敵（異端キリスト教徒、反抗的な諸侯）に対するローマ教皇の権威の表出としての役割をもっている。ローマ教皇の免罪符、寄付金、助成金、教会税など十字軍事業全般の財政基盤の複雑な仕組み――ある歴史家はこれを「事実上の十字架ビジネス」と呼んでいる[10]――は、富と軍事力をローマ教皇の掌中に集中させることによって、教会と王族とのあいだにまったく新しい財政的関係を生み出した。十字軍遠征に従事した者は、罪の赦しばかりでなく、借金の帳消し、処罰の免除、ムスリム領土から奪取した戦利品の分配まで約束されていたのである。

同時に、十字軍は教会から救済を得る新しい手段として意識的に理解されるようになった。これは敬神行為としての闘いであり、その目的は、第一次十字軍を発足させるに当たって開かれた教会関係者の集まりである一〇九五年のクレルモン公会議で教皇ウルバヌス二世が言明しているように、教会の敵に対して闘う者たちの罪を赦すことであった。ウルバヌス二世は、この小さなフランスの町に集まってきた司祭、騎士、諸侯たちにこう要求した。「余は、というよりも主は、キリストの軍使としてのあなたがたに懇請する……わが同胞の地から卑しむべき人種［ムスリム］を駆逐することを。陸上であろうと海上であろうと、あるいは異教徒との闘いにおいてであろうと、途上で死ぬすべての者はただちに罪を赦されることになる。余に授けられた神の力を通して、余はこれを彼らに認める」(11)。

教会に代わって闘う者たちに救済の手をさしのべた教皇は、ウルバヌス二世が最初ではなかった。同じような約束を二〇〇年ほど前にレオ四世（在位八四七―五五）やヨハネス八世（八七二―八二）もしている。実際、十字軍は、西暦三一三年頃、ローマ皇帝コンスタンチヌスがキリスト教に改宗したときに始まった、キリスト教徒が尚武精神を身につけていく長い着実なプロセスの一端だった。ガリラヤ地方出身の遍歴の説教師であるひとりのユダヤ人から霊感を受けた地域的な宗教は、ほとんど一夜にして帝国の宗教になり、キリストの十字架は闘いの旗じるしになった。この突然の変容は、戦争と暴力に関するキリスト教徒の概念を一変させた。絶え間ない迫害に遭い、政治的弱者として生きていたイエスの初期の信奉者たちは、戦争という概念を黙示録的な段階に焦点を当てて見ていた――キリストはある日、「白い馬に乗った戦士」として戻ってくる。彼の目は「燃えさかる炎のようで」、衣服は「血に染まって」おり、その口からは「鋭い剣」が出て、それで「諸国の民を打ち倒して」復讐するのである（「ヨハネの黙示録」一九章一一―一五節）。だが、ローマ帝国とキリスト教が結びついたことで、教会の信仰上の敵と、ローマ帝国の政治上の敵との区別がつかなくなった。一〇九九年、第一次十字軍がエルサレムの壁を突き破るまでには、ウルバヌス二世が聖地解放に彼らを派遣してから四年が経っており、キリスト教精神はもはや、約一〇〇〇年前にローマ帝国によって聖地からほかのユダヤ人とともに追い出された隠れユダヤ教徒一派のものではなくなっていた。それは豊かで強大な、血に飢えたローマのものだった。第一次十字軍に神の騎士らとともに同行したレーモン・ダジールの記録は、エルサレムの住民に対して十字軍戦士たちが、ムスリムとユダヤ教徒の首を切り、矢を放ち、生きたまま火のなかに投げ込むなど、野放図に解き放たれたほとんど想像を絶するほどの暴力の目撃証言になっている。切り離された首や手足が、石畳の街路に山となって散乱していた。十字軍戦士たちは血の海のなかをしっかりと手綱を握り、男女、子供らの死体を掻き分けながら、血に染まった「神殿の丘」に到達した。意気揚々のレーモンは、「この日、異端信仰を屈服させ、すべてのキリスト教信仰を正当化する日となった。われわれの信仰は新たにされた[12]」と記している。

　中世のキリスト教徒戦士の止めどのない流血願望と、「汝の敵を愛し、〔だれかがあなたの右の頬を打つなら〕左の頬をも向けなさい」というイエス・キリストの戒めとに折り合いをつけるのはむずかしいであろう。だが、それは、仮想戦争《コズミック・ウォー》の概念が新約聖書ではなく、旧約聖書から生まれているためである。強姦と略奪を繰り返しながら聖地へと進軍する騎士たちは、記録係のラドルフによれば、「異教徒の大人はみな、釜茹でにし、子供は串刺しにして焼いて食う」、神の子羊〔イエス・キリストを指す〕ではなく、ユダ族から出たライオン〔「ヨハネの黙示録」五章節〕の道を歩む仮想戦士だった。

仮想戦争《コズミック・ウォー》の概念⑬、そのもっとも単純な表現は、神が人間の闘いにおいて対立する一方の側に積極的に関与しているという信仰を指すのだが、その起源は旧約聖書に深く根ざしている。「出エジプト記」一五章三節には、「主こそ戦《いくさ》びと」とあり、「イザヤ書」四二章一三節には、「主は、勇士のように出で立ち、戦士のように熱情を奮い起こし、叫びをあげ、鬨の声を上げ、敵を圧倒される」と記されている。敵を震え上がらせ、ライバルに残酷な神の「衣は血を浴び」（同書の六三章三節）ている。神は「弓の覆いを取り払い」、「槍を燦めかせながら」馬に乗り、勝利の戦車を駆ってくる（「ハバクク書」三章八―一一節）。神は「憤りをもって大地を歩み」、「怒りをもって国々を踏みつけられる」（同書三章一二節）。神は自分の前に立ちはだかる者の頭を打ち、随行者に「敵の血に足を浸せ」（「詩編」第六八章二一―二三節）と命じられる。神の怒りに天は震え、山々は神の憤りに身もだえする。

古代人の心に宿る神は、闘いを受けて立つのではなく積極的に攻める軍神であった。仮想戦争《コズミック・ウォー》について聖書に描かれている発想の中心には、人間が神の代わりに闘うというよりも、神が人間に代わって闘うのだった。時には、神は戦場でたった一人の戦士であった。バビロニア人がメソポタミアを征服したとき、彼らは自分たちの王の名においてそれを行なったのではなく、それぞれの闘いを認可し、指導させ、指揮すると信じられていた彼らの神マルドゥクの名において闘った。同じことが、エジプト人にとっての神アメン、アッシリア人にとっての神アッシュール、カナン人にとっての神バァル、イスラエル人にとってのヤハウェについても言える。

聖書全体を通して、神はイスラエル人に代わって闘う存在としてたびたび表わされており、その戦場における存在の大きさや力は重要ではない。「主が勝利を得られるために、兵の数の多少は問題ではない」（「サムエル記」上一四章六節）。イスラエル人のなすべきことは、離れて立ち、信じるだけだったこともしばしばだった。見よ、モーセを。ファラオの戦車が追ってくるというのに、葦の海の岸辺に毅然と立っている。「恐れてはならない。落ち着いて、今日、あなたたちのために行なわれる主の救いを見なさい」とモーセは動揺しているイスラエル人に警告した。「主があなたたちのために戦われる。あなたたちは静かにしていなさい」。モーセが杖を振ると、水が引き、海は乾いた地になり、それを見たエジプト人でさえ、イスラエルの神[14]が戦場にいることを認めた。「イスラエルの前から退却しよう。主が彼らのためにエジプトと戦っておられる」とエジプト人は叫んだ。

だが、遅すぎた。杖をもう一振りすると、水は元に戻り、ファラオの全軍は溺れ死んだ。「主はこうして、その日、イスラエルをエジプト人の手から救われた。イスラエルはエジプト人が海辺で死んでいるのを見た」（「出エジプト記」一四章三〇―三一節）。

戦場における神の神聖な介入は、ギブオンで逃げて行く敵に「天から大石を」降らせ、「雹に打たれて死んだ者はイスラエルの人々が剣で殺した者よりも多かった」(「ヨシュア記」一〇章一一節)ときのような直接的な行為から、雹、風、砂嵐を起こさせたり、敵の間に飢饉や疫病を蔓延させるような自然界の励起[15]までさまざまな形を取り得る。

介入の形には関係なく、大事なのは神が積極的に戦場に現われていることである[16]。神は「イスラエル陣営の中を歩まれる」(「申命記」二三章一五節)し、神は軍隊とともに前進し、軍隊に現場で命令を下し、闘いが激しくなるにつれて戦略的決定も行なう。「ペリシテ人に向かって攻め上るべきでしょうか」とイスラエルの王ダビデが主に託宣を求めると、「攻め上らず、背後に回れ。バルサムの茂みの反対側から敵に向かえ」と答えている(「サムエル記下」五章一九、二三節)。

戦場は神の戦場であり、敵は神の敵であり、戦略は神の戦略であり、勝利は神の勝利である。実際、いざ戦争になれば、人間の概念でいう正義や道義が入り込む余地は聖書にはほとんどない。神の命令は何であっても、倫理的で正しい。唯一の制限は神による制限である。「行け。アマレク〔イスラエルに敵対した遊牧民族〕を討ち、アマレクに属するものは一切、滅ぼし尽くせ。男も女も、子供も乳飲み子も、牛も羊も、ラクダもロバも打ち殺せ。容赦してはならない」(「サムエル記上」一五章三節)。

「一切を滅ぼし尽くす」(ヘブライ語では「ヘレム[17]」)というこの行為は、「息しているものはすべて」ことごとく虐殺せよという神の命令であり、聖書のなかでは繰り返し出てくる主題である。イスラエル人は偶像崇拝（異国の神々の崇拝）を、その周辺にあるものすべてを汚染するウイルスのようなものだと考えた。異なった部族の崇拝する神々から離れているだけでは、清らかさを保つのに十分ではなかった。偶像崇拝勢力の土地と縁を切り、イスラエルの神のみへの崇拝を確実に行なうためには、近隣の部族は排除されなければならなかった。「主ひとりのほか、神々に犠牲を捧げる者は断ち滅ぼされる」（「出エジプト記」二二章一九節）。敵の土地、家畜、農場、畑、金銀もまた、「わたしに対する罪を犯させないために」、破壊されることになる（「出エジプト記」二三章三三節）。

このゆえに、あわれなアカンの物語が「ヨシュア記」に語られている。エリコの陥落後、イスラエルの人々が「男も女も、若者も老人も、また牛、羊、ロバに至るまで町にあるものはことごとく剣にかけて滅ぼし尽くした」とき、アカンはひそかに町にあった金目の物の一部を捜し出して、自分の天幕の下に埋めた。それが発覚すると、アカンは滅ぼし尽くされるべきだったものを返還させられたばかりでなく、すでに偶像崇拝者たちに汚染されていた彼自身と共に、その妻、子供や孫たちもすべて、石で打ち殺された。彼らの死体、アカンの持ち物、家畜などすべてが積み上げられ、火で焼かれた（「ヨシュア記」七章一六―二六節）。

聖書のどこを読む場合でも、どう見てもそれは歴史的事実の記述ではなく、どちらかと言えば、昔の出来事を神意に結びつけて回想したものであることを忘れてはならない。考古学的証拠によれば、イスラエル人が滅ぼし尽くしたと言明している部族のいくつかは、実際には、イスラエル民族のなかに吸収されていることを示唆している。だが、聖書に描かれている仮想戦争《コズミック・ウォー》の理念はきわめて明快である。偉大な聖書学者ジョン・コリンズの言葉を借りれば、それは「宗派的純粋性を保持する手段としての民族浄化[18]」である。事実、国家というものは、これを最重要手段としてつくられてきた[19]。「約束の地」からよそ者を徹底的に排除していくヨシュアの軍隊の血の跡をたどってみよう。

ヨシュアはその日、マケダを占領し、剣をもってその町と王を撃ち、住民を滅ぼし尽くして一人も残さなかった。ヨシュアは全イスラエルを率いてマケダからリブナへ向かい、剣をもって町を撃ち、住民を一人も残さなかった。次にリブナからラキシュへ向かい、剣をもって町の住民をすべて撃ち、リブナとまったく同じようにした。ヨシュアはラキシュからエグロンへ向かい、全住民をその日のうちに討ち滅ぼし、ラキシュとまったく同じようにした。ヨシュアはさらに、エグロンからヘブロンへ上り、全住民を一人も残さず滅ぼした。それからヨシュアは全イスラエルを率いてデビルに引き返し、全住民を滅ぼし尽くして一人も残さなかった。それからヨシュアは、山地、ネゲブ、低地、傾斜地を含む全域を征服し、一人も残さず、息ある者をことごとく滅ぼし尽くした。イスラエルの神、主の命じられたとおりであった。イスラエルの神、主がイスラエルのために戦われたからである（「ヨシュア記」一〇章二八―四二節、抄訳）。

後述するように、滅ぼし尽くすという行為としての仮想戦争《コズミック・ウォー》の聖書における概念は、現代のイスラエルの少数だが過激な右派ユダヤ教徒グループのイマジネーションのなかに消えずに残っていて、どんな犠牲を払ってでも聖地から「異質の」要素を排除せよという神の命令をしっかり守っている。だが、一世紀初めの不穏な雰囲気にあったパレスチナ〔ローマ帝国時代、パレスチナと言えば、今日のイスラエル／パレスチナすべてに加えて、ヨルダン、シリア、レバノンの大部分も含む広大な地域を含めた名称だった。当時、「イスラエル」とは、北部イスラエル部族を指し（南部はユダと呼ばれていた）、集団的にはパレスチナに住むユダヤ教徒コミュニティーをこう呼んでいた〕では、宗教色の濃いナショナリストたちの一団が、聖書にある仮想戦争《コズミック・ウォー》の教義を身の毛のよだつほど極端にまで押し進めていた。その一団とは熱心党《ゼロット》と呼ばれる人たちである。

熱心党《ゼロット》[20]は整然とした宗教団体や政党ではなかった。それは、ガリラヤを中心にゆるやかな結びつきをもつ、ユダヤ人革命家たちの雑多な運動の一つだった。ガリラヤは長いあいだ、ローマ人によるエルサレム占領に恥辱を感じ、神殿の権威者たちに激しく反発する気持ちだけが共通の過激派や扇動家の温床だった。熱心党のなかには祭司階級もいたし、司祭職に対して憤懣を抱いている人たちもいた。予言や占いを仕事にしている人たちもいれば、ユダヤ人の宗教のあらゆる面にはっきり距離を置いている人たちもいた。平和を好む熱心党員も少しはいたが、大多数は占領者であるローマ人とその「協力者」と呼ばれるユダヤ人の両方に対して容赦なく暴力を振るってよいと思い込んでいた。大多数が宿無しの無法者集団や与太者同然だった。だが、それぞれちがってはいても、こうした与太者や革命家を「熱心党」という外衣のもとに団結させていたのは、聖書で言う熱情という信条に訴えていたからだった。

「不信仰や他の神を信じることを許さない怒り」という定義がもっとも適切であるこの聖書にある熱情とは、揺るぎない神の支配、神の掟に対する絶対的服従、さらに重要なのは、周囲の人のなかで神の民とそうでない人を徹底的に分離することである。こうした神の神聖な特質のなかでこそ熱情という信条はそれなりのはけ口を見いだすのである。「あなたの神、主は焼き尽くす火であり、熱情の神だからである（「申命記」四章二四節）。それは同格の存在を一切認めず、パートナーを受け入れず、部分であることを認めず、すべてを包括する神である。神は絶対的で無条件の献身を要求し、少しでもそれに従わなければ容赦ない怒りを示す。イスラエルの神を熱情をもって崇拝するということは、同じようなすべてを捧げる熱情をもって、――神の言葉、神の掟、地上と天国における神の永遠の支配のために――焼き尽くすことである。

聖書に出てくる熱情のもっとも喜ばしい模範は、祭司アロン（モーセの兄）の孫ピネハスである。その頃、選民に対する神の憤りが燃え上がるにつれて、イスラエル人のあいだに災厄が広がっていた。神の掟にあからさまに違反して、ユダヤ人は近隣のモアブの娘たちと性的関係を持ち、モアブの民の神々に犠牲を捧げることまでした。神は憤って、共同体のリーダーであるモーセに、性的純潔を破ったすべてのユダヤ人を捕らえ、「主の御前で彼らを処刑し、白日の下にさらしなさい。そうすれば主の憤りはイスラエルから去るであろう」（「民数記」二五章四節）と指示した。だが、モーセが神の命令を実行する前に、青年ピネハスが自分なりの考えで指図を受けずに神の要望を実行する決意をする。

ピネハスは、ジムリという名のユダヤ人がモアブの女を連れてテントに入るのを見つけ、そのあとを追って奥の部屋までゆき、性行為の最中の二人を槍で突き刺した。災害はただちに治まった。神はモーセにこう知らせた。「祭司アロンの孫で、エルアザルの子であるピネハスは、わたしがイスラエルの人々に抱く熱情と同じ熱情によって彼らに対する私の怒りを去らせた。それでわたしは、わたしの熱情をもってイスラエルの人々を断ち滅ぼすことはしなかった」（「民数記」二五章一一節）。ピネハスは仲間のユダヤ人を殺した罪で罰せられるどころか、神から「平和の契約」を授けられた。以後、彼と彼につづく子孫は、永遠の祭司職の契約にあずかる。「彼が神に対する熱情を表わしたからである」（「民数記」二五章一三節）。

神の不信仰を許さない怒りの表現として、ユダヤ民族の罪のあがないとしてのピネハスの自発的、個人的行為の例は、聖書における個人の立派な行ないの手本になった。エリヤが神のライバルであるカナン人のバアル神の司祭たちを殺したときも、「主に情熱を傾けて」仕えるためにそうした（「列王記上」一九章一〇節）。王イエフがサマリアの一族をことごとく打ち殺したときもまた、「主に対する情熱」を見てもらうためだった（「列王記下」一〇章一五―一七節）。一世紀頃の信心深いユダヤ人の大半はこのような聖書に登場する英雄たちを尊敬し、彼らと同じような熱情を自分たちなりに発揮しようと努めた。だが、熱心党員たちにとって、熱情は単なる教義以上のものだった。それは集団的帰属意識《アイデンティティー》の象徴であり、集団的行為への召命だったのである。

熱心党運動の起源は、ローマがシリアとパレスチナ住民全員の住民登録を命じた紀元六年にまで遡ることができる。ローマ人は、適切な課税のために、妻、子、奴隷、所有財産も含めて、定期的に住民登録を行なわせるのが慣習になっていた。だが、このとき、ガリラヤ出身のユダヤ人反動分子の小集団が、登録には応じないと断固とした態度をとった。この土地はローマ人に区分けされ記録されるべきものではなかった。土地は神のものであり、神のみがその所有権を主張できる。ローマ人の求める住民登録に協力することは、ローマ人の支配を認めることになり、一種の聖所侵犯行為である。それはシナイ山でモーセに啓示された最初の最も大切な「わたしをおいてほかに神があってはならない」（「出エジプト記」二〇章三節）という戒めに違反する。ローマ人の命じる住民登録を快く行なうユダヤ人はみな、神ではなくローマに忠誠を誓ったも同然で、もはやユダヤ人ではない。そういう人間は背教者であるから、厳罰に処せられて死にいたる。

最初、こうした反動分子たちは「ガリラヤのユダ」と呼ばれるカリスマ性のあるユダヤ教指導者《ラビ》を中心に集まり、素性のはっきりしないパリサイ派のツァドク（もしくはサドク）という人物とともに、ユダヤ教の新しい一派を創立した。一世紀の歴史家フラウィウス・

ヨセフスは彼らのことを第四宗派（最初の三つの宗派は、パリサイ派、サドカイ派、エッセネ派）と呼んでいる。(21) この宗派——おそらく党派と言ったほうがより正確な呼称であろう——は、神の単独支配というイデオロギーに固執することによって、一世紀のパレスチナにおける他のすべての宗教・政治団体とは一線を画していた。第四宗派のメンバーは唯一の神以外の主には従わないと誓っていた。神は彼らの王であり、王座はエルサレムにあるが、その王国は世界全体に広がっていると考えられていた。

これは世の終わりのときに設立される未来の王国のようなものではなかった。未来はすでにここにあり、神の王国はすでに存在していたのである。必要なのはその事実を認識し、そのために行動に出ることだけだった。神の国はこの世のすべての権威の否定を求めるだけではなく、旧約聖書が要求しているように、すべての異邦人、不信仰なユダヤ人を「約束の地」から追い払うことを命じた。それは、五〇〇年前にイスラエル人が初めて聖地に足を踏み入れたときに主が命じられたのとまったく同じように、破壊による浄化を意味した。ユダヤ人がローマ人の奴隷になることを拒否したときのみ、彼らは神を自分たちの主人と呼ぶ権利がある。その土地から異邦人を排除したときのみ、神のこの世の支配が実現される。神の救いが手近になる。神につくか、ローマにつくか、決断しなければならなかった。中立は許されなかった。

神の統治権に対する無条件の傾倒を強く示すために、第四宗派のメンバーたちはカエサルの彫像の付いたコインを使うことも、触ることさえもしなかった。ローマ人の神々の像が設置されている門を歩いて通り過ぎることもしなかった。彼らは自分たちの集団外の人々と接触もしなかったし、もし接触した場合はすぐに身を浄めた。割礼を受けていないユダヤ人に遭遇すると、強制的に割礼を受けさせ、ユダヤ人が神以外の存在を「主《しゅ》」と呼ぶのを聞けば、その場でその人を殺した。

第四宗派のメンバーが自分たち自身を「熱心党」と呼んでいたかどうかは不明だが、彼らがユダヤ人のさまざまな経済的、政治的、宗教的悲憤を一つの目的のためにまとめるに当たって熱情という信条を利用したパレスチナにおける最初の革命運動であったことは間違いない。熱情はすべてのユダヤ人が認識できるわかりやすいシンボルを提供し、それによって彼らは新たな集団的帰属意識《アイデンティティー》、神殿の管理者たちの支配の及ばない自己認識を形成できた。熱情にこだわる第四宗派のメンバーたちは、ローマに黙従してせいぜい協力者となるか、最悪の場合は不信仰者になっていた他のパレスチナのユダヤ人全員と袂を分けた。聖書に書かれている熱情溢れる英雄たちの姿は、暴力の行使にお墨付きを与えた。実際、神の名のもとでの熱情は暴力を要求した。なぜなら、その土地の純粋性を維持することはユダヤ人にとって神聖な義務だったからである。

神は彼らの熱情に報いてくれると信じたユダとその信奉者の小さな一団は、ローマに対して無謀で無分別な蜂起に立ち上がった。彼らはローマ帝国には勝てないと知っていたが、ヨセフスの言葉を借りれば、「そのような理想に鼓吹されて、その実現に全力を尽くす企てであるならば、神はいっそう彼らを助けてくれるだろう」と信じて疑わなかった。いずれにしても、彼らにとって勝利などどうでもよかったのだ。彼らはただ神の意志に従うだけだった。

それは短命な革命だった。ならず者を集めたユダの軍隊は、ローマ軍団によってやすやすと殲滅され、ユダ自身も戦死した。信奉者たちは捕らえられ、町外れでみんな集めて磔《はりつけ》にされた。磔刑は暴動に対するローマの典型的な処罰法だった。

だが、「ガリラヤのユダ」のことが忘れ去られることはなかった。一世紀末にパレスチナをうろついていたたくさんのカリスマ性のある革命家のなかで、「ガリラヤのユダ」は新約聖書(「使徒言行録」五章三七節)にその名をとどめているほんの一握りの人たちの一人である。ローマによる占領に抵抗することを宗教的義務と考え、イスラエルを解放するためなら喜んで暴力を行使することによって、一世代後に復活することになる抵抗運動のモデルを生み出した。ユダの蜂起の失敗から貴重な教訓を学んだ、さらに意志強固で熱烈な革命家集団は、「約束の地」からローマという不快な存在を駆逐する最上の方法は、ローマを直接攻撃することではなく、ローマを挑発してユダヤ人を攻撃させ、仲間の同国人を戦わざるを得ないように仕向けることだった。

狙いを定めた暗殺、手当たりしだいの暴力行為を通して、ふたたび目覚めた熱心党(その先達と同様、結合力のある政治綱領というよりも、神への熱情を共通感覚として団結した)ともいうべきこれらの新たな集団は、パレスチナ全域にわたって新たなテロ活動を展開し始めた。

彼らはユダヤ人の貴族階級を誘拐し、身代金を要求した。祝祭日の真昼間から、市場や神殿など人が大勢集まっているところで、ローマ人の役人と神殿の祭司たちの両方を虐殺した。彼らの最大の目的は、思いのままに攻撃でき、だれひとり安全ではないということを見せつけることにあったように思われる。「犯罪そのものよりも恐ろしかったのは、彼らが掻き立てる恐怖だった。まるで戦争中のように、いつ死んでもおかしくないとだれもが思った」とヨセフスは書いている。ローマとの闘いは不可避で、それが「神意」であることを確信させるために、ユダヤ人に篭城心理を掻き立て、大量虐殺さえほのめかす者さえいた。

だが、パレスチナ全土を席巻した殺害や騒乱にもかかわらず、こうした敬虔な革命家たちはとりわけ若者たちのあいだに圧倒的な人気があった。これは農民の蜂起ではなかった。熱心党員とその同輩たちはパレスチナのすべての階級のあいだに幅広く支持者を持っていた。リーダー格は社会改革を熱望する都市部のインテリ層だった。名家の出身で、社会的に重要な地位にある者もかなりいた。彼らは兇徒でもなければ人非人でもなく、ユダヤ人社会のベスト&ブライテイストの一員だった。

こうした革命家たちの人気が高く、賞讃されているのは、彼らがローマの支配に抵抗しているからではなく(一世紀のパレスチナのユダヤ人はみな、そうした思いを事実上共有していたが)、彼らが神殿の祭司たちの偽善の除去に示した妥協を赦さない、あくどいほど強烈な信念による。祭司たちはローマに黙従し、ローマ人の神々に生贄を捧げていた。熱心党員たちは逮捕され、これ以上ないほどの残酷な拷問にさらされても、唯一神の統治を否定しなかった。神殿の祭司たちは宗教税である一〇分の一税その他の複雑な課税基盤を取りしきっていて、自分たちの懐を肥やしていた。熱心党員たちは神殿の宝庫を襲い、金貸しの業務日誌を破棄して、借金の取立てを不可能にし、エルサレムの経済レベルを均等にした。神殿の祭司たち、とりわけ大祭司は自分の地位をローマから買っていた。ローマとの戦争が最終的に布告されたあとの西暦六六年、熱心党員たちが最初にとった行動の一つは、高貴な生まれの司祭階級全員を神殿から放逐し、大祭司をくじ引きで選ばせることであった（くじが当たったのは、アフシアという村出身のサミュエルの息子ファンニという文字の読めない地方農民だった）。大事なのは、神殿がすべてのユダヤ人の宗教生活の支配権を持っており、ユダヤ教の意味とメッセージを定義する独占的権威ももっていた可能性があるにもかかわらず、神殿に反旗を翻すことによって形成された帰属意識《アイデンティティー》をもつユダヤ人の一団を忠実な味方につけられなかったことである。

それでも、熱心党員の活動を宗教運動と考えるのは正しくないであろう。こうした祭司、与太者、社会革命家らの混成集団は、イスラエルの解放とともに宗教的な浄化にも焦点を当てた原始的社会運動としての役割のほうが大きかった。一世紀のパレスチナの大半のユダヤ人が彼らの政治的、宗教的感情を同じ言語の枠組みに入れていたであろうことを考えると、熱心党員の「神の単独の支配」への呼びかけは、ローマの占領からの解放への呼びかけと区別しにくかったのではないだろうか。「彼らには自由への抗し切れない愛があった。なぜなら、彼らにとって唯一の主人である神がいたからだ」とヨセフスは書いている。

熱心党員が六六年、同胞ユダヤ人にローマに対する蜂起を決意させるまでには長い年月がかかっている。この蜂起は「ガリラヤのユダ」の蜂起（西暦六六―六九年）より長続きしたが、これもまた容赦なく鎮圧された。当時のユダヤ教指導者《ラビ》たちが「悪の王国」と呼んだものとの闘いは丸三年つづいた。

西暦七〇年、ローマ人はエルサレムをふたたび占領し、神殿を焼き払って、その灰を汚した。反乱に関わりをもった者は、最後の子供一人にいたるまですべて処刑された。ユダヤ人はすべて、キリスト教徒のユダヤ人も含め、聖都の外へ永久に追放された。もっとも熱烈な革命家たちの小集団が砂漠へ逃れて、死海の西側のマサダと呼ばれる難攻不落の山岳地の要塞に身を潜めた。そこで彼らは三年間もローマ人に包囲されたまま苦渋の歳月を送った。最後に残った反逆者らの夫婦と子供およそ一〇〇〇人は、ローマに降伏するよりましだと、たがいにナイフや剣で殺し合い、集団自殺を遂げた(22)。仮想戦士たちは降伏はしないのだ。

今日のマサダは人気の高い観光名所の一つになっている。その峻厳な威光は、峻厳な威光の地のなかでも比類がない。孤立した断崖の天辺の平らな岩の上に立つと、はるか彼方に死海の塩水が見える。イスラエル陸軍、空軍、海軍の兵士たちは毎年、基礎訓練が終了すると、このマサダの要塞の天辺まで行進してきて、二〇〇〇年前、一〇〇〇人のユダヤ人革命家たちに独立を放棄するよりは自分と妻子の命を引き換えにした「マサダを二度と陥落させません」と、イスラエル国防軍に誓うのである。

この儀式は象徴的なものにすぎない。過去と現在が聖地で一つに溶け合うのと同様、神聖さと凡俗さもまた、溶け合う。だが、シンボルというものは移ろいやすく、その意味を規定するのは容易ではない。マサダの頂上に立つイスラエル国防軍の兵士たちにとって、この壮麗な場所はヒロイズムと民族独立のシンボルであるかもしれない。だが、今日のイスラエルに熱心党の理想を復活させた過激なイデオロギーを唱導する入植者とユダヤ教徒の仮想戦士にとって、マサダはまったく別の意味をもっている。

第4章

信者軍団——アメリカ

イスラエル国防軍の主席ラビで、歴戦の誉れ高い老将軍シュロモ・ゴレン師が、エルサレム旧市街にたどり着いたときには、すでにだれか（おそらく、俊足の下士官の一人であろう）が岩のドームの天辺にイスラエルの旗を立てていた。一九六七年六月七日のことである。その二日前、まだ発生期にあるイスラエルの命運もこれまでかと思われた。シリア、エジプト、ヨルダンの混成軍である数十万のアラブ軍が、このちっぽけな国に押し寄せつつあったのだ。だが、わずか四八時間後には、脇の下にトーラーの巻物を抱え、羊の角で作ったユダヤ軍のラッパを手に、エルサレムの旧市街中心部を走り抜け、意気揚々と「神殿の丘」を奪回しに行くゴレン師の姿があった。

闘いはまだやんでいなかった。旧市街周辺にはまだ陣地を保持しているヨルダン軍の決死隊がいて、イスラエル軍の戦車に激しくむなしい発砲をしていた。弾丸はゴレン師の顔を音を立ててかすめた。だが、イスラエル軍の司令官が戻れと命じても、胸に鋭いナイフを刺されたような痛みを感じても、神殿に急ぐ彼を止めるものは何一つなかったであろう。「神殿の丘を奪還したぞ！」とだれかが叫ぶのを彼は聞いた。感極まり、胸が張り裂けそうだった。

ゴレン師は一九二五年にポーランドからパレスチナに移住してきた。彼の父は、イスラエル国家の樹立がメシアの間近に迫る到来と人類の救済につながると信じる宗教シオニスト運動のリーダーの一人だった。ゴレン師はハイファの近くのクファル・ハシディムとよばれる正統派ユダヤ教徒の村で育った、異常なほど知的にすぐれた人物だった。彼は十七歳で、『聖なるものの極地』〔*The Crown of Holiness*〕と題する十二世紀の偉大なユダヤ人哲学者モーシェ・マイモーン（マイモニデス）についての重厚な論文を、初めての著作として出版している。

マイモニデスは、神殿の再建に努力することがすべての世代のユダヤ人の責任であると確信していた。それはつまり、天と地を結ぶ「神の家」だったからである。ゴレン師も同感だった。若手の正統派ユダヤ教徒のリーダー、急進派の入植者、伝統的な正統派ユダヤ教の教えに真っ向から反対し、ユダヤ人が「神殿の丘」の上で祈ることが許されるだけでなく、義務であると論じるタルムード学院の生徒など、共感者の数は増えつつあった。つまり神殿の再興を祈るだけでは十分ではなく、そのために闘うべきであると考えたのだ。そして今ここにいる自分たちこそ、民族一丸となってそのために闘うのだと。

かつてゴレン師は「神殿の丘」の上に立って息を呑んだことがある。すばらしい景観だった。シオンの山が東にあり、西にはオリーヴ山がそびえていた。あれはヘブロンだ！　向こうはエリコだ！　神がわが祖先に約束した土地、そのすべてが、初めて彼の視界のなかにあった。

羊の角笛を唇に押し付けたまま、ゴレン師は今は「岩のドーム」になっている「至聖所」に顔を向け、ありったけの息でそれを吹いた。モリア山をとぼとぼと登っていたイスラエル兵たちはその呼びかけを聞いた。彼らは「神殿の丘」の広場へと駆け上がった。突然の黙示録的世界の到来にあわてて、彼らは師を取り巻き、イスラエルの子供らに「神殿の丘」を取り戻したことを告げる角笛を吹きつづける彼を胴上げした。

そのときだれかが写真を撮った。

その写真が今、筆者の手元にある。ゴレン師はコーラのビンのような分厚いメガネをかけているが、その目には、間違いなく光が踊っているのが見える。羊の角笛を唇に当てた彼は、山々をも崩す神の怒りを呼び起こすヨシュアである。彼は乳と蜜の流れる土地を初めて見つめるアロンでもある。塵と瓦礫を掻き分けて走り寄る兵士たちを迎えるモーセでもある！ 二〇〇〇年も荒野をさまよい、今ようやくイスラエル国《エレツ・イスラエル》が確保できた。救いの時が間近であることは確かだ。

ゴレン師の神の国の出現による善の勝利を祝うかのような情熱を責めることはできない。一九六七年の「六日間戦争」と呼ばれるものが終わるまでに、イスラエルはシナイ半島、ガザ地区、ヨルダン川西岸地区、東エルサレム、ゴラン高原など、聖書にあるイスラエル全域を占領していた。外敵はやすやすと滅ぼされた。神が勝利に味方したことをだれが否定できたであろうか？ 大勢のユダヤ人にとって、アラブ軍とイスラエル軍の闘いは現世の政府や政治的問題を背景にしたものではなく、善と悪、光と闇の仮想世界の闘いと解釈された。預言は成就され、最後の審判の日は近づいていた！

宗教心の薄いイスラエル人でさえ、この戦争は神の摂理だったという思いに胸がいっぱいになった。数百年来、初めてユダヤ人が「嘆きの壁」に近づくことができるように、軍隊による神殿の奪取から数時間のうちにブルドーザーが壁の前にあったパレスチナ人の住宅を壊し始めた。数か月以内に、宗教的シオニストが多く住むゴレンの出身地の村クファル・ハシディムとその姉妹村クファル・エツィオンから西岸地区への入植が始まった。一九六七年の勝利とパレスチナの占領で、かつては正統派ユダヤ教徒にとっては異端であった非宗教的シオニズムも、ダビデ王国再建の先駆者であるユダヤ人にとっては、神の基本計画の単なる過渡期的段階と次第に位置づけられるようになっていった。

イスラエル国家が来るべき神の支配のための橋頭堡であるという概念は新しいものではなかった。それはまさに、宗教的シオニズム(1)の核となる信仰であった。その発想は、アブラハム・イツハク・ハコーヘン・クック〔一八六五―一九三五〕という名のカリスマ性のあるラビの教えに端を発している。クック師とその弟子たちは、イスラエル国家を「将来、［神殿の丘に］メシアを迎えて宗教的儀式を復活させるために目に見える形で確保しておく外殻(2)」と考えていた。一九二一年、クック師は神殿再建に専念する組織をエルサレムに創設した。「われわれの信仰は堅かった(3)」と彼は語っている。「すべての民族が、主がわれわれの神殿の永遠の場所として選んだこの地をその本来の所有者に戻さなければならないことを認める日がやってくる。偉大にして聖なる家［神殿］はその上に建てられなければならない」。

神殿の再建はもちろん、「岩のドーム」の完全な破壊を意味する。ゴレン師にまつわるこんな話が残っている(4)。羊の角笛を吹き鳴らしたあと、師はイスラエル国防軍の司令官ウジ・ナルキス将軍のところへ駆けつけ、「岩のドーム」を、すべてが落ち着き、政治家や平和運動家が登場する前に、今すぐ焼き払えと詰め寄った。ナルキス将軍はゴレン師の進言を無視し、「神殿の丘」はエルサレムのムスリム管理局の管轄下に戻すよう計らった。だが、メシアの到来に備えて「神殿の丘」の支配権を獲得するべきだという宗教的シオニストの夢は決して消えなかった。

宗教的シオニスト運動の中心には、眠っているユダヤ人を強制的に目覚めさせ、行動へと駆り立てなければならないという信念があった。「神殿の丘」の一時的占領は、彼らに「目覚めよ」という合図だった。宗教的シオニストに言わせると、一九六七年の戦争は神の意図であり、神はユダヤ人が報復攻撃に出て、「約束の地」すべてを解放するために、アラブ人にイスラエルを攻撃するように仕向けたのだという。クック師の長男で、急進的な入植運動「グッシュ・エムニム」[5]（信者団体）の創設者であるツヴァイ・イェフダ・クックは、ホロコーストでさえ、「「ユダヤ人を」彼らの意に反してイスラエルの地に馳せ参じさせるための無慈悲な神の作戦」だったという。[6]

角笛の合図を耳にした宗教的シオニストたちは、占領したパレスチナの地に入植することにより、不変の現実を築く仕事に着手した。イスラエルは、初期段階だけでなく、公的政策として入植を行なったことは一度もなかった。[7]だが、政府がそれを阻止することはほとんど不可能だった。入植者たちの宗教的信念に対して、国家は統治権を持たなかったからである。「イスラエルの地全体がイスラエル政府の決議の範疇にあるわけではない」[8]とツヴァイ・クック師の弟子、ヤアコブ・フィルバーは主張した。

ツヴァイ・クックは一九八二年に死んだが、彼の精神は彼が残した入植者運動のなかで生きている。事実、過去三〇年以上にわたって、グッシュ・エムニムは、ゴレン師の居住地クファル・ハシディムとその周辺を中心にした宗教的シオニストの小集団から、イスラエル全土に組織されたネットワークを持つ最大、最強の社会運動、政治学者イアン・ルスティックの言葉を借りれば、「半官的な団体」[9]へと変貌を遂げていた。グッシュ・エムニムは、長いあいだにその目標を超正統派の「シャス」、「ユダヤ・トーラ連合」、「ユダヤ国民戦線」のような、この国の民法をトーラーにもとづく宗教法に置き換えようとする急進的な宗教政党の政治綱領に徐々にしみこませることによって、イスラエルの政治を支配してきた。だが、パレスチナ国家成立の可能性を否定し、占領地を聖書にゆかりの呼び名である「ユダヤ」と「サマリア」と呼ぶことを綱領にしている右派の「リクード」と提携することによって、グシュ・エムニムのメンバーたちは占領地区における政府の政策の履行に直接関与することができる。

グッシュ・エムニムや同じような考え方の宗教的シオニストたちは、熱心党《ゼロット》の先駆者たちと同様、メシアの到来を早めるために、「異質の」住民を排除して国土を浄化するような宗教法によってすべてが統治される国家を主張する。非ユダヤ人はもちろん、非宗教的なユダヤ人も、グッシュ・エムニムが想定する神聖なイスラエルには住む場所がない。実際、一世紀のパレスチナで、熱情が地域、宗教、社会的境界線を越えて、さまざまな革命グループを統一する自発的な個人行動のシンボルを提供したのとまさに同じように、現在も、それは宗教的シオニスト、超正統派「ヘレディム」、イデオロギー的入植者グループ(「イタマル」、「ラヘリム」、「イツハル」、「シャルヘヴェト・ヤ」、「アモナ」、「ハル・ブラチャ」、その他の西岸地区に点在する大半が非合法的なたくさんの入植地の住民)、フランスの宗教学者ジル・ケペルのいうイスラエルの「再ユダヤ化運動」[10]を形成しているタルムード学院の学生にも息づいているのである。イスラエル国家の非宗教的官庁とイスラエルのラビ評議会の宗教的権威の両方の支配を超えた自分たち特有の集団的帰属意識《アイデンティティー》を生み出すことによって、今日の熱心党員は、その発端以来、イスラエルの政治的帰属意識《アイデンティティー》を定義づけている非宗教的シオニズムを一掃し、非宗教的国家を全面的に除去することを究極の目的とするメシア的シオニズムを植えつけようと積極的に行動しているのだ。

ごく最近では、ガザ地区から一方的に撤退した、イスラエル軍とのたびたびの対決を見ても、宗教的シオニストたちが、パレスチナとの和平よりもイスラエル国内の内戦を望んでいることがわかる。それは、彼らが自分たちの国民的帰属意識《アイデンティティー》を、国家への市民としての忠誠ではなく、イスラエルの地への宗教的義務に置いているからである。彼らにとって、イスラエルという国はユダヤ人入植のための目的達成手段として役に立つ以外に、何の本質的価値ももっていない。彼らの民族物語はドレフュスやヘルツルではなく、モーセやアロンから始まるのだ。彼らの神聖な使命は、占領地が永久にイスラエル国に併合されることにあり、神に約束された土地は一インチでもパレスチナ人に返すわけにはいかない。彼らが繰り返し意思表示しているように、たとえ同胞のユダヤ人を殺すことになろうとも、パレスチナ国家の成立につながる平和協定はどれだけ時間がかかっても破棄させるつもりでいる。そういうわけで、非合法な入植を批判するイスラエル人の家には爆弾が投げ込まれ、パレスチナ人との和平交渉の一環として入植地を撤去することに賛成するイスラエルを弁護する「ピース・ナウ」のようなグループのメンバーを殺害する者には数十万ドルを提供する、というチラシがエルサレムにばら撒かれている。二〇〇八年に入植者のリーダーが『ニューヨーク・タイムズ』紙に語ったところによれば、ユダヤ人は「トーラーに味方するか、国家に味方するか(11)」、覚悟を決めなければならないという。

恒久的な平和への第一歩として、一九六七年に奪った土地をパレスチナ人に返すという「オスロ合意」に調印したイスラエル首相イツハク・ラビンを暗殺したのは、こうしたユダヤ人急進派の一人イガール・アミルだった。ほとんど単独行動で和平プロセスを頓挫させたアミルの行為は、彼が意図していたとおり、「オスロ合意」を反故にした。そのような凶悪犯罪をだれの命令によって、なぜ行なったのかを訊かれたイガール・アミルは、あくまでも単独行為で、ピネハスと同様、神以外のだれからも命じられていないと答えた。彼の行為は、ユダヤ法と前例の両方から正当化されてきたと彼は言う。「ハラーハー［ユダヤ法］によれば、敵を殺すことができる(12)」と彼は裁判のとき、判事に向かって言った。「私はこれまでずっと、ユダヤ法《ハラーハー》を学んできた。戦時の人殺しは、認められる行為である」と彼は述べた。実際、それは、ラビンが和平と引き換えに神の国を引き渡そうとしているという単純きわまりない認識だった。それゆえ、ラビンはユダヤ人としての帰属意識《アイデンティティー》を喪失してしまっている。そういう人間は「敵」であり、裏切者であり、背教者である。彼の罪は、この土地全体を損なうものであるから、除去しなければならない。ラビンを殺すことによって、イスラエルを神の審判から救うことになるとアミルは信じた。アミルの妻の談話(13)によれば、彼は神の国の人々のために自分を犠牲にしようとしていたのだという。

イガール・アミルは、過激派で、狂信者で、テロリストで、正気でないとまで言われたが、実際の話、聖書にあるイスラエルは神聖不可侵なものであり、ユダヤ法にしたがって「約束の地」を浄化し、完全な状態に保つためには、どんな手段をとっても差し支えないという彼の考え方は、今日のイスラエルにも驚くほど広く行きわたっているのである。二〇〇六年、ダハフ研究所が『イディオト・アハロノト』紙の依頼で行なった世論調査(14)によれば、イスラエル人の三分の一近くが、アミルのラビン暗殺の特赦に賛成であることを明らかにした。「信心深い」と自称するイスラエル人のなかでは、アミルの釈放の支持率は五〇%に達している。ラビン殺害の一二周年目にあたる二〇〇七年、ハイファの満員のサッカー・スタジアムで、元首相の冥福を祈る黙祷の呼びかけが行なわれると、「イガール・アミル！　イガール・アミル！」という斉唱がわきあがった(15)。

アミルとその信奉者のような人間への支持を目にするのはイスラエルばかりではない。アメリカ最古参の福音派《エヴァンジェリカル》伝道者パット・ロバートソン〔一九三〇年生〕は、イツハク・ラビンの暗殺を耳にしたとき、これはこの地域への神の基本計画の一端であると確信した。「ここは神の土地だ。神は自分の土地を切り離し、分割する者に対して厳しい。ラビたちはラビンがその土地を切り刻もうとし始めたときに彼を呪ったのだ[16]」と断言した。

ロバートソンは福音派系メディアの大物であるだけではない。彼は主にアメリカを基盤とする福音派組織連合の主要人物の一人で、イスラエル全土掌握を維持しつづける仮想戦士たちを全面的に支援してきた。いわゆるクリスチャン・シオニスト（テオドール・ヘルツルの造語で、イスラエル国家の創設を支持したキリスト教徒植民地主義者たちを指す）と呼ばれる人たち[17]の行動は、イスラエルの政治、および事実上の、中東全域の政治は神によってうまく組織化されつつあるという確信によって動機づけられている。イスラエルとパレスチナにいるユダヤ教徒やムスリムの片割れと同様、彼らは和平プロセスには積極的に反対してきた。彼らに言わせれば、それは「ユダヤ人からエルサレムを奪う国際的陰謀[18]」であり、福音派の著述家マイク・エヴァンズの言葉を借りれば、「このドラマを監督している中心的協力者［悪魔］」によって操られているのだという。クリスチャン・シオニズムの高位聖職者であり、大規模教会《メガ・チャーチ》の牧師でもあるジョン・ヘイギー〔一九四〇年生〕は誇らしげにこう断言した。「神は国際連合がどう考えているかなど気にしない。神はエルサレムをイスラエル民族に与えたのだ。ゆえに、それは彼らのものである」[19]。

イスラエルのユダヤ教徒仮想戦士と同様、こうしたクリスチャン仮想戦士も、ユダヤ人はメシアの再来の案内役を務めるために、エルサレムに神殿を再建するべきだと信じている。もちろん、キリスト教徒としての彼らが信じているのは、メシアがイエス・キリストであって、キリストが地上に再臨した暁には、ユダヤ人はキリスト教に改宗するか、地獄に落とされることになる。だが、驚くべきことに、この仮想劇の終幕は、こうしたメシア連合において、ユダヤ教徒であるかキリスト教徒であるかはあまり関係がないように見えることである。なぜなら、この二つのまったく異なる宗教共同体を、一つの超国家的な集団的帰属意識《アイデンティティー》のもとに結びつけているのは、共通の神学ではなく、共通の仮想世界観、さらに重要なのは、共通の仮想敵だからである。「政治の世界と、聖書の世界のあいだに引かれていた一線は消えつつある」[20]と、イスラエルの宗教的シオニストとアメリカの福音派キリスト教徒のあいだの契約関係を生み出すことを目的としたイスラエル議会のキリスト教徒連盟幹部会議議長ジョシュ・ラインスタインは説明している。「全世界で、過激派イスラーム教徒がユダヤ教とキリスト教共通の価値観に対抗して立ち上がっている。われわれはこれに対し、十分組織立った対応をしなければならない」。大惨事の予兆を言いふらして超ベストセラーになった『地球最後の日』〔*The Late Great Planet Earth*〕の著者で福音派の著述家であるハル・リンゼイは、イスラーム教徒は「イスラエル国家を滅ぼそうとしているばかりでなく、われわれ西洋文明のまさに基盤であるユダヤ教とキリスト教共通の文明を滅ぼそうとする」[21]仮想敵であると述べている。リンゼイとその信奉者であるクリスチャン仮想戦士たちは、イスラエルとパレスチナのあいだの闘争は、外交的解決を図るような政治的問題ではなく、「終末的事件におけるグラウンド・ゼロ」であるという。彼らの想定によれば、善と悪の軍団はすでに、このなだらかな丘の谷間と幹が節くれだったオリーブの林が、武器、流血、戦死者でいっぱいになる最終戦争に備えて聖地に集まりつつある。

だが、こうしたクリスチャン・シオニストたちが地球上の最終戦争はエルサレムで始まると信じている一方で、九・一一の攻撃と「対テロ戦争」は、彼らの想定する闘争の戦場を拡大し、仮想戦争《コズミック・ウォー》の中心を「神の新たなイスラエル」であるアメリカに移した。アメリカ人は常に神命を信じてきた。荒地に入植してきたピューリタンたちは、「出エジプト記」の物語を新世界で体験しなおしていると確信していた。「われわれアメリカ人は特異な選民、現代のイスラエルである」[22]とハーマン・メルヴィルは書いている。地獄の責め苦を説き、「怒れる神の掌中にある罪びと」という地獄の火を思い起こさせるような説教で有名な十八世紀の伝道者ジョナサン・エドワーズは、「アメリカは旧大陸の真の宗教を受け継いだ[23]」として、アメリカを「新たなカナン」に譬えることを好んだ。

アメリカの「建国の父たち」も、アメリカ合衆国を諸民族を照らす光、丘の上の町を意識して、「ポトマック河畔のイスラエル」と見立てていた。新しい国家を表わす紋章の草案を求められたベンジャミン・フランクリン、トーマス・ジェファーソン、ジョン・アダムズの三人は、葦の海辺に立って、杖を挙げ、ファラオの軍隊に大水を浴びせるモーセを象った紋章の草案を作った。そのモットーは、「暴君への反抗は、神への恭順である」[24]ことを意味している。

これはアメリカ合衆国が「キリスト教徒の国」として創設されたと言っているのではない。これは、元はといえば、一九六〇年代にキリスト教徒ナショナリズム運動の発端となった『アメリカ教育のユートピア的性格』〔*The Messianic Character of American Education*〕と『知識人の精神分裂症』〔*Intellectual Schizophrenia*〕の二冊のベストセラー本のなかで、カルヴァン主義〔神の絶対性・聖書の権威・神意による人生の予定を強調する〕神学者R・J・ラッシュドゥーニー〔一九一六―二〇〇一〕が広めた、見かけは歴史随想風の現代ファンタジーである。だが、制度としての教会のくびきを投げ捨てた新しい国家は、次第に一種の新しい教会のようなものに発展していった。愛国心は宗教的献身の一つの形になった。国旗はトーテムになり、独立宣言は、神と新たに選ばれた人々との契約とみなされた。憲法はいつの間にか聖典の趣を呈してきた。

アメリカは北米全土を支配し、開発すべき「明白な使命」を担っているという理論から「対テロ戦争」にいたるまで、アメリカ人のすることはいつも、神聖な目的をもっているはずだという感覚が染みついている。アメリカ人の価値観は神の価値観であり、すなわち全世界のためになるという確信である。つまり、この国が基盤とする原則は、単に普遍的であるだけでなく、神によってすべての人間に認められ、しかもそれが一つの国家にだけ定着していることが自明の理であるとすれば、そうした国家の任務は、これらの原則を他のすべての国々に広めること、事実上、必要ならば武力を行使してでも地球上に神の意志を実現することでなくてはならない。十九世紀の組合教会牧師ライマン・ビーチャー〔一七七五―一八六三〕は、「アメリカは倫理と世界の政治的解放への道のリーダーとなることが運命づけられている[25]」と説教のなかで述べている。

アメリカに蔓延する神の摂理信仰は、キリスト教徒だけの感情志向ではなかった。それどころか、さまざまな信仰や宗教的伝統をもつ移民たちが続々とやってくるにつれて、彼らもまた、アメリカ合衆国は「今後永遠に、自由の守護神であり、人類の進歩と救いのために神に任命されたその旗手である[26]」と一八七五年にヒーブルー・ユニオン・カレッジの創立に寄与したオーストリア系ユダヤ人移民のラビ・アイザック・メイヤー・ワイズは言っている。

アメリカには神聖な目的があり、国家としてそれを実行することが正義に適っているという発想から当然生まれてくるものがある。もしアメリカが神の代理人であるとすれば、アメリカの敵は――内なる敵であろうと外の敵であろうと――サタンの代理人であるはずだ。こうした仮想二元論は、アメリカ政治のかたちに、とりわけ紛争や戦争のときには大きな影響を与える。第一次大戦中、広報委員会は、国民にとってこの戦争は、「純然たる悪に対する聖者の[27]」闘いであり、野蛮人《フン》ども――委員会はドイツ人をこう呼んだ――は「まったく人間的な思いやりに欠け、自由世界の破壊にのめり込むサタンの創造物である[28]」と確信させる任務をアメリカ政府から負っていた。第二次大戦のときも同じテーマがプロパガンダとして広められた。当時のフランクリン・デラノ・ルーズヴェルト大統領は、一九四二年一月六日の議会演説で、善と悪との仮想勢力のあいだの闘いを、「世界はヒトラーと神の両方に十分広い〝生存圏《リヴィング・ルーム》〟を与えるには狭すぎる[29]」という巧みな表現を公然と使った。

第二次大戦以降、半世紀にわたってつづいた冷戦では、こうした仮想二元論はイデオロギー・レベルに移行し、闘争は神と悪魔のあいだというより、神と無神論者のあいだのものになった。聖書や預言について教示してもらうために、ハル・リンゼイ、ジェリー・ファルウェル、マイク・エヴァンズなどの福音派の空論家牧師たちをホワイトハウスに定期的に招いていたロナルド・レーガン大統領が、全米福音主義者《エヴァンジェリカリスト》協会での演説で、初めてソヴィエト連合を「悪の帝国」と決めつけたとき、キリスト教徒の聴衆はその隠語が何をほのめかしているか暗黙のうちに理解していたであろう。レーガンはソヴィエトのある特定の行為を悪と非難したわけではなかった。それは名前のない、手ごわい、どこにでも偏在する形而上的な勢力としての、つまり善に対置するもの、われわれと反対側にあるものとしての悪だった。

戦争を支持するに当たって、キリスト教徒が決然として使うそのような巧みな弁法は、すでに見てきたように十字軍の遺産である。「キリストの敵」に対する身体を張っての闘争は、キリスト教徒の信仰の効果的な表現になり得るだけでなく、キリスト教についての言葉そのものも変えた。(エルサレムの)「神殿騎士団」、「病院騎士会士」のような宗教にもとづいた騎士団ばかりでなく、司祭や修道僧、司教やレオ九世のような教皇までがみな、「キリストの十字架」で武装して戦場に姿を現わしたという話は、戦争や交戦状態についてのキリスト教徒のたとえ話として、今日でも世界中の教会内で語られている。それを聞いた信者は、「神の鎧をまとい」、「キリストの旗印を戦場に運ぶ」ことを奨励され、ごくありふれた活動に勇ましいイメージが埋め込まれるのである。

コロラド・スプリングズにあるアメリカ最大で、もっとも政治的影響力のある福音派の巨大教会《メガ・チャーチ》のひとつ「ニュー・ライフ・チャーチ」の元牧師で、同性愛と薬物スキャンダルで辞任したテッド・ハガードは、「クリスチャン・ホームは常に戦争状態にあるべきだ(30)」と語っている。

「地方の教会は、いつでも敵を襲えるように戦闘準備態勢を整えた組織的軍隊のようなものである(31)」と、アメリカの宗教右派の急速な台頭にもっとも貢献した故ジェリー・ファルウェル牧師は言明し、さらにつづけて、「日曜学校は攻撃分隊」で、キリスト教宣教師の任務は、われわれの領土〔に侵入してきた敵〕を攻撃し、海岸近くまで出動して敵に集中攻撃を浴びせ……敵の砦を粉砕することだ」と述べた。

重ねて言うが、これらは隠喩にすぎない。イスラエル国防軍がその軍事的祭典に梃入れするために宗教的なシンボルを援用するのとまったく同じように、宗教右派もその社会的祭典を盛り上げるために戦争や好戦的シンボルを使うことがよくあるのだ。扇動的な説教者たちは何百年にもわたってキリスト教信仰をこの世の悪魔的勢力との闘いとして語りつづけてきた。

そうした扇動的なキリスト教徒の語り口は、今でもハガード、ファルウェル、パット・ロバートソンのような説教者によって代表される二十世紀のアメリカ福音派の運動の中心を成していることを無視するわけにはいかない。実際、アメリカの福音主義《エヴァンジェリカリズム》についての傑出した学者であったジョージ・マースデンが行なった調査によれば、現代の福音主義は、戦争行為がキリスト教徒信仰の貴重な表明になり得る[32]というばかげた考えにすっかりのめり込んでいて、福音派の人たちはほかのアメリカ人よりも戦争を認め、支持する傾向がはるかに強いという。これは、いわゆる「対テロ戦争」においても間違いなく証明された。二〇〇四年、ワシントン大学のジェームズ・K・ウェルマンが行なった調査[33]によると、太平洋岸北西部の二四のもっとも急成長を遂げつつある福音派教会がアメリカのイラク出兵に圧倒的熱意を表明し、ウェルマンがインタヴューした約三〇〇人の福音派牧師と平信徒リーダーのうち、率直な戦争支持を表明しなかったのはわずか一五人だった。二年後、アメリカ社会の他のほとんどすべてのセクターでこの戦争の賛成比率が最も低くなっていたとき、テキサス州にあるベイラー大学が行なった調査では、アメリカ合衆国の福音派の六〇％がイラク戦争を支持し続けているという結論が出された（あらゆる証拠が否定的であったにもかかわらず、五〇％がサダム・フセインは九・一一攻撃に直接関与していたと信じつづけていた）。

これは、福音派が一般に戦争唱道者だということではない。だが、福音派の世界観のなかには、伝統的なキリスト教の教えである寛容や非暴力と矛盾して、紛争がとりわけ仮想レンズを通して提示された場合に、ひときわ強烈な戦争への情熱が見られるのだ（ロナルド・レーガンの「悪の帝国」やジョージ・W・ブッシュの「悪の枢軸」が福音派のイマジネーションをしっかり取り入れていたことを思い出していただきたい）。なぜそうなるのかを理解するには、福音派のルーツをさらに遡って見つめ直す必要がある。

福音主義というのは、宗派というよりも新約聖書の物語と社会との関連に焦点を合わせた一種の社会運動のようなものである。もっと直截に言えば、それは、いくつもの多様で高度に個人化された下部組織の連合体であって、[34] その神学的起源は、十八世紀から十九世紀にかけて、大英帝国とアメリカのプロテスタント教会を支配してきたキリスト教信仰復活の推進者の流れにまで遡ることができる。福音派をキリスト教界の顕著な一派と考えるのは正しくないであろう。むしろそれは、たくさんのプロテスタント系のキリスト教の伝統を、メソジストから長老教会へ、南部バプテスト派からペンテコステ派（二十世紀初めのアメリカで始まった原理主義者《ファンダメンタリスト》に近い一派）へと移行させてきた超宗派的な運動の一つである。

現代アメリカの福音主義は、二十世紀初めに起こった原理主義《ファンダメンタリズム》と呼ばれる、もう一つの明らかにアメリカ的な宗教運動から派生したものである。当時は、多くの保守的なキリスト教徒にとって深刻な不安の時代だった。ダーウィン説やフェミニズムのような新しい未知の思想が伝統的なキリスト教徒の信仰にこれまでにない挑戦を仕掛けてきていた。全般的な科学革命が聖書のいう天地創造説を馬鹿にしているように見えたのである。革新的な文芸評論の思潮に触発された新世代のキリスト教徒学者たちは、「文化的背景」とか「造物主の意図」といった斬新な考え方に従って聖書をこまかく調べ始めた。そうした努力は、伝統的なキリスト教徒の価値観と科学の進歩、文化の相対主義、宗教的多元主義などの新しいアメリカ的価値観とを和解させようとするキリスト教徒の自由主義運動となって現われた。こうしたことすべてが、急速な近代化と社会の世俗化で教会出席者が急激に減少していく時代に同時に起こったのである。他方、カトリック教徒とユダヤ教徒がアメリカ合衆国へどっと流れ込んだことも、アメリカの宗教のありようを永久に変えてしまうのではないかという脅威を感じさせつつあった。

原理主義(この言葉は一九〇九年から一九一五年にかけて発行された『ザ・ファンダメンタルズ』という標題のキリスト教徒の一連の小冊子に端を発している)とは、アメリカ社会におけるこうした新勢力を後退させるための一つの手段だった。もともと「原理主義」という言葉は、アメリカの福音派運動の好戦的なほど超保守的な一派を評していう言葉である(「原理主義者とは何に対しても腹を立てる福音主義者のことだ」[35]とジョージ・マースデンは書いている)。福音派は単に神を信じ、聖書の教えに従うだけでは十分ではないという。個々の信者は、信仰告白を伴うイエス・キリストへの献身を身をもって示さなければならない。そうすれば、キリストは「購いの血」によって信者の罪をぬぐい去ることができる。それによって初めて、信者は「生まれ変わり《ボーン・アゲイン》」し、清らかで無垢の世界に入り直すことができる。

原理主義者のリーダーたちはキリスト教信仰の原理《ファンダメンタルズ》への徹底した回帰を説いた。なかでも大事なのは、聖書は無謬で、間違いがなく、まさに書かれているとおりに、何の妥協もせずに信じることである。原理主義者は聖書を、天地創造から差し迫る世の終わりまでの一つの持続的な歴史物語とみなし、その一つ一つの言葉は、聖書の語句にならって「神が呼吸している」のだと考えた。言葉を変えれば、聖書は間違いがないだけでなく、その神話もたとえ話も歴史的事実して読むべきであるという。

原理主義者の立場は、古来のキリスト教から逸脱したものだった。初期のキリスト教徒たちは、聖書が生身の人間によって書かれたもので、それを通して神の言葉が啓示されたと考えたが、それにもかかわらず、原典自体はあくまでも人間によって書かれたものであることを認めていた。イエスの系図、誕生にまつわる出来事、彼の一生の年代記、死んだ日や時間、復活をめぐる諸状況などの神聖とされる問題に関して四つの「福音書」の記述はしばしば矛盾しているにもかかわらず、彼らがこれを公認した理由はそこにある。初期のキリスト教徒たちは、こうした食い違いを隠したり、釈明したりするよりもむしろ、それらはイエスの言葉や行為の意味と重要性をめぐる進行中の対話の一部だとはっきり認めたのである。

だが、原理主義者にとって、聖書は、文字どおりに間違いないものであるというこだわりは、単なる教義の問題ではなく、キリスト教徒の忠誠心を試す踏み絵、すなわち自分たちを他のキリスト教徒と区別する手段であった。一九二〇～三〇年代に、原理主義者の説教師らは、より大きな福音主義連合内にある主流宗派と袂を分かつことによって、アメリカ社会の止めどのない非宗教化と自由化を食い止め、キリスト教正統派の支配権を取り戻そうと、信者たちを熱心に説き始めた。原理主義者は家庭や学校でしばしば独自の独立した教会を形成し始めた。自分たちの大義名分の拡大とキリスト教徒の自由主義と闘うために、彼らは自由意思による大きなネットワークを樹立した。その使命は彼らの妥協のない信仰を国中に広めることだった。

だが、一九六〇年代までには、野外礼拝の大衆伝道師ビリー・グラハムの提唱するもっと親しみやすく、わかりやすい福音主義のおかげもあって、原理主義そのものは消滅しなかったけれども、「原理主義者」はアメリカでの人気が落ち始めた。その代わりとして、厳格な社会的イデオロギーと好戦的な世界観が次第に福音主義主流派に再浸透していった。その結果、アメリカの福音主義連合に亀裂が生じ、それが二つの顕著な下部運動を形成するにいたった。一つは、「全米福音主義者協会」（NAE）とジム・ウォーリスの率いる社会正義組織「ソジャナーズ」のようなグループに代表される社会的、神学的にはややゆるやかな流れと、パット・ロバートソンの「クリスチャン連合」やジェイムズ・ドブソンの「家族フォーカス」（宗教学者たちは前者の運動を「福音主義」、後者を「原理主義者《ファンダメンタリスト》福音主義《エヴァンジェリカリズム》」と呼ぶ傾向がある）などのグループに代表されるイデオロギー的にはもっと非妥協的、社会的にはいっそう保守的な流れに分けられる。

「福音派」という言葉は元をたどれば自称名である。ギャラップ世論調査とプリンストン宗教研究センターが行なった集計によれば、アメリカ人の三分の一強が自分をそう呼んでいるという。[36] だが、一つの集団的帰属意識《アイデンティティー》のもとに変幻きわまりないキリスト教徒の集合体をひとまとめにする共通項がいくつかある。その第一は、聖書の文字通りの解釈と、聖書は間違いがないという信仰、イエス・キリストとの仲介なしの関係を強調、熱心に他者の改宗を勧めること、さらにジョージ・マースデンの言葉を借りれば、「宇宙は道徳的な人間と不道徳な人間、光と闇の勢力など、二つに分けられる[37]」といったような仮想世界観を含む一連の原理主義的教義への妥協を許さないこだわりである。そのような信仰はいろいろな形で多くのキリスト教の宗派にも存在するが、福音主義運動を際立たせているのは、これらの教義が厳格に取り入れられ、全体として他のすべてのキリスト教徒とは異なる一種の精神的再生がもたらされるという確信である（それゆえ、福音派は、救済は「生まれ変わった《ボーン・アゲイン》[38]」者だけに与えられると信じている）。

だが、こうした教義への信仰以上に、一つの信仰共同体としての多くの福音派を際立たせているのは、彼らの圧倒的な籠城心理感覚である。これはその発端から、非宗教的な世界との相互作用だけでなく、おそらくもっと多くの場合、他のキリスト教宗派や教派（とくにカトリックとモルモン教のように、福音派の世界観からすれば、どちらも正当な形のキリスト教ではないと考えられている宗派）との緊張と摩擦を糧にして繁栄してきた反動的な運動の一つなのである。この運動には、「生まれ変わった《ボーン・アゲイン》」者としての福音派がイスラエルから神の契約を引き継いでいるという意識から生まれる危機感、闘争心、脅威のような、社会的に構成された雰囲気がある。[39] 彼らは新たに選ばれた人々であり、昔のイスラエル人と同様、神によって永遠に試され、俗世からは忌み嫌われる宿命にある。

このような常に戦闘状態にあるという自ら作り上げた世界観のもとでは、現実に対して無頓着になりやすい。アメリカには一億人以上の福音派がおり、約一〇〇〇の福音主義巨大教会《エヴァンジェリカリズムメガ・チャーチ》（会員二〇〇〇人以上の教会をこう定義する）[40]がある。二〇〇四年現在、上院議員のほぼ半数と下院議員の三分の一が福音派ウォッチ・グループの八〇〜一〇〇％に承認されている。[41] 最近まで、大統領と閣僚メンバーおよびそのスタッフの大多数が福音主義を信奉しており、「家族調査協議会」のトニー・パーキンズ、南部バプテスト連盟のリチャード・ランドら福音派リーダーたちは、たとえば、公立学校でのお祈りが許されなかったり、公共の場所に「十戒」を啓示することが禁止されたりしているために、福音派の権利が無視されているといつも嘆いていた。社会学者クリスチャン・スミスが書いているように、福音派運動の活力、宗教的サブカルチュアを維持する顕著な能力は、明らかにこうして醸成された籠城心理に由来している。スミスによれば、それなしにはこの運動は「帰属意識《アイデンティティー》も目的も欠いた、たるんだ無目的なものになってしまうであろう」[42]という。

同様に、アメリカにおける福音派運動の活性化に欠かせないのは、その熱烈な宗教的ナショナリズム、すなわち、アメリカ合衆国が全世界にキリスト教的価値観を樹立するために神によって任命された「キリスト教国」であるという確信である。「キリスト教化」と「アメリカ化」とは不可分な思想[43]であって、十字架と国旗が血まみれになってできた一つの国家の紋章のようなものである。「ウォールビルダーズ」、「バトル・クライ」、「リバイバル連合」、「クリスチャン連合」、「イーグル・フォーラム」、「家族調査協会」などのいくつかのグループは、憲法を「聖書」に、民法を「神の掟」に置き換えるべきだという発言さえしている。このようなクリスチャン・ナショナリスト（学者たちは彼らを「ドミニオニスト」もしくは「クリスチャニスト」と呼んでいる[44]。後者は、宗教的ナショナリズムのもう一つの形である「イスラーム主義」への固執と驚くほど似た主張である）は、「伝統的な民主主義用語、キリスト教用語や概念を、急進派の教会に政権奪取を求めるようなイデオロギーにふさわしく再定義することを求めている[45]」と、クリス・ヘッジズ（一九五六年生）はこの運動についての明晰な研究書である『アメリカのファシストたち』で述べている。

アメリカにおける福音主義の仮想世界観によって、合衆国の地位は聖なる高みに引き揚げられた。アメリカの国家としての成功は、神の祝福の顕現と受け止められ、アメリカの敵は神の敵となる。たびたびの世論調査は、多数のアメリカの福音派が、国際紛争において神は積極的にアメリカに味方していると信じていることを示す[46]。そして、この事実がおそらく、何にもまして福音派が他のアメリカ人以上に国家が承認した戦争を強く支持している理由を説明している。福音派のイマジネーションのなかでは、そのような戦争は単なる軍隊や国家間の闘争ではなく、アメリカによって代表される善の勢力と、アメリカの敵によって代表される悪の勢力とのあいだの仮想対戦なのである。マイク・エヴァンズのような福音派リーダーたちによれば、九・一一の攻撃は「世界の終末における善と悪との決勝戦の予行演習」(47)のようなもので、悪魔の勢力に対する仮想闘争の様相を呈したアフガニスタンとイラクの戦争でさえ、こうした見解を追認するにすぎないように思われた。南部バプテスト連盟のチャールズ・スタンレイは、「われわれの撲滅を求める現実の敵が目の前にいる限り、われわれは無防備ではあり得ない。われわれはキリスト自らによって与えられた力とエネルギーをもっている。これに勝る強さはない。神がその御子を墓から蘇らせるときに用いたのと同じ力——復活の力——がわれわれにはある」と論じている。

　神が味方する国としてのアメリカの神聖な立場を表わす好戦的な仮想世界のイメージは、アメリカ史上、決して新しいものではないが、おそらく近年の記憶に残るもっとも宗教色の濃い大統領であるジョージ・W・ブッシュ政権下でそれは新たな盛り上がりを見せた。九・一一の攻撃後の数週間にブッシュが意識的に、弁解の余地のない宗教用語でジハード唱道《ジハーディズム》運動との闘争を色づけし、「世界から悪を一掃する」というアメリカの意図を繰り返し宣言した。「対テロ戦争」開始後数か月のあいだ、ブッシュはウサーマ・ビン・ラーディンを名前で呼ぶのを拒否し、代わりに福音派のあいだにも（ジハード唱道《ジハーディスト》者のあいだにも）通じる新約聖書でサタンを指して言う「悪魔」と呼んだ。ブッシュはアメリカを聖なる高みに引き揚げたばかりでなく、アメリカを神の「果てしなき正義」(アフガニスタンのターリバーンへの軍事攻撃の際に彼が選んだ言葉)の代行者にした。事実、彼はエリス島の岸部に立って、「アメリカはすべての人類の希望である……［それは］暗闇のなかで輝いている光である。暗闇は光を理解しない(48)」と、「ヨハネによる福音書」(一章五節)のイエスをほのめかす言葉を使って、アメリカにキリストの救済の力が賦与されているかのように言った。福音派の牧師であるグレゴリー・ボイドは、ブッシュ大統領のレトリックについて、「彼の言い回しのなかでのイエス(世の光)はわが国に相当し、サタン(暗闇)はわが国に抵抗するものすべてに相当する。われわれは神の側におり、彼らは悪魔の側にいる。われわれは光であり、彼らは闇である。それゆえ、われわれの戦争は〝聖なる〟戦争である(49)」と評している。

ブッシュは一部の福音派の心に救世主的なオーラを感じさせた。ウィリアム・G・ボイキン中将がグッド・シェファード・チャーチのスピーチで会衆に向かってこう述べた。「みなさん、自問してみて下さい。なぜこの人物がホワイトハウスにいるのか？　アメリカ人の大多数がこの人に投票したわけではありませんでした。それなのになぜ彼はそこにいるのでしょう？　今朝、私がそういうのは、彼がホワイトハウスにいるのは、神がこのような時代に備えて彼をそこに置いたからです。神はこのような時代に、この国ばかりでなく、世界をリードするために彼をそこに置いたのです」。

ボイキン将軍はその後、軍隊から隠退しているが、「フェイス・フォース・マルティプライヤー（信仰強化部隊）」と呼ばれる「神の王国のために信者の大軍を徴兵し、訓練し、資格を与え」、「世界中の戦略拠点に従軍宣教師団を派遣し、維持する（傍点は筆者）」[50]ことを使命とする福音派宣教組織に属している。「フェイス・フォース・マルティプライヤー」は、実際、九・一一以前から、アメリカ陸軍のメンバーをボイキンの言う「クリスチャン軍」に改宗させるためにうまく組織された資金力もある活動組織の一つである。このような軍隊の組織だった福音主義化はアメリカ軍の高官レベルで行なわれつつあり、実際、国防総省のまさにその内部に、もう一つの有力な福音派組織である「キリスト教大使館」が、軍部のお偉方から「准連邦組織」[51]と呼ばれているほど深入りしている。ロバート・キャスレン陸軍准将がこのグループの宣伝ビデオに出演して豪語しているように、「キリスト教大使館」は「ここ国防総省にイエス・キリストの香りを漂わせるもの」になっている。

「キリスト教大使館」の使命は単純である。身分の高い外交官や軍人たちを福音派キリスト教に改宗させることによって、アメリカ合衆国並びに海外にいる部下たちに福音派の教義を叩き込むことができる。この戦略はうまくいっている。過去数年間に、ニュース・リポート、お目付役団体、国内の軍事研究報告までが、アメリカ全土の軍事基地や士官学校で、福音派将校や教官によるおおっぴらで積極的な改宗の勧めが多数あったことを明らかにしている。もっとも顕著な違反が起きているのは、原理主義者による福音主義運動の総本山と言われるコロラド州コロラド・スプリングズ市にあるアメリカ空軍士官学校だった。コロラド・スプリングズはテッド・ハガードの「ニュー・ライフ・チャーチ」とジェイムズ・ドブソンの「家族フォーカス」の本拠地である。両方とも士官学校と緊密な連携を維持しており、士官候補生のための日曜礼拝や聖書研究会を設けている。この市はまた、「キャンパス・クルセイド・フォー・クライスト」という宣教組織の本拠地でもあり、指導者のスコット・ブロムは、この組織の意図が空軍士官学校の士官候補生たちを〝官費による宣教師[52]〟に変えることにあるとおおっぴらに宣言している。

二〇〇六年、「政教分離のためのアメリカ人同盟」が行なった独自の調査報告[53]によると、空軍士官学校の従軍牧師たちは、改宗しなければ「地獄の業火に焼かれる[54]」とたびたび福音派の士官候補生たちに言わせ、非福音派のクラスメートを改宗させようとしていた。士官学校の福音派教官たちは、定期的に自分が〝生まれ変わった《ボーン・アゲイン》〟として自己紹介し、学生に自分の信仰について話すように奨励した。士官学校の発行する新聞に、一六学科の学科長、副学科長、ならびに学部長を含む約三〇〇人の教官とスタッフの署名入りで掲載されたクリスマスの挨拶には、「イエス・キリストは世界の唯一の現実的な希望であり」、「ほかに救世主はいない」と宣言しているばかりでなく、下士官たちにこの文書に署名した教官を探し出して「イエスについて話し合うように」奨励している。先の調査報告は、空軍士官学校におけるこれらを含む諸活動が、「アメリカ合衆国憲法修正第一条の国教樹立禁止条項に対する言語道断な、組織ぐるみの、法的訴訟可能な違反である」と結んでいる。

確かに軍人にはまさかのときに備えて精神的支えが必要であるにちがいない（空軍士官学校には現在、約四千人の士官候補生のために一八人の常勤の従軍牧師[55]と、二五人の予備役の従軍牧師がいることは知っておかなければならない）。だが、先の「アメリカ人同盟」のリポートを作成した調査員が告発しているように、空軍士官学校における過激な福音主義化の風潮はあまりに強く、現在の士官候補生のあいだには、「士官学校で出世するには、教官を喜ばせ、教官と同じ宗教を信奉し、上官と同じ宗教的信条や慣習を真似ることが必要だ」という考え方が広まっているという。

このような福音派組織が、なぜ軍人を働きかけの対象にしているかは明らかである。軍隊は宗教的改宗を勧めるのにもってこいの場所なのである。サウス・カロライナ州のフォート・ジャクソン軍事基地の近くにある「ケイデンス・インターナショナル」のような軍部宣教組織は、「戦闘配備で死を覚悟の戦場に送られる可能性が常にあり、［士官候補生たちは］怖くて仕方がない。怯えている人たちは、通常、不安のない人たちよりも神について耳を傾けやすい。彼らは宗教指導者の教えを受け入れやすい[56]」ことを認めている。

だが、ケイデンス・インターナショナル自体が認めているように、ここにはほかの効果もある。軍人は改宗を勧める対象として非常に貴重なのである。なぜなら、一度改宗してしまえば、「彼らは所属や任務が変わるたびにその派遣先で布教してくれる」能力をもっているからだ。実際、「ケイデンス・インターナショナル」、「キリスト教大使館」、「キャンパス・クルセイド・

フォー・クライスト」など（ここではそのような組織のごく一部を挙げただけだが）の福音派団体による戦時における軍人改宗の組織だった活動は、イラクやアフガニスタンなど、キリスト教の宣教師が歓迎されない国々にアメリカ兵を動員し、ムスリムをキリスト教福音派に改宗させるのに利用するというより大きな組織的な計画の一部だった。アメリカの大手メディア、『マクラッチィー新聞』の調査[57]によれば、よれよれの軍服を着たアメリカ兵が、タンクや武装した軍部の汎用輸送車輛に囲まれながら、新約聖書や福音主義のパンフレットをパトロール中に配っていたという。イラクに派遣された陸軍従軍牧師のスティーヴ・マイケル大尉は、「自分は「イラク人に」どうしたら救われるかをアラビア語で書いた小冊子を与えることができる。彼らに与えるアラビア語の聖書がもっとあったらいいのに」とその意気込みを語っている。

イラクの子供たちのなかには、イエスを救い主として信じないムスリムは地獄の業火に焼かれることを示した漫画本をもらった者もいた。二〇〇四年のアメリカ海兵隊によるスンナ派の暴動鎮圧の際のむごたらしい現場が目に付くファッルージャのチェックポイントでは、ここを通過して町に入るイラク人にピカピカのコインが手渡された。[58]片面には、「あなたは来世をどこで過ごすでしょうか？」とアラビア語で彫られており、もう片面には、「神はそのひとり子を与えるほどにこの世を愛し給えり。神を信じる者は滅びず、永遠のいのちを得るであろう」と記されていた。

「われわれが弱いために、こうしたことが起こっているのだ」と、このコインを一枚もらったファッルージャの商店主は事実を述べるだけでなく脅威を感じたと語っている。

そのような行為は外国駐留の軍人による布教活動を明らかに禁じているアメリカ合衆国軍事行動規約に違反しており、これにより厳重に譴責された軍人も少なくない。だが、軍服姿の男女がアフガニスタンやイラクの戦争を宣教の好機ととらえるのをとがめ立てするのはむずかしいであろう。そもそもの始まりから、二つの軍事行動、そしてこの軍事行動が代表すると想定される広い意味でのイデオロギー的な「対テロ戦争」には、上官たちから宗教戦争的意味合いを意図的に吹き込まれている。イスラエルの新聞『ハアーレッツ』紙が二〇〇三年のブッシュの言葉として報告しているように、アフガニスタンから「アル・カーイダ」を一掃し、イラクのサダム・フセインを叩きのめすように神が陸軍総司令官に命じたのだと宣言するとき(59)、ジャーナリストでブッシュ大統領の伝記作者であるロバート・ドレイパーが聖書の一節(「悪魔の策略に対抗して立つことができるように、すべてを成し遂げて、しっかり立つことができるように、神の武具を身につけなさい」という「エフェソの信徒への手紙」第六章一一—一三節)をちりばめた「十字軍的通達」と呼んだ大統領の極秘指令をラムズフェルド国防長官が褒め上げるとき(60)、陸軍長官ピート・ゲランが、陸軍士官学校の卒業式のスピーチのなかで、イラクにおける戦争を、アメリカと「過激派イスラーム教徒」とのあいだの戦争であるとはっきり定義するとき(61)、アフガニスタン駐留のアメリカ陸軍首席従軍牧師ゲーリー・ヘンズレー中佐がイエスのためにこの国のムスリム住民を「探し出せ」と訓令するとき(62)(「やつらを追う天国の猟犬を得よ。そうすればやつらを天国に追い込める。それこそわれわれのなすべきこと、なすべき仕事だ」という言葉を吹き込んだヘンズレーのテープがある)、イラクとアフガニスタンにおける最大、最強の民間軍事請負会社「ブラックウォーター」の社長エリック・プリンスが、元従業員によって「地球上からムスリムとイスラーム教を除去する役目を担ったキリスト教徒十字軍」とみなされるとき[63]、これらの若い、信心深くて、「怖れおののいている」兵士たちが、自分たちの軍事的使命と、事実上の「対テロ戦争」全体を、新たな十字軍――善(われわれ)と悪(彼ら)のあいだの仮想戦争《コズミック・ウォー》の一部と思いこまない姿を想像するほうがむずかしい。

ジハード唱道者たちがアメリカの使命をそう理解したことは明らかだ。実際、イラクとアフガニスタン両国におけるアメリカ合衆国の行為――福音を説く兵士たち、ムスリムの捕虜を拷問にかけて、ブタを食え、ムハンマドを呪えと侮辱する行為、軍部高官と政治指導者たちの十字軍的なレトリック――は、「悪魔の軍隊」が率いる「イスラーム世界への新たな十字軍遠征」というジハード唱道者たちの論理を公認しただけではない。「イスラーム教徒の抹殺」を企てる勢力に対する最後の防衛線という姿を巧妙に演出する好機をジハード唱道者たちに与えてしまったのである。

とりわけビン・ラーディンにとって、イラク戦争は、世界のいたるところにいるムスリムに、眠りから醒め、仮想戦争《コズミック・ウォー》というイスラーム独自の伝統に喜んで参加し、神の敵との戦闘に従事させるための呼びかけになった。「イラクにいるわが兄弟である聖戦士たちよ」と彼は書いている。「カリフ座のあったバグダードおよび世界中の英雄たちよ、イスラームの支援者たちよ、サラディンの子孫たちよ、バクバ、モスル、アル・アンバルの自由人たちよ、自分たちの宗教の勝利を願って、父や息子を残し、家族をおいて故郷を出て、神のために移住してきた者たちよ……ローマ人は、敬愛するムハンマドの民族と闘うために、十字架の御旗のもとに集まっている……主よ、われらに忍耐を与えたまえ、われわれが断固として立ち上がり、異教徒と闘うのを助けたまえ。多くの人々はまだわかっていないが、神は勝利する［であろう］」(64)。

第5章

近い敵と遠い敵——イラク北部の町

トゥズ・ホルマト

イラクのバグダードから北へ約二〇〇キロほどのサラハッディーン県にトゥズ・ホルマトという小さな町がある。民族的にはクルド人とトルコマン人が多く、宗教的にはスンナ派とシーア派が入り混じっている町だ。それが外国からこの国に来たジハード唱道者《ジハーディスト》たちにジハード唱道者の注目を引いている理由であるかも知れない。彼らは「イラクのアル・カーイダ」、あるいはその頭文字をとって「AQI」と呼ばれている（パキスタンとアフガニスタンの国境付近を地盤にし、イラクでの加盟者にはあまり作戦上の支配権をもっていないように見えるビン・ラーディンの「アル・カーイダ・セントラル」と区別してアメリカ軍が付けた呼称）。二〇〇三年のアメリカのイラク侵攻以来、トゥズ・ホルマトは、遠くはフィリピンやマレーシアなどの国々から続々とイラクへやってくるジハードを唱導する過激派が彼らの言う「不信仰者」と「偽善者」に闘いを挑むための標的にされている。

「不信仰者《カーフィル》」と「偽善者《ムナフィーク》」という二つの言葉は、ジハード唱道者の特殊用語のなかにすっかり定着している。両方とも、クルアーンのなかで特定の意味をもっているからだ。「カーフィル」とは、イスラーム勃興以前のマッカで采配を振っていた多神教徒支配者、すなわち萌芽期のムスリム共同体《ウンマ》と十余年にわたる凄絶な闘いを続けたクライシュ族を指して使われていることが多い。「ムナフィーク」とは、政治的に、あるいは物質的に得だという理由だけでムスリム共同体に参入したアラブ人諸部族を指す。彼らは新しい信仰を棄て、やがて昔の部族社会の生活スタイルに戻ってしまった。だが、ジハード唱道者においては、この二つの言葉からその歴史的背景を削ぎ落とし、ムスリムでない者はみな「不信仰者」とし、ジハード唱道者でないムスリムはみな「偽善者」とした。どちらのグループも「不信心者」で、死罪に値する。

「ジハード唱道運動《ジハーディズム》」とは、その信奉者たちが自分たちこそ唯一の本当のムスリムであると考えているという意味で、ピューリタン的な運動のひとつである。自分たち以外のムスリムは詐称者であるか背教者であって、自らの「偽善」を悔い改めるか、悲運を甘受するしかない。ジハード唱道運動はスンナ派に限定された運動であり、シーア派（世界のムスリムの約一五〜二〇％を占め、主としてイラン、イラク、東部地中海沿岸諸国に集まっている）に対して特別の軽蔑感を根底にもっている。ジハード唱道者はシーア派をムスリムとはみなさず、「拒否派《ラワフィッダー》」、不信仰者や偽善者よりさらに悪い異端者であると思っている。イラクの「アル・カーイダ」のリーダーで、ヨルダン人ジハード唱道者アブー・ムサブ・アル・ザルカウイは、しがない盗賊の一人で、ほとんど学識のない乱暴者だったが、二〇〇六年に死亡するまで、シーア派をアメリカ軍以上にイスラームにとってはるかに大きな脅威であると主張していた。ザルカウイによれば、シーア派は「折り紙つきの多神教信者」で、「イスラームとは何の共通点もない」宗教であるという。シーア派は「最悪の人類で……こそこそ動き回るヘビ、ずるがしこく、悪意に満ちたサソリ、スパイ行為を働く敵、浸透してくる毒液である」(1)。シーア派市民の手当たりしだいの誘拐、拷問、斬首を重ねたザルカウイは、イラクにおける宗派戦争をほとんど独断専行で焚きつけた人物である。

シーア派人口の多いトゥズ・ホルマトは、ザルカウイの広域移動決死隊にとって格好の狩場だった。イラクのアル・カーイダと関連をもつジハード唱道者の自爆攻撃者たちは、大勢の人でにぎわうレストランやカフェを灰燼に帰した。トゥズ・ホルマトのマーケットは、実際、自動車爆弾によって炎上した。即席の爆発装置によって、すでに警察力が機能していないに等しかった町の大部分が壊滅状態になった。二〇〇五年、トゥズ・ホルマトの一番大きなシーア派モスクが全焼した。町の周辺部にあるいくつかの大きな埋葬地を掘り返してみると、女子供の死体や、数珠繋ぎにされ、一部は首のないものもある死体ばかりが出てきたところもあった。

トゥズ・ホルマトはまずまず栄えた町だった。居住者を悩ます蛮行はあったけれども、近隣のどちらを向いても、バグダードに見られたような多様性のかけらも許さず浄化してしまうほどの国内強制移住や民族的均質化の影響は受けていなかった。トゥズ・ホルマトの人たちは、ピューリタン的な過激派暴力団が切り崩しにかかるには、おたがい同士をあまりにも長く知っていたし、あまりにも長いあいだ隣同士として暮らし、結婚も葬式もともども行なってきていた。ところが、それが仇《あだ》となった。住民の大胆な抵抗の傷跡は市内のいたるところに見られる。町の中心部の駐車場として使われていた場所の端には、軍用車輌《ハンヴィー》ほどの大きさの砲弾痕がある。

それは、「イード・アル・フィトル」と呼ばれる断食月《ラマダーン》明けの日のことだった。このイスラーム教徒独特の休日には、友人や家族が集まり、一か月に及ぶ断食を共に耐えたことを祝って贈り物を交換する。幼い女の子たちは新しいドレスを着て、男の子はピカピカの靴を履き、二八日間の長く、耐え難いほどの暑さのなかをひもじさに耐えたあとの一夜を、戸外に繰り出して食べたり飲んだりして祝うのである。

年長者たちはこの「イード」のために駐車場を確保し、ブランコや滑り台、錆びついた金属製のメリーゴーラウンド、ガタゴトときしみながら回る手動式の小型観覧車などを設置して臨時の祭り会場を整備した。お菓子コーナーでは、ソーダ水やスナックや風船が売られていた。ランタンに灯がともり、音楽がラウドスピーカーから流れ出た。

日が沈んだばかりの頃、一人の若い男がキャンディーやおもちゃを満載した馬車を引いて、徒歩で会場にやってきた。彼は見知らぬ男で、トゥズ・ホルマトの人たちはだれも彼がどこのだれか知らなかった。だが、だれも詮索しなかった。戦争で国はずたずたになっていて、毎日のようにバグダードやディヤーラ、近くのキルクークから、家族崩壊や暮らしに窮した未亡人、新しい町で生活をやり直そうとする独身男性などの新たな難民の一団がトゥズ・ホルマトにやってきていたのだ。

その若者は馬車を会場の真んなかに停め、商品の宣伝を始めた。彼は積荷を開けて、チョコレート・バーやぬいぐるみ、小さなプラスチック製のサッカー・ボールなどを取り出した。子供たちはゲームを放り出し、乗り物から飛び降りて、おじさんやおばさん、祖父母らから断食をまっとうしたご褒美にもらったしわくちゃのお札を握って、馬車のほうへ駆け寄った。子供たちは自分のほしいものを口々に叫び、お札をひらひらさせながら走った。青年は新調のドレス姿の女の子、新品の靴を履いた男の子らが自分の周りの手の届く範囲にまで近づくのを辛抱強く待ってから、キャンディーを積んだ荷馬車の上部をそっと持ち上げ、スイッチをひねり、自爆した。(2) ものすごい黒煙が会場に舞い、残照は見る見るうちにかき消された。

このような言語道断なテロ行為は、理性を失った、病的な行為の結果と考えられがちで、そう思えば少しは慰めになる。しかし、テロリズムはほとんど例外なく計算された選択であり、テロは意図的に選択された行為である。なぜなら、それはあるグループの目的遂行手段としてはもっとも効果的で、もっとも得策で、しかも安上がりであるように見えることが多いからだ。それでも、自爆テロという戦術には、それが宗教的行為とみなされるときには特に、独自の嫌悪感を禁じえない。自爆テロは、決してイスラーム特有のものではなく、宗教がらみの現象ですらない。この戦術は、スリランカ政府に対する激しい暴動の最中に、「タミルのトラ」と呼ばれるマルクス主義過激派が行なうようになって以来、広く知られるようになった。シカゴ大学の政治学者ロバート・ペイプは、一九八〇年から二〇〇三年までに世界のいたるところで起きた自爆攻撃についてのデータベースを作成した。そのデータが証明しているのは、「自爆テロとイスラーム原理主義《ファンダメンタリズム》、もしくは世界の諸宗教のいずれかとの関連はほとんどない(3)」ということである。ペイプのデータベースに入っている自爆攻撃のうち、三分の一は非宗教的グループによるものである。自爆がテロのありきたりの手段になった唯一の理由は、それが効果的であるからのように思われる。敵が侮りがたい軍備をもっているとき、敵の兵力には戦場では勝てないと思われるとき、自爆テロは事前工作になる。パレスチナの過激派の一人がイスラエルのリポーターに冷ややかに説明しているように、「われわれには飛行機もミサイルもない。悪と戦う大砲さえない。最小限の喪失で打撃となる損害を与えることのできる道具は、こうしたタイプの［自爆］任務なのだ(4)」。有体に言えば、自爆テロは貧しい者のスマート爆弾になっていたのである。

それにもかかわらず、このような他殺と自殺も、それらが儀式的行事や儀式に則った行為の枠組に位置づけられうるものであれば、安易に正当化される。ジハード唱道者が自爆テロを「殉教作戦」と呼ぶ理由はそこにある。これは婉曲語法ではなく、仮想世界では死ぬことに重要な意味があることを大真面目に吹き込むことを意図している。自殺について、クルアーンにははっきりと、「自殺するな。もし自殺するものがあれば、［神は］その男を地獄に投げ込むであろう」（第四章二九―三〇節）と書かれていることなど、問題にしていないように見える。「山から身投げして自殺する者は、永久に地獄の業火に向かって落下し続け、永遠にその状態がつづく。毒を飲んで自殺する者は、永久に毒を手に持ち、地獄の業火の中でそれを飲みつづけ、永遠にその状態がつづく。鉄の武器で自殺する者は、永遠にその武器を手に持ち、地獄の業火のなかでその武器で自分の腹を刺しつづけ、永遠にその状態がつづく(5)」と預言者ムハンマドの言行録（ハディース）には、自らの命を絶った者には身の毛のよだつような罰が待っているという言葉が数え切れないほど出てくることも重視していないかのようだ。クルアーンはまた、女性、子供、年配者、保護下にある少数民族、さらに大事なのは、ほかのムスリムの殺害の禁止をはっきり命じている。ジハード唱道者のなかには、同じムスリムや民間人に対する自爆テロや自爆攻撃を長々と正当化する者もいる（かつてビン・ラーディンのボディガードを務めたこともあるサウディアラビアのジハード唱道者ユースフ・アル・アイイリは、「不信心者が若者や老人を殺すのなら、ムスリムが同じことをしても許されるべきだ」と言う）。だが、そのビン・ラーディンでさえ、「すべての人々が同意する事柄の一つは、たとえ彼ら自身が抑圧や敵意の犠牲者であったとしても、罪のない子どもたちを殺すことはできないことである」[6]と述べている。

実際、遊んでいるムスリムの子どもたちを殺す罪について、イスラーム教では何の宗教的議論も行なわれていない。それゆえ、大半のジハード唱道者も敢えてそのことを問題にしない代わりに、次のような、いとも単純な主張を提起する。すなわち、宇宙は二つに分けられる。その一方には「天国の人」が住み、他方には「地獄の人」が住んでいる。その中間の場所はない。一方の側に属さなければ、他方の側に属することになる。われわれの側でなければ、彼らの側になるのだ。もしも彼らの側の人であるならば、兵士であろうとなかろうと、子供であろうとなかろうと、ムスリムであろうとなかろうと問題ではない。仮想戦争《コズミック・ウォー》においては、人は神とともにあるか、神にそむくかのどちらかである。どっちつかずは許されない。アルジェリアの「武装イスラーム集団」〈GIA〉のあるメンバーは、「われわれが戦っている戦争に中立はない。

われわれとともにある人たちをのぞいて、他のすべての人たちは背教者であって、死に値する」と言っている。(7)

イスラーム教にはこのような妥協を許さない倫理的二分法を表わす「アルワラ・ワ・アルバラ」という言葉がある。この語句を英語に当てはめるのはむずかしい。「アルワラ・ワ・アルバラ」は「忠誠と離反」、「忠誠の義務と否認」、あるいは「愛と憎しみ」という意味にもとれるからでる。アル・カーイダのイデオロギー唱道者ムハンマド・サイード・アル・カフターニによれば、『ワラ』は親近感、関心、援助を喚起するし、『バラ』は不服、憎悪、拒否を掻き立てる言葉である(8)〔「アル」はアラビア語の定冠詞〕という。

だが、「アルワラ・ワ・アルバラ」という語句は、この世の人間はすべて、「信仰者」（ジハード唱道者は自分たちのことを意味していると考えている）と「不信仰者」に分けられるという仮想二元論を前提にして解釈される。後者には、非ムスリム、シーア派ムスリム、ジハード唱道者が「不信仰者圏《ダール・アル・クフル》」と呼ぶヨーロッパやアメリカに住むムスリム、アラブ・ムスリム世界の支配者や政府、伝統的な宗教施設や法学院の宗教指導者（ジハード唱道者は彼らを「不信心なイマーム」と呼ぶ）、そのような政治的、宗教的権威を認める人たちすべてが入る。信仰者と不信仰者の違いは、(9)カシミールのジハード唱道者組織「ジェイシェ・ムハンマド」の創立者マウラーナ・マスード・アズハルが『ジハードの功徳』〔*Virtues of the Jihad*〕に書いているところによれば、「光と闇の違いに似ている」という。

「アルワラ・ワ・アルバラ」は、クルアーンに見当たらず、現代のイスラーム学者たちからは完全に無視されている大昔の末梢的なイスラーム思想の一つだが、ジハード唱道運動においては、ザルカウイの宗教上の教師であるパレスチナのアブー・ムハンマド・アル・マクディシーの言葉によれば、「この宗教のまさによって立つ基盤」[10]とされている。前述のアル・カフターニは、この原則をムスリムの信仰告白である「アッラーのほかに神なし」に固有のものだと考えている。「信仰告白《シャハーダ》」と呼ばれるこの声明は、ジハード唱道者にとって、肯定と否定の両方を意味するという。つまり、神の掟を認めると同時に、この世の法律を拒否するのだ。ジハード唱道者の概念では、「信仰告白」は美徳の推進だけでなく、悪徳の追放を要求している。つまり、神を愛するだけでなく、神の敵を憎まなければならない。北ロンドンのフィンズベリー・パーク・モスクで短期間説教師をしていた片目のジハード唱道者アブー・ハムザ・アル・マスリが書いているように、「誠実な人間であるなら、そして本当に神を愛しているなら、「不信仰者の」影さえ憎むはずだ」[11]という。アイマン・ザワヒリはもっと簡潔に、「不信仰者を愛する者はみな、不信仰者である」[12]と言っている。

宗教的教義としての「アルワラ・ワ・アルバラ」の力は、ある人を一方的に「不信仰者《カーフィル》」と決めつける――ジハード唱道者の仲間うちでは、このような慣行を相手に対する「不信仰者呼ばわり《タクフィール》」という――ことができることから生まれる。イスラーム教ではムスリムを破門する手だてはない。人をムスリムであるか、ないかを決める権力をもっている中央集権化された宗教的権威者というものは、これまでも現在も存在しない。だが、「不信仰者呼ばわり」という慣行は、個々の信仰者の手に、自分たちムスリムの敵を「不信仰者」であると単純に決めつけることのできる権威を与え、それによってムスリムの血を流すことに対する宗教的禁止令を無効にする。ジハード唱道者はこの「不信仰者呼ばわり《タクフィール》」を驚くほど巧みに利用し、自分たちの世界観にほんの少しでも同意しない人たちに対してこれを適用した。たとえば、投票や、政治プロセスに参加するムスリムに対し、「民主主義を信じ、投票に行ったり、機会があれば被選挙権者になることや法律作成者になることも厭わない人たちは「クファール（〝不信仰者《カーフィル》〟の複数形）」であると、アル・マスリは『不信仰者呼ばわりに用心せよ』〔*Beware of Takfir*〕に書いている。「そういう人たちがどれほど熱心に礼拝しようと、何遍マッカ巡礼を果たそうと問題ではない。そういう行動によっては少しもイスラーム信仰を深めることはできない」。

ムスリムの宗教指導者たちは、数百年にわたって「不信仰者呼ばわり」を神の審判権を侵害する慣行（クルアーンにはこうした慣行の根拠となる記述はまったくない）として非難する法的見解《ファトワー》を公示してきた。二〇〇五年には、イスラームのすべての宗派、分派、法学派を代表する一七〇人の世界的宗教指導者と宗教学者がヨルダンのアンマンに集まり、「不信仰者呼ばわり「のような慣行」はないことを再確認し[13]」、ムスリムはいかなる理由によっても他のムスリムに「不信仰者」というレッテルを貼ることは許されないという共同の法的見解《ファトワー》を発行した。

これに対してジハード唱道者らは、アンマン会議に参加した者すべてを死罪に値する「不信仰者」であると宣言した。「不信仰者呼ばわり」禁止令が発布された日から約四か月のあいだに、ザルカウイによってイラクから派遣された四人の自爆テロリストが、アンマンで一連の共同自爆攻撃を行ない、六〇人を死亡させた。死者のほとんどがムスリムだった。

「不信仰者呼ばわり」の実行者たちは通常、イスラーム世界でもっとも尊敬されている法理論家の一人アフマド・イブン・タイミーヤの説を引き合いに出してこの教義を正当化する。一二六三年生まれのイブン・タイミーヤは、イスラーム史のなかでもっとも偉大な思想家の一人で、その生涯に三〇〇冊以上の書物を書き、敬虔な信徒としても世に知られ、弟子たちから最高の法学権威者にのみ与えられる名誉ある称号「シャイフ・アル・イスラーム」で呼ばれた哲学者、神学者でもある。

イブン・タイミーヤは名門宗教学者の家系に生まれ育った。父親も祖父も、スンナ派イスラームの四学派のなかでもっとも保守的なハンバル学派（他の三つはハナフィー学派、マーリク学派、シャーフィイー学派）に属していた。イブン・タイミーヤは、九歳になる前にクルアーンを暗記してしまったほど勤勉な生徒で、十九歳という驚くべき若さで、父と祖父に次ぐハンバル学派の宗教指導者になった。だが、大事なのは、彼がその前に数年にわたって他の三つの法学派の指導も受けていたことである。それは当時としてはめずらしいことで、とりわけ超保守的な家系の出身者がそうすることは異例だった。他の学派に道楽半分に深入りする決意をしたことで父親や祖父に疎まれたかも知れないが、この経験でイブン・タイミーヤは法的問題を相対的な視野から見ることができるようになり、ハンバル学派の正統性の一部にこれまでに試みられたことのないような異議申し立てを行なうようになった(14)。

イブン・タイミーヤの一族は、アッバース朝帝国の王座があり、ムスリム世界の文化的、政治的首都だったバグダードに近い古都ハランの出身である。バグダード（ペルシア語で「神の贈り物」の意）は、いくつもの交易ルートの交差点にあり、いのちをはぐくむチグリス・ユーフラテス川の水に恵まれた、世界でもっとも豊かな、当時としては最高の人口約百万人の大都市だった。住民の識字率ももっとも高く、バグダードの市民はみな、読み書きができると思われていたという。ヨーロッパが中世の暗黒時代に陥っていた頃、世界中いたるところから、あらゆる宗教や民族の学者や芸術家が、医学、数学、天文学、芸術を学びに続々とバグダードにやってきていた。宮廷の大勢の書記たちは、西洋世界に累積された知識をギリシア語、ラテン語、シリア語、サンスクリット語、ペルシア語などから芸術、学問の共通語であるアラビア語へと昼も夜もせっせと翻訳に励んだ。テキストも古代からの羊皮紙やパピルスの切れ端から、バグダードの製紙工場（世界で初の製紙工場）製の真新しい紙へと変わり、アラビア語で「知恵の館」を意味する「バイト・アル・ハクマ」と呼ばれる伝説のバグダード図書館に収納され、のちの世代のために保管された（こうした書記たちの仕事がなかったら、世界はプラトン、ピタゴラス、ユークリッド、プロティノス、その他の西洋哲学の基礎の痕跡をたどることはできなくなっていたかも知れない。それらの大半はアラビア語からヨーロッパ言語へと翻訳されたのである)。代数も光学もこのバグダード図書館で発明されたものである。解剖学、生理学、音楽、気象学、論理学、哲学はみな、バグダードを故郷とする学者たちによって発達、進歩した。

残念なのは、あれほど壮麗な浴場、テラス・ガーデン、噴水、モスク、美術館、図書館などのあった華やかな都市が「都荒し」と言われたモンゴル人猛者たちの注目を免れることができなかったことである。十三世紀初頭、チンギス・ハーンは中央アジア高地の大草原に散らばる遊牧部族を集めて、殺戮と破壊のための可動機械にした。わずか数年のあいだに、チンギス・ハーンの軍隊は今日の中国、ロシア、アフガニスタン、インドを総なめにし、町を焼き払い、数百万の人々を虐殺した(ある集計によると一八〇〇万人と言われる)。モンゴル人の騎馬隊はさらに西進し、メルヴ、ニーシャープール、サマルカンドなどの伝説的なイランの都市にまで降りてきて、すべてを荒らし回り、目に入る人間をみな殺しにし、墓を掘り返し、建物を跡形もなく壊し、略奪、戦利品を分捕り、放火をした。

一二五八年、チンギス・ハーンの孫フラグ・ハーンはバグダードの城門に到達した。モンゴル人の慣習に従って、フラグはアッバース朝カリフ、アル・ムスターシムに使者を送り、武器を置いて町を開け渡すかどうかの選択権を与えた。カリフがそれを拒否すると、フラグ軍は、バグダードの要塞の壁を打ち破り、住民を容赦なく厳罰に処した。

モンゴル人はすべてを焼きつくした。バグダード図書館にあった書物はチグリス川に放り込まれ、川水が溶けたインクで黒ずんだ。アル・ムスターシムの一族は、子供一人にいたるまで虐殺された。カリフ自身はボロ布にくるまれ、蹴飛ばされて死亡した。だれ一人生き延びた者はいなかった。フラグ軍はバグダードの学者、書記、職人らを掻き集め、首をはねた。彼らが置き去りにした遺体は、鳥がくまなく啄んだ。彼らは、はねた首を道の真んなかにピラミッドのように積み上げた。腐臭は数キロ先まで広がった。血に飢えたモンゴル人が蛮行に飽きた頃には、バグダードは事実上、人の住む町ではなくなっていた。

イブン・タイミーヤの一族は、こうした荒廃の進行中に、自分たちの大切な書物以外のすべてを残して、何とか町を抜け出し、ダマスカスへ避難した。だが、彼らもモンゴル人略奪団から逃げ切ることはできなかった。バグダードが陥落した四年後の一二六〇年、モンゴル人はシリアに侵入、ダマスカスを略奪した。アフマド・イブン・タイミーヤが生まれたのはそれから三年後の一二六三年である。

モンゴル人の侵攻に続く深刻な社会変動は、イブン・タイミーヤに大きな影響を及ぼした。彼が成人したのは、フラグの子孫らがさらなる征服を意図して前進をつづけるよりも、占領したムスリムの土地に定住して、イスラームを自分たちの宗教として取り入れ始めたために起こった、宗教的には不安定な時代だったからである。モンゴル人は実際、他人の宗教にはひどく寛大で、自分たちも深く考えずにイスラームの教えや慣習を彼ら独自のシャーマニズム的宗教慣習に取り入れて、スンナ派イスラームと東方の多神教を混ぜ合わせたような宗教をつくり出した。これはモンゴル人支配下に住むムスリムにジレンマを巻き起こした。新しい、なじみの薄い支配者の改宗にどう対応していいかわからない人たちが多かったからである。モンゴル人はムスリムになったが、この世の神の代理人として彼らに従うべきだろうか？　わずか数年前には数百万人のムスリムを殺し、その子供たちを奴隷にし、彼らの財産を強奪し、モスクを焼き払い、墓を掘り返した人たちが、「アッラーのほかに神なし」と宣言しただけでムスリムと考えるべきなのだろうか？

イブン・タイミーヤを彼が属していたハンバル学派の学者と区別し、今日のようなジハード唱道運動の英雄にしたのは、彼が法的見解《ファトワー》という形で書いたこうした疑問に対する簡潔だが革命的な答えのためである。イブン・タイミーヤによれば、モンゴル人は「イスラームを実際には信じていない不信仰者、［そして］偽善者である……あらゆる形の偽善、不信仰、信仰の否定がモンゴル人信奉者のあいだに見られる。彼らは人類の中でもっとも無知な、信仰についてほとんど何も知らない、信仰をもっているなどとはおよそ言えない人たちである」(15)。つまり、彼らは不信仰者であるから、彼らに服従する必要はないという。

この法的見解《ファトワー》が異例だったのは、ハンバル学派の創設者アフマド・イブン・ハンバル〔七八〇—八五五年〕によって確立されていたハンバル学派のもっとも基本的な教義、すなわち、イスラーム国の指導者は、カリフであろうと、スルタンであろうと、イマームであろうと、神によってその名誉ある地位につけられたのであるから、その行為や敬神の念の如何にかかわらず服従するべきであるという教説に違反するものだったからである。「イマームの行為が正しかろうと悪意から出たものであろうと、ジハードの命令は有効である(16)」とイブン・ハンバルは主張した。「たとえスルタンが高潔、公正、敬虔でなくても、金曜礼拝、二つの大祭、巡礼行事は「スルタンによって」挙行される。カリフの税の扱い方が公正であろうと邪道であろうと、税金は「カリフに」支払われる」。イブン・ハンバルにとって、社会秩序はあらゆる犠牲を払ってでも維持されなければならないと考えられていた。ムスリムの指導者の行動がどれほど「非イスラーム的」であろうと、その統治には服従しなければならないという。

イブン・タイミーヤは自分の先達に同調しなかった。ムスリムとして自由、公正に生きるためには、イスラームに則った指導を行なうリーダーが必要であると彼は主張した。そのリーダーが自分の義務としてムスリムの正道を認めず、イスラーム法にも従わないなら、彼は本当のムスリムではなく、「不信仰者《カーフィル》」であり、その統治権は無効である。イブン・タイミーヤは神を敬わないリーダーの支配下にあるムスリムはみな、反抗する義務があると主張した。そして「不信仰者呼ばわり」を実行するに当たって、「不信仰者《カーフィル》」であるリーダーの支配を甘んじて受ける者は、その人自身も「不信仰者《カーフィル》」であるとまで言い張った。

このような極端な見解には前例があった。六〇〇年ほど前、ハワーリジュ派と呼ばれる一派が、第三代カリフ、ウスマーン・イブン・アッファーン〔六五六年没〕の指導力に反発したときに、同じような議論がなされている。ハワーリジュ派は、ムスリム共同体《ウンマ》のリーダーは、非難するところのない、罪を犯していない人物であるべきだと信じていた。リーダーは敬神の念においても、学識においてもすべてのムスリムに優っていなければならない。そうでなければ、共同体を率いる権利はなく、何らかの当然とされる手段によって権力の座から除去されるべきである。

　イブン・タイミーヤはハワーリジュ派でないことは確かだが、逸脱《ビドア》や異端はすべて一掃することによって共同体の純粋性を確実なものにすることは、すべてのムスリムの義務であることには同意していた。彼はまた、ハワーリジュ派からインスピレーションを得て、世界に「イスラーム圏《ダール・アル・イスラーム》」と「不信仰者圏《ダール・アル・クフル》」の間に厳格な地理的境界線を引き、後者の領域に前者を広げていくことを提案した。だが、イブン・タイミーヤは、十字軍遠征がなくなってからさらに長い歳月が経ったというのに未だにキリスト教徒とムスリム勢力の衝突がつづいているトルコのアナトリア半島の最前線に暮らしていたが、「イスラーム圏」に住んでいながらイスラーム法をきちんと守らない同じムスリムにきびしい目を向けた。たとえば、彼が「異端」と呼んで軽蔑していたシーア派や、ムスリムを自称しながら不信仰者であるモンゴル人侵攻者たちを不信仰者と見て、彼らに対し、すべてのムスリムはジハードを宣言する義務があると考えた。「シリアにやってきたモンゴル人と闘うことはすべての人に命じられた義務である」[17]と彼は書いている。

イブン・タイミーヤは、同じ法学者のあいだで数百年にわたって定められてきた「連帯義務《ファルド・キファーヤ》」――資格のあるイマームによってのみ許可される抑圧や不正に対する防衛闘争――と位置づけられてきたジハードの概念を再定義して、「個人義務《ファルド・アイン》」とした。イブン・タイミーヤにとって、ジハードは指導者の指示なしに自分自身で活用できる「攻撃用の」武器のようなもので、これによってイスラームを広め、地球上いたるところでイスラームを純化し、普及させることができると彼は考えた。実際、イブン・タイミーヤはジハードを信者の最高の務めに引き上げた。「ジハードはあらゆる形の礼拝を意味する」[18]と彼は『ジハードの宗教的・倫理的原則』〔*The Religious and Moral Doctrine of Jihad*〕に書いている。「それは人間が行なうことのできる最高の自発的行為である……それはハッジ（大巡礼）やウムラ（小巡礼）よりも望ましく、サラート（礼拝）や自発的な断食行為よりも望ましい」。

イブン・タイミーヤはその著述のせいで長年獄中につながれ、ついに一三二八年に獄死した。彼の弟子たち、なかでも彼の秘書で後継者でもあったイブン・カイイム・ジャウズィーヤ〔一二九二―一三五〇〕は、イブン・タイミーヤの教えを二世代ほど先まで生かしつづけ、彼の著書を筆写し、大勢の学者たちが読めるようにした。大半の学者たちにとって、「不信仰な支配者たち」に関するイブン・タイミーヤの見解は危険で、あまりにも過激すぎると思われた。オスマン・トルコがムスリムの土地をモンゴル人支配から奪回し始めた十四世紀末には、この偉大な「シャイフ・アル・イスラーム」は多かれ少なかれ忘れられた存在になってしまったが、六〇〇年後のポスト植民地主義時代の政治的激動期にあったエジプトで、イスラーム過激派集団によって劇的な復活を遂げた。世界を信仰者圏と不信仰者圏に厳密に二分し、当時のムスリム支配者を大胆に「不信仰者呼ばわり」し、ジハードを礼拝の一形態に高めるというイブン・タイミーヤの思想が、エジプト政権の打倒を目論み、アラブ世界に革命を起こそうとする人たちに援用されるようになったのである。

一九八一年一〇月六日、ガマル・アブドゥル・ナセルが念入りに選んだエジプト大統領の後継者アンワール・サダトは、貴賓席に立ち、一九七三年の対イスラエル戦におけるエジプトの勝利を記念する軍事パレードの行進が目の前を通り過ぎて行くのを見守っていた。ハリド・イスランブリという名のエジプト軍中尉と他の三人の男が突然隊列を乱して大統領の貴賓席のほうへ駆け寄り、火焔瓶を投げつけ、めちゃくちゃに発砲した。イスランブリは「ファラオに死を！」と叫びながら、自分のライフルの弾丸が空になるまでサダトの胸をめがけて撃ちまくった。

ハリド・イスランブリは、さまざまなタイプの過激派活動家のたまり場であるカイロ大学内部やその周辺に集まる十指に余るジハード唱道者組織の一つ、「エジプト・イスラーム・ジハード団〔ＥＩＪ〕」の一員だった。こうしたグループの大半は、政府への憎悪と、エジプトの政治体制と協調しながら次第に適合関係を深めていた「ムスリム同胞団」のやり方を裏切りと感じている以外に、ほとんど共通点はなかった。そうした組織のメンバーは、だいたいにおいて若い中堅クラスの専門職――学者、エンジニア、学校教師、官僚など――エジプト社会のベスト・アンド・ブライテストだった。だが、彼らはエジプト社会の宗教心の衰退に強い不満を抱いており、ムスリム共同体《ウンマ》の純粋性を汚していると彼らが感じている人物たちを激しく非難する気構えを見せていた。なかでも、サイイド・イマーム（ファドル博士という名でも知られている）とシュクリー・ムスタファという二人のうさんくさいジハード唱道者が率いる「タクフィール・ワ・ヒジュラ」というグループは、「不信仰者呼ばわり」の実行にのめり込み、彼らが不信仰者と見なす宗教界のメンバーを誘拐したり、処刑したりし始めた。

アンワール・サダトの暗殺をきっかけに、このような過激派組織のメンバー三〇〇人以上が一斉検挙され、投獄された。彼らの裁判において、検察官はイスランブリの共同謀議者の一人、ムハンマド・アブドゥル・サラーム・ファラジュの書いた「おろそかにされた義務」と題する異様な文書を提示した。この短いが、複雑きわまる小冊子は一般公開を目的としたものではなかった。それは、どちらかと言えば、法的、神学的論争を雑然と集めただけの内部文書で、サダトの殺害を正当化し、エジプトの宗教指導者階級、とりわけアズハル大学の学者たちから提起されるにちがいない異議申し立てに対し、殺害が合法的な行為であることを証明しようとしたものである。

ファラジュは、イブン・タイミーヤの著述を基盤に正々堂々と暗殺の正当化を行なった。「今日の統治者たちはイスラームから逸脱している(19)」と彼はこの有名なハンバル学派の法学者を引用して書いている。「彼らは礼拝、断食を行ない、自分はムスリムであると主張するが、伝えているのはイスラームではなくて、自分の名前だけである」。ファラジュによれば、モンゴル人支配のほうが、「エジプトのような国々に欧米が押しつけた、イスラームその他の啓示宗教とは何の関係もない法律」よりましであるという。ファラジュに言わせれば、アメリカ大統領ジミー・カーターに促されたイスラエルとの平和協定（一九七八年の「キャンプ・デーヴィッド合意」）に調印したサダトは重大な罪を犯した。彼はこれによってムスリムと呼ばれる権利を失った。彼は「不信仰者《カーフィル》」であり、すべてのムスリムは今、彼を殺す義務があるという。

「おろそかにされた義務」は、萌芽期にあったジハード唱道運動を初めて詳しく説明したものである。その中心的思想は、第一次大戦以後、近代世俗国家トルコの創立者ムスタファ・ケマル・アタチュルクによって廃止されたカリフ位を再確立することだった。大勢のムスリムにとって、カリフ位の廃絶は、一四〇〇年前に預言者ムハンマドが設立した世界規模の信者集団であるムスリム共同体《ウンマ》を恒久的に崩壊させ、競合するばらばらの国民国家にしてしまっていた。ジハード唱道者のなかでもっとも影響力の大きなサイイド・クトゥブの主張によれば、カリフ位の消滅によって、ムスリム共同体は必然的にイスラーム勃興以前に存在した無知と邪神崇拝の「無明時代《ジャーヒリーヤ》」の状態に逆戻りしてしまったという。

「現代の生活様式の源泉と基盤を見ると、世界中が『無明時代』に浸されていることがよくわかる[20]」とクトゥブは有名な声明書『道標』に書いている。『無明時代』はこの世における神の統治権に反抗したことから始まった。それは、人間に神の属性のもっとも偉大なものの一つである統治権を移譲し、それが一部の者を他の者に対する支配者にする……［それは］万能の神の命令を無視して、価値観を創出する権利、集団的行為の規定を定める権利、その人なりの生き方を選ぶ権利を主張する」。言葉を換えれば、ジハード唱道運動に従事する多くの人たちと同様、クトゥブにとって、カリフ位の消滅はムスリム共同体《ウンマ》の消滅の警鐘でもあったわけだ。だが、ファラジュは、カリフ位は「イスラーム国家の支持なしに」建設されることはありえないと断固として主張した。当時のジハード唱道運動はまだ、地球規模の改変ではなく、地域政権の打倒を眼目とするイスラーム主義運動の様相が濃かった。「近くの敵と戦うことが、遠くの敵と戦うよりも重要である[21]」とファラジュは書いている。

　ファラジュのサダト殺害の正当化に対するアズハル大学の高名な学者たちの反応が、迅速だが素っ気ないものだったのも驚くに当たらない。「おろそかにされた義務」も同様に、エジプト最高の宗教的権威者である大法官ジャッド・アル・ハックに論駁された。彼はファラジュの論旨にいちいち反論して、それをこの国最大の新聞『アル・アフラム』紙に載せ、みんなが読めるようにした。アル・ハックはこれを法的見解《ファトワー》の形で書き（ファラジュに対して自分が法的権威者であることを強調するために）、ジハード唱道者たちを「ハワーリジュ派」と決めつけ、エジプトの政治的、宗教的支配者は不信仰者であるから、この国はイスラーム国であるはずがないというファラジュの主張をやり玉に挙げた。「礼拝行事は実行されているし、モスクはいたるところで公開されている。宗教税は支払われているし、人々はマッカに巡礼に行く。イスラームの規定は広く普及している」[22]とアル・ハックは主張した。いくつか問題はあるであろう。たとえば、高利貸しのような慣習に対し、政府はイスラーム法で十分にそれを阻止してこなかった。だが、「それがこの国、この国民、統治者、統治される者たちを不信仰者にしているわけではない」とアル・ハックは言う。

もちろん、この大法官には「おろそかにされた義務」の言おうとしていることがまったくわかっていなかった。ファラジュはエジプトが法的にも慣行上も、もっとイスラーム的になりうる方法を勧めているわけでもなければ、たとえだれであろうと彼がその価値を認めていない宗教的権威者と神学的な議論をすることにも関心を持っていなかった。彼やジハード唱道者仲間にもっとふさわしいと思われる別の統治基準を提案しているわけでもなかった。そのようなことは「おろそかにされた義務」には一切書かれていない。ファラジュの見解の有効性をめぐるアズハル大学の学者たちの議論に欠けていたのは、ファラジュもその他の暗殺者たちもだれ一人として、サダトの死後、何をなすべきかについて、何の準備もしていなかったという点である。そのような考えはだれの心にも思い浮かばなかったように見える。ファラジュの翻訳者のヨハネス・ジャンセンによれば、そのような人間の側での準備は不必要だったように見えた。なぜなら、ジハード唱道者たちは、「ムスリムが率先してジハードを行なえという神の命令に従い、不信仰者たちに戦火を開けば、あとは神ご自身がすべて面倒を見てくれるであろう[23]」と想定していたからである。ファラジュがカリフ位再興への第一歩としてのイスラーム国の樹立計画について質問されたとき、「イスラーム国の樹立は神の命令の実行です。われわれはその結果についての責任はない……不信仰者の支配が打倒されれば、すべてがムスリムの手に委ねられるでありましょう」と答えている。「ファラオの軍隊」と呼ばれていたエジプト軍を相手に、歴史の境界を越えた闘い、すなわち仮想戦争《コズミック・ウォー》を行なうとき、人間の側の準備など何の役に立つであろう?

ファラジュは、サダト暗殺の廉《かど》で、イスランブリや他の二人のエジプト・イスラーム・ジハード団のメンバーとともに処刑された。残りのジハード唱道者たちはエジプト警察によって残らず摘発され、投獄されてそれぞれの刑期を勤めたあと、釈放された。逮捕者のなかには、エジプトの裕福な郊外住宅地マアディー出身で、アイマン・ザワヒリという名の読書家でメガネをかけた外科医もいた。

代々、学者や医者を出している裕福な名家に生まれたザワヒリは、青年時代にエジプトのムスリム同胞団に参加していたが、イスランブリやファラジュと同様、社会参加を重視するようになって、暴力を捨てる決意をし、グループから脱退していた。彼が心酔していたサイイド・クトゥブが処刑されたあと、ザワヒリは少数の大学時代の友人を集めて小さな地下組織をつくり、ナセル体制を打倒して、それに代わるイスラーム国家を樹立しようとした。この企てはアマチュア的な作戦だったが、ナセルが死に、アンワール・サダトに代わると、ザワヒリは自分の組織とほかのいくつかの組織をいっしょにして、エジプト・イスラーム・ジハード団〔ＥＩＪ〕を立ち上げた。

ザワヒリは後年、ＥＩＪ創立の組織者の一人であることを自慢するようになるが、サダトの暗殺事件については、犯行の朝までまるで知らなかったと主張した。彼はエジプト警察に対し、イスランブリの計画を耳にしたとき、「びっくりして震え上がり」[24]、自分は関わりたくなかったと告白した。それにもかかわらず、彼は投獄され、すさまじい拷問を受けて、自分の味方や仲間のＥＩＪメンバーについてエジプト当局に白状した。彼がサダトの暗殺計画には直接関与していなかったことは証明されたので、わずか五年の刑期のあと釈放され、ただちにエジプトを脱出してパキスタンとアフガニスタンの国境の町ペシャワールに向かい、そこの「赤新月」（イスラーム圏の赤十字に当たる）に職を得て、対ソヴィエト戦のアラブ兵負傷者の手当を引き受けた（ソヴィエトは一九七九年にアフガニスタンに侵攻していた）。

一九八〇年代のアフガニスタンは、それより二〇年前のサウディアラビアがサラフィー主義者とムスリム同胞団の安全な避難所であったのと同様、母国での迫害を逃れてきたジハード唱道者たちの避難場所になっていた。ジハード唱道者から見たアフガニスタン戦争は、いずれ故郷に帰ってナショナリズム闘争をする際に必要な、実戦やゲリラ戦術を学ぶための格好な演習場だった。チュニジア、エジプト、トルコ、アルジェリア、トルクメニスタンなどから十指に余るジハード唱道者グループがこの地域一帯に基地を設立していた。これらのグループのほとんどすべてが、まだ「近くの敵」に的を絞っていて、地球規模の活動に関心を移してはいなかった。彼らはソヴィエト侵攻に対しては一つにまとまっていたかも知れないが、ほかに共通項はほとんどなかった。基地にはそれぞれリーダーがおり、個々のリーダーはより大きなジハード唱道運動のなかの異なった傾向、学派、教義、イデオロギーの代表者だった。ウズベキスタンの「ムジャヒディーン」、モロッコやリビアの「イスラーム武装集団」、ファドゥル博士の「タクフィール・ワ・ヒジュラ」、ザワヒリの「エジプト・イスラーム・ジハード団」〔サダトの後継者で新たなファラオであるホスニ・ムバラクの打倒をはかるために彼が率先して再編成した〕、エジプトの別なジハード唱道者グループ「エジプト・イスラーム集団」、「グラバ」〔シリアのジハード唱道者アブームサブ・アル・スーリが率いる基地〕、カリスマ性のあるパレスチナ人活動家アブドゥッラー・ユースフ・アッザムとその保護者で主たる資金援助者でもある、はにかみ屋でほっそりしたウサーマ・ビン・ラーディンの率いる「マクタブ・アル・ハダマト・アル・ムジャヒディーン・アルアラブ」〔アラブ人ムジャヒディーン支援所、略してMAK〕などがあった。

ビン・ラーディンは、一九七三年にヨルダンからサウディアラビアへ逃亡した元ムスリム同胞団の活動家アッザムと、名門のキング・アブドゥルアジズ大学工学部の学生だった頃に会っている。アッザムはこの大学にイスラーム法学の教授として雇われていたが、彼が心血を注いでいたのは、サウディ政府の資金提供でつくられ、ムスリム世界全体から集めた戦士たちをソヴィエト軍と戦わせるためにアフガニスタンに送ることを目的とした国際組織MAKの運営であった。芽生えたばかりのジハード唱道運動を広めるためにだれよりも貢献したのが、このアッザムだった。一九八四年に出版されて、多くの人に読まれた季刊誌『アル・ジハード』は、ムスリム世界の隅々にまで、地球規模のジハードのイデオロギーを広めた。ジハード唱道者のレンズを通してみた世界の出来事（とりわけアフガニスタン戦争）のスナップ写真を掲載することによって、アッザムはほとんど自分一人の手で、地方のジハード唱道者グループの意識を地球規模の関心事へと高めていった。「ジハードは東から西まで地球上のいたるところにおける義務である」[25]とアッザムは自著『ムスリム領土の防衛』〔*Defense of the Muslim Lands*〕に書いている。

アブドゥッラー・アッザムは、ビン・ラーディンの心を強く持続的に捉えた。サウディアラビアの首都リヤドで、王族とも親交のある途方もなく裕福な一族（彼の父ムハンマド・ビン・ラーディンは建設会社の社主で、王国内の〝非王族〟としてはもっとも金持ちの一人）に生まれたビン・ラーディンは、同じサウディ人の多くがそうであったように、アラビア半島以遠の世界についてはほとんど何も知らなかった。アッザムは外国の抑圧から自由と独立を得ようとするアフガニスタン、パレスチナ、チェチェン、カシミールなどに住むムスリムの闘争を地球規模の広い視野で考察することをビン・ラーディンに教えて、彼の世界観を広げた。パレスチナ人の革命意欲に強い刺激を受けたビン・ラーディンは、アッザムに会ってから三年後の一九七九年、勉学をきっぱりやめ、大学を退学して、アッザムといっしょにペシャワールに移り、そこで恩師の彼を助けて、アッザムに説得されてソヴィエトに対するジハードに参加するためにこの地へ続々とやってくるようになったボランティア戦士たちの宿泊所を次々とつくった。

ウサーマ・ビン・ラーディンがいつ、どんな状況の下で、初めてアイマン・ザワヒリに会ったのかはわからない。パキスタンやアフガニスタンには競い合ってこの裕福なサウディ人の注目を引こうとする基地リーダーがたくさんいた。はっきりしているのは、アフガニスタン国境の難民キャンプへの一時滞在が、彼をいっそう過激な行動へ駆り立てていたことであり、同僚のエジプト人、ファドゥル博士が率先して進めていた「不信仰者呼ばわり《タクフィール》」という教義を認めることに至らせたのである。「不信仰者呼ばわり《タクフィール》」のイデオロギーはジハード唱道者の基地を通して、ウイルスのようにゆっくりと広がってゆき、さまざまな組織を一つの集団的帰属意識《アイデンティティー》のもとにまとめ、全世界を信仰者の陣営（自分たち）と不信仰者の陣営（自分たち以外のすべての人たち）に分けることを可能にさせた。「不信仰者呼ばわり《タクフィール》」はジハード唱道者戦士たちを、彼らが故郷に残してきた人たちと区別する道具になった。アフガニスタンにおけるジハードを支持しない者は「不信仰者《カーフィル》」である。アラブ諸政権と協力する者は「不信仰者《カーフィル》」である。その宗教機関から宗教的アドバイスをえている者は「不信仰者《カーフィル》」である、という風に。

ザワヒリとアッザムをやがて仲違いさせるにいたったのは、この「不信仰者呼ばわり《タクフィール》」の教義と、ザワヒリがこの教義に関してますます非妥協的になったことが原因だった。アッザムは、いくら異端的だと言われても同じムスリムを攻撃することにいかなる意義があるのか確信がもてなかった。何と言っても、彼はアフガニスタンでの自分の事業のためにサウディ国家から多額の金をもらっていたから、王族を敵に回すことには乗り気になれなかったのだ。アッザムとザワヒリのあいだにビン・ラーディンの忠誠、さらに重要なのは彼の金をめぐって険悪なライバル意識がわき起こった。ザワヒリはエジプトで革命を起こすために訓練している自分のエジプト人ジハード唱道者軍団を維持するためにビン・ラーディンの財政支援を強く求めていたし、アッザムは、アフガニスタンにおける民族的出自も異なるジハード唱道者の基地を一つにまとめ、パキスタン、カシミール、そしておそらくアッザムの故郷であるパレスチナにもジハードを広めるような地球規模の闘争部隊をつくり上げるために、ビン・ラーディンの助力を必要としていた。

最後のソヴィエト軍が敗北してアフガニスタンから撤退してからわずか数か月後の一九八九年一一月、アブドゥッラー・アッザムは暗殺された。ビン・ラーディンの注目を自分のほうに向けようとしていたことは確かだったザワヒリに疑いがかけられたが、今日にいたるまで、だれの手によるものだったのかわかっていない。だが、アッザムの死後でさえ、エジプトという「近い敵」に焦点を合わせていたザワヒリと、「遠い敵」に焦点を当てた一つの旗印のもとに、アフガニスタンにあるすべての基地を一つにまとめることによって、ジハード唱道者のあいだの内輪の分裂に歯止めをかけよと主張するビン・ラーディンのあいだの深い亀裂は残ったままだった。ザワヒリの伝記作者ムスタンシル・アル・ザイヤートによれば、ビン・ラーディンは、「ザワヒリにエジプトでの武装作戦は［徹底的に］中止し、共通の敵であるアメリカとイスラエルに対し、彼と同盟を組むようにアドバイスした(26)」という。

最初、ザワヒリを含むアフガニスタンにいるジハード唱道者で、ビン・ラーディンの地球規模の活動戦略に同意する者はほとんどいなかった。だが、一九九〇年にイラクがクウェートに侵攻し、サウディ政府がイラク軍撃退のために王国内にアメリカ軍の駐留を決定すると、アラブ・ムスリム世界のリーダーたちは超大国の操り人形にすぎず、背後で糸を引くアメリカに自分たちのエネルギーを集中するべきだというビン・ラーディンの言い分はゆるぎないものになった。いずれにせよ、資金はこのサウディ人が握っているのであるから、ザワヒリとその仲間のジハード唱道者たちはビン・ラーディン（今ではおおざっぱにひとまとめにして「アル・カーイダ」と呼ばれている）に合流するしか選択の余地はほとんどなかった。ザワヒリの過激なサラフィー主義とビン・ラーディンのサウディ型ワッハーブ主義が混ぜ合わされ、「近い敵」の代わりに「遠い敵」に焦点を当てた新たなジハード唱道運動の「地球規模版《グローバル・バージョン》」が形成されて、一九九八年、この二人と、一握りのほかのジハード唱道者リーダーたちが加わり、「世界イスラーム戦線」の創設が公式宣言された。この組織は、その後の行動予定を明確にするために、「アメリカ人およびその同盟者——民間人も軍人も——殺すことはすべてのムスリムに課せられた個人義務《ファルド・アイン》である[27]（傍点は筆者）」という公式の法的見解《ファトワー》を発行した。

ジハード唱道運動は地球規模に広がってしまったように見えた。その後の出来事は、すでに歴史になっている。

世界イスラーム戦線の創立以来、九・一一の攻撃の余波としての「対テロ戦争」、その後のアフガニスタンとイラクでの戦争を通して、アメリカ人は「なぜ彼らはわれわれを憎むのか?」という同じ質問をくり返し発している。アメリカには、この質問に答えることで生活している個人、会社、組織が山ほどある。

九・一一の攻撃を促すような数々の悲憤はあったかも知れないが、あの背後にある戦略的「意図」は非常にはっきりしているという。アブー・ムサブ・アル・スーリの言葉を借りれば、「われわれとわれわれの現実の敵「欧米」を対峙させることによって……薬を飲まされ、眠らされて、対決の場に姿を見せなかったイスラーム国家を目覚めさせることである[28]」。アル・スーリの主張はテロリズムについての基本的な真理を浮き彫りにしている。それらは、特定の目的を追求する行為ではなくて、周到に選んだ観衆に向けて威力を誇示する一種の象徴的な行為である。テロ行為の背後にどのような政治的、経済的、軍事的実践義務があろうと、それはしばしば二次的なもので、ときにはまったく無関係ですらある。テロリズムのもっと本質的な目的は、きわめて単純、「恐怖を起こさせる」ことだ（「テロリズム」という言葉はラテン語の"terrere"

からきたもので、「人を震え上がらせる」という意味である)。テロリストがもつもっとも有効な武器は、銃や爆弾ではなく、テレビ・カメラである理由はそこにある。公的な場での念入りに演出された見世物としての暴力とさえ言えるテロリズムは、観衆の目を引かずにはおかない。(29)そうでなければテロリズムではないのである。

実際、九・一一にアメリカを攻撃したジハード唱道者たちは何の目的も達成していない。おそらく何も意図していなかったであろう。アメリカの経済支配と地球規模の軍事支配の難攻不落の象徴を、わずか数本のカッターナイフと神を後ろ盾にした意志によって崩壊させることが意味するもの——それ自体が目的だったのだ。彼らの抱負は、ただ単に殺したり、傷害を与えたりすることではなく、「世界に彼らの——彼らだけの——もっているこのような形の力がどれほど恐るべきものかを示すことだった(30)」。古代パレスチナの熱心党員《ゼロット》や今日のイスラエルの過激な宗教的シオニスト、十字架の紋章をつけたキリスト教徒十字軍の騎士やアメリカ軍の従軍牧師たちと同様、こうしたジハード唱道者たちは仮想レベルの儀式めいたドラマに参加しているのである。彼らは決して談合に応じない。なぜなら彼らは、少なくともこの世で彼らに提供できるようなものは何も欲していないからである。事実、ムスリム世界において人の心に訴えかける際立った力を彼らに与えているのは、いかなる種類の現世的な勝利の獲得にも彼らがまったく関心を抱いていない点にある。宗教学者ブルース・ローレンスが書いているように、「アラブ世界における非宗教的な運動ではとても太刀打ちできないような、情熱と道義心に裏打ちされた確信をもって、「自分たちと同じ」信奉者を啓発できるすぐれた純粋性と熱意という宗教的信条がそこにはある(31)」。

こうしたムスリムの仮想戦士たちは、ビン・ラーディンの言う「信仰者と不信仰者という二つの別々な陣営(32)」、つまり、「アルワラ・ワ・アルバラ」に世界を二分することによって、軍部も民間のターゲットも、ムスリムも非ムスリムも、同様に攻撃することを正当化している。彼らは「不信仰者呼ばわり《タクフィール》」の教義を楯にして、女性や子供、高齢者や病人の殺害を正当化する。彼らの大半はターリバーンの残存者たちとともにパキスタンとアフガニスタンの国境にある北西辺境州の部族地帯にひそんでいるが、ターリバーンとちがって、彼らにはナショナリスト的な野心はない。彼らのジハードは、占領軍に対する防衛闘争ではなく、すべてのこの世における野心を超越した永遠の仮想戦争《コズミック・ウォー》なのである。ザワヒリが主張しているように、「神の道におけるジハードは、個人や組織を超えた大きなものである。それは、万能の神が地を継ぎ、そこに住まわれるまでの真と偽のあいだの闘争である。「ターリバーン司令官」ムハンマド・オマル師とウサーマ・ビン・ラーディン――神よ、すべての悪から彼らを守りたまえ――は、真と偽の闘争が時を超越して行なわれているあいだ、ジハードの旅の途上にある二人の兵士にすぎない(33)」。

アル・カーイダの仮想戦士たちを捜し出して殺すことにかなりの程度まで成功したのは、アメリカ軍の手柄だった。事実、国際的犯罪陰謀団としてのアル・カーイダは、まさに存亡の危機に直面している。その基地は破壊され、兵士たちはほとんど全員殺害された。アル・カーイダは、地球上のあちこちで行なわれているジハード唱道者の攻撃のいくつかをあるレベルまで作戦的にコントロールし、ぞっとするような暴力行為をまだ実行できることを証明する一方、もはや九・一一以前に謳歌していたような人的資源はもっていない。その後の業績はよくても荒唐無稽なものに終わっている。彼らの手に陥落した国は一つもない。かつてアル・カーイダと連盟を組んでいたイラクのスンナ派の暴徒たちは、アル・カーイダがイスラームの戦争法を完全に無視していることを理由に、この組織に背を向けた。このグループの指揮のもとに地球規模のカリフ位を再興する可能性にいたっては笑止千万で、とてもまともに受け取るわけにはいかない。「近い敵」から「遠い敵」へと焦点を移したときに意図していた地球規模のムスリムの蜂起は少しも促進されていない。それどころか、ムスリム世界全土で次々と行なわれている世論調査は、あらゆる階級、年齢、社会セクターにおける大多数の人たちがアル・カーイダの行為を非難していることを示している。最近人気のあるジハード唱道者のウェブサイトにはこんな投書が載った。「失礼ですがザワヒリさん、あなた様の祝福を受けてバグダードやモロッコ、アルジェリアで無辜の民を殺しているのはだれですか？[34]」

実際、アル・カーイダによる無辜の市民の理不尽な殺戮や、「不信仰者呼ばわり《タクフィール》」の恣意的に利用、自分たちのグループに同意しない者は死に値するという非難などによって、同じジハード唱道者たちでさえ、彼らに背を向けるようになっている。二〇〇八年、エジプトの「タクフィール・ワ・ヒジュラ」の元代表で、アフガニスタンのジハード唱道運動陣営に「不信仰者呼ばわり《タクフィール》」の教義を広めたファドゥル博士は、アル・カーイダとそのリーダーたちを非難する本を出版した。「ザワヒリとビン・ラーディンは極端に非道義的［である］」と彼はサウディの日刊紙『アル・ハヤート』の記者に語っている。「彼らに背を向ける若者、彼らに惹きつけられている若者、彼らを知らない若者に警告するために私はこれを書いた」(35)（ファドゥル博士の非難はアル・カーイダの評判を著しく傷つけたので、アイマン・ザワヒリは自分の恩師に対する二〇〇頁におよぶ反論を刊行せざるを得なくなった）。

だが、アメリカとその同盟国がアル・カーイダの作戦とその細胞分子の破壊にいくら軍事的成功を収めても、この社会運動——ジハード唱道運動——にまともに対処しなかったことが汚点を残した。その一つであるアル・カーイダは、もっとも戦闘的な示威行為をしているにすぎない。事実上のアル・カーイダは常に、一つの思想体系、アブドゥッラー・アッザムの言葉を借りれば、一種の「活動規範」の統一体に満たない存在であった。(36)「アル・カーイダは組織ではない。それは一つの集団ではなく、集団になることを願ってもいない。それは神の思し召し、よりどころ、根本概念のようなものである」(37)とアル・カーイダのイデオロギー唱道者であるアブー・ムサブ・アル・スーリは書いている。アル・カーイダという言葉は、英語ではほとんど例外なく「基地」——何かしら確固とした、征服可能なもの、防衛もしくは攻撃が可能であるように見える——という意味に使われているが、「アル・カーイダ」という言葉はまた、「決まり」あるいは「原則」の意味もあり、アラビア語話者はイスラームの基本的な教えや信条を指す言葉として使うことのほうが多い。そうした観点から見れば、この言葉が一つの宗教の基本的教義に対するピューリタン的なこだわりを表わしている限り、アル・カーイダをイスラーム原理主義の一形態とみなすこともできなくはない。だが、アル・カーイダを世界規模のイスラーム過激派の活動拠点と考えるのは不適切で、危険でさえある。事実、国境を越えた社会運動としてのジハード唱道運動には活動拠点のようなものはない。

　アル・カーイダにとって、イラクとアフガニスタンにおける戦争は、ビン・ラーディンが「十字軍・シオニスト連合がイスラーム国家に対して始めた第三次世界戦争」と呼んでいる闘いの主要戦線だった。だが、こうした戦争は、おそらくパレスチナ占領と同様、ジハード唱道者たちに格好な人集めの口実を提供する一方、地球規模《グローバル》のジハード唱道運動《・ジハーディズム》を一つの社会運動と認識するこれらの若いムスリムにとっては、自分たちの帰属意識《アイデンティティー》が領土的な境界に限定されることがないために、「対テロ戦争」の主要戦線はないのである。むしろ、言語、民族、文化ではなく、欧米の手による抑圧や不正にまつわる共通の物語から生まれる一連の悲憤——地域的あるいは地球規模の、現実的あるいは想像上の悲憤——によって連結される国家を超えた帰属意識《アイデンティティー》ならある。彼らは若くて大部分が中流の、政治的に活発で社会意識の強いムスリムである。彼らはアル・カーイダのような活動家グループを彼らの悲憤を声に出してくれるムスリム世界唯一の勢力と考えているかも知れないが、それにもかかわらず、実際に武器を取ってジハードに参加することはありえない（だが、後述するように、刺激や悲憤が適度に混ざり合ったものが与えられれば、彼らは口車に乗って行動に出ることもある）。

アル・カーイダのような戦闘的なグループによるテロリズムの脅威は決して完全に消滅しないであろう。ほかの国際的な犯罪陰謀団の場合と同様、ジハード唱道者の攻撃性を抑止するには、地球上の国民国家の軍事力、諜報、外交などの諸機関のあいだの数年から、もしかすると数十年にわたる協力が必要かも知れない。だが、ウサーマ・ビン・ラーディンとアイマン・ザワヒリが十年前に奨励した社会運動に適切に対処するには軍事力以上のものが必要であろう。地球規模のジハード唱道運動を、とりわけ若いムスリムの心にこれほど訴える現象にしている社会的、政治的、経済的な力学に対するいっそう深い理解が必要とされるであろう。「対テロ戦争」という言葉が、どんな意味合で使われようと、その闘いはバグダードの街路やアフガニスタンの山中ではなく、パリ郊外や東ロンドンのスラム街、ベルリンやニューヨークなどのコスモポリタン都市で行なわれるイデオロギー闘争になるかも知れない。それは、銃で武装した男たちではなく、コンピューターを駆使する若者たちとの闘い、銃弾や爆弾ではなく、言葉や発想によって勝つしかない闘争になるであろう。

第III部

われわれの知っているような戦争の終焉

第6章　ジェネレーションE——英国の移民の町　ビーストン

ヨーロッパ中で英国のヒースローほど異様な興奮がうずまいている空港はない。五つの大きなターミナルが数キロに及ぶ西ロンドンの低地緑地帯に沿って広がっており、世界中のどの空港よりもたくさんの国際線が乗り入れている。航空機による旅行網すべてを繋ぐ要《かなめ》があるとしたら、それは間違いなくヒースローだろう。実際、ヒースローは空港というよりもコスモポリタン村のようだ。エキゾチックな顔や耳慣れない言語の飛び交う古代都市バベルのようでもあり、大声を上げて世界の端から端へと押しわけて進む騒々しい人の群れでごった返している。

ヒースローに着いたのは夜が明け初める頃だった。私の心のなかの霧は、着陸した滑走路の舗装面に広がっている霧と同じようにじっとりと濃かった。飛行機を降りたとたんに私を横に引っ張り込む入国審査官もいなかったので、気楽にほかの乗客といっしょに構内バスに乗り、坂道や曲がり角をいくつも通ってターミナル3に向かい——ところどころで別のターミナルに分かれて行く人もいたが——やがて全員がようやく入国審査所に降ろされた。

グローバル化が進めば進むほど国境の侵食が進み、国境の警備が仰々しくなるのに気がつかないわけにはいかない。迷路のようにもつれ合った行列、いかめしい顔の係官、探知犬、乗客を家畜のように分離したり、集めたりする色分けした表示や衝立など。それらはもちろん、みな治安維持のためだ。だが、それはまた、管理——というよりは管理しているという錯覚のためでもある。国境がますます意味をなさなくなりつつある世界で、急速に姿を消しつつある領土的境界の端であるここでは、国家がまだ、入国者の身元についてではなく、少なくともだれ

を入国させ、だれを入国させないかについての管理手段を維持していることを知って、いくらか安堵する。(1)

だが、ヒースローと他の空港には違いが一つある。目を凝らして見てみると、旅行者のとるべき道がはっきり二つに分かれている。その一つは私のような訪問客で、「英連邦訪問客」としてその身元確認をした上、登録されるために、くねくねした金属製の迷路のような通路に長い列をつくって辛抱強く待たなければならない。鮮やかな青い四角の地に金色の星の輪をあしらったEUの標識のあるもう一つの通路は、当然のことながら英国国民のためだけではなく、「ヨーロッパ連合国民」用である。このルートを通る人は――フランス人、ドイツ人、オランダ人、ラトヴィア人、スウェーデン人、ルーマニア人、マルタ島人、その他の二七か国の国籍者のいずれであろうと――ブースに押し込まれている眠たそうな入国審査官に専用のパスポートをひらひらさせれば、列が滞ることはめったにない。こうした国民国家の市民にとって、ヨーロッパの一つの国を通過して別の国へ行くのは、隣町に散歩に行くのとあまり変わらない。

ヨーロッパ市民のあいだの移動の自由は目新しい現象ではない。ヨーロッパ人は何百年ものあいだ他国へ気軽に出て行き、相手の国の言葉をしゃべり、相手国の料理を食べ、おたがいの文化を共有してきた。だが、ヨーロッパ連合〔EU〕の創設は、わずか六〇年前にはヨーロッパ大陸を荒廃の瀬戸際まで追い込んだこうしたいくつもの主権国家の一団を、ウィンストン・チャーチルがそう呼びたがっていた「ヨーロッパ連合国」へと変貌させた。

ヨーロッパ連合は、ローマ帝国の終焉以来、目にすることのなかったような、前例のない地政学的再編成である。地理的に近い以外に何の本質的な理由もなしに統合された独立国家群が、一つの憲法、共通の法廷、単一通貨、共通市場のもとにまとまることに合意するとは、何とすばらしいことだろう。二三の言語をもつ五億人のメンバーから成る二七の主権国家（まだ増えそうだが）が、一つの議会、一つのパスポート、一つの出生証明書、一つの公民権、一つのコミュニティーになって、国境のない大陸を形成するとは。

グローバル化を熱烈に願う人たちにとって、ヨーロッパ連合は、相互に依存する未来国家への輝かしい第一歩のように見えたであろう。ＥＵの創設は、前世紀に支配的だった排他的政策を拒否し、特異な地球規模の文明を喜んで迎える合図である。作家のＴ・Ｒ・レイドが「ジェネレーションＥ」と呼び、「自分たちはスペイン人とかチェコ人ではなく、たまたまトレドやプラハに住むヨーロッパ人だと思っている(2)」「国境なきヨーロッパ新世代」の目には、ＥＵは、国民国家が共通の利益を推進するために友好と協力の旗印のもとに集うなら、地球規模の平和と繁栄が可能になりそうな理想の極地としての役割を果たしている。

グローバル化の批判者にとって、ヨーロッパ連合は、野放図な資本主義、文化の希薄化、その挙げ句の国民的帰属意識《アイデンティティー》の喪失といった悪夢である。過去一〇年以上にわたって、メンバー国を連邦制度のもとに結束を強化する（そしてさらに多くのメンバーを参加させる）ためのたくさんの協定や国民投票が次々と行なわれるにつれて、外国人嫌いと国粋主義がヨーロッパ中に広まった。たとえば、フランス国民戦線、英国国民党、オーストリア自由党のような、臆面もなく人種主義を標榜する極右政党、あるいはフランスのジャン＝マリー・ルペン、オランダのゲルト・ヴィルダース、オーストリアの故イェルク・ハイダーなどのネオ・ファシスト政治家たちからのたくさんのアピールなどがこれに当たる。

これらのアピールは、国家の統治権の抑制、新たな権力構造、なじみの薄い官僚機構、それに何よりも外国からのエキゾチックな顔の人々が突然、かつては自分たちだけのものだった同質的な文化的背景の一部に入り込んできたことなどから生じた、多くのヨーロッパ人のなかにあるグローバル化とその成り行きに対する怖れの広がりをうまく利用したものだ。こうしたことすべてが、ヨーロッパ的懐疑主義をヨーロッパ全域に広がる共通現象にし、それが「ジェネレーションE」のあいだにまで広がっている。二〇〇五年、ヨーロッパ連合創設国家の二国フランスとオランダが、EU憲法草案を大差で否決した。同じ年、フランスの移民居住区のあるクリシー・スー・ボワ、その他のいくつかのパリ郊外の町が流血を伴う暴動に巻き込まれたのは偶然ではない。それより一年前、モロッコからの移民ムハンマド・ブイェリが、問題の多い映画制作者でプロの扇動家でもあるテオ・ヴァン・ゴッホを、人口の半分近くが外国出身者の町アムステルダムの街頭で惨殺した。この二つの事件につづいて、デンマークの日刊紙『ユランズ・ポステン』がムハンマドの風刺漫画を掲載したことに激しい抗議が起こった。この風刺漫画は、〝連帯〟を示すヨーロッパ中の新聞や雑誌にほぼ同時に転載された。そのことがさらに、ますます異質化が進み、いっそう境界のなくなったヨーロッパの国フランス、オランダ、デンマークなどで広く激しい論議を巻き起こした。こうしたことすべてが、グローバル化の高波の押し寄せるヨーロッパの岸辺を洗う野蛮な流民集団に対する、民族的、文化的統一——ナショナリズムの真髄——の防御者として自己表示したいウルトラ・ナショナリストたちに口実を与えた。

もちろん、今日のヨーロッパでいう野蛮な流民集団とは、そのほとんどがたまたまムスリムである。事実、過去五十年以上にわたってヨーロッパへムスリム移民が大量に押し寄せたために、ヨーロッパ人にとっての帰属意識の危機《アイデンティティー・クライシス》は、ほとんど全部、イスラーム教徒というレンズを通してのみ経験するような状況を生んでいる。ムスリムは、ユダヤ人に代わるヨーロッパにおける新たな〝陰極〟になってきたように思われる。

確かにイスラーム教徒はずっと、ヨーロッパ人にはまったく無視できない〝他者〟として目障りな存在であった。今日、私たちがヨーロッパとして認識している領土的境界線は、十字軍の遠征にともなって移動する戦線からトルコ人に対するハプスブルク帝国の防衛戦にいたるまで、そのほとんどがこの大陸とイスラーム教徒との遭遇を通して形成されたものである。だが、ヨーロッパの脱領域化が進むにつれて、その均衡は崩れてきた。ヨーロッパとイスラーム教徒のあいだの不穏な関係と、グローバル化の影響をもろに受けたことによって生じた国家の統治権と国民の帰属意識《アイデンティティー》というもっと大きな問題とを別扱いできなくなったのである。その結果、たとえばフランスでは、学校のカフェテリアでムスリムの子供たちにイスラーム法に則って処理をした肉料理提供の拒否が、オリヴィエ・ロワの言葉を借りれば、フランスのナショナリストにとっての「領土回復運動《レコンキスタ》」問題とまで呼ばれるようになった。つまり、ナショナリストたちは純粋に政治的な帰属意識《アイデンティティー》から、「特定の宗教もしくは文化的帰属意識《アイデンティティー》は個人的領域にとどめておくべきであると主張して、国民の団結を」うながす手段にしているのだという。[3] ドイツでは、政治色の濃い民間リーダーたちが、モスクは礼拝の場所ではなく「並行世界《パラレル・ワールド》のシンボル」[4]であるとして、新たなモスクの建設中止を主張している。オランダでは、一部の政治家が、「オランダ人の価値観」と矛盾すると言って、クルアーンの禁止法案を提出した。英国では、元首相トニー・ブレアがムスリムのヴェールは「隔離の象徴」であると非難し、ヴェールを着けた女性は「われわれの自由すべてを拒否する歩く広告塔である」と罵倒した。英国にいるムスリム女性のうち、わずか三%しかヴェールを着けていないにもかかわらずだ。[5] 大事なのは、ヴェールやモスク、ムスリム独特の決まりのある食べ物などはみな、突然復活したヨーロッパ人の手前勝手な国民的帰属意識《アイデンティティー》から見れば、イスラーム教徒が〝異質〟であることの紛れもない徴候、もっともわかりやすく、都合のよい撃退理由とされていることである。ヨーロッパのあちこちに山ほどある大きな民族的に孤立した地域、たとえば、ヒースローから三〇〇キロあまり北にあるヨークシャー州リーズ市南部にあるビーストンという町を訪ねてみていただきたい。間違いなくはっきりわかることが一つある。ヨーロッパにおけるイスラーム教徒への怖れは、グローバル化への怖れと手をつないでやってきていることだ。

ビーストンは、かつては繁栄する工場や製造所のある町だったが、今ではそのほとんどが閉鎖されており、工場の焼けただれた煙突の残骸がよじれたモスクの尖塔のように町なかに不気味な姿をさらしている。町は、住民のほとんどが白人労働者階級の牧歌的で、すてきなビクトリア朝の住宅と新しいショッピング・センターが並ぶビーストン・ビレッジと、その東側にある今ではビーストンのムスリム人口の大半が住んでいる荒廃した雰囲気のビーストン・ヒルの二地域に分かれている。

ビーストン・ヒルには、ほとんど一日中、たいていはパキスタン人一世や二世の失業中の十代の男の子たちがタバコを吸いながら横町をうろついている姿が見られる。住民の一人が苦笑いしながら語ったところによると、ビーストンに仕事はあるという。「コール・センターならいつも求人がある」のだ。だが、たいていの若者は二十代になるまでは家族経営の店で働き、タバコやスナックがやっと買える程度の賃金をもらうが、やがて二十代になっても、それではタバコとスナックしか手にできない現実に気づく。すると彼らは麻薬かイスラームに走る。

ビーストン・ヒルに住む家族たちは結束が固い。そうせざるをえないからだ。ここは人口密度の高い居住区で、一部の老朽化した赤煉瓦の長屋は馬蹄型に建てられており、真ん中に柵付きの雑草の庭がある。どこの家のバルコニーにも衛星放送用の丸いアンテナが突きだしている。

たいていはパキスタンの同じ村からきた二家族か、もしかすると三家族が一軒の家に同居している。前庭の物干しロープに掛けてある白いシーツは、その家のみんなの共有品だろう。室内履きにアラブ服《シャルワールカミース》で家から出たり入ったりしている年配の髭を生やした男性たちは、だれかのおじさんかもしれない。ここでは共同生活が当たり前なのである。

ビーストン・ヒルの生活水準が英国で最低であることは、英国政府自身が認めている。貧困、麻薬、暴力団など、忘れられ恵まれない地域につきもののすべてがそこにあった。むき出しの、人を人とも思わない、月並みな人種差別主義もまた、さらけ出されていた。

〝イスラーム教徒は英国から出て行け！〟

地元のパブの壁に殴り書きされたこの言葉に、私は脇腹にパンチを食らったような衝撃を感じた。この言葉が、右派の英国国民党（BNP）が一般大衆向けに配布し始めたチラシ広告のスローガンであることを友人から聞くまで、私はそれをどう理解するべきかわからなかった。英国国民党は何年にもわたって、英国の〝イスラーム化〟がじわじわ進んでいるとわめき立てていた。だが、九・一一以降、党の外国人排斥の政治綱領は、まず第一に、すべてのムスリムが経営するビジネス（英国国民党の刊行物の補足説明によれば、中国人あるいはインド人経営ではなく、ムスリム経営のビジネス（われわれが圧力をかける必要のあるのはムスリム・コミュニティーであるから、ムスリム［が経営するもの］のみ）[6]のボイコットだけでなく、彼らを英連邦から出入国禁止にせよと呼びかけると、国民に受けがいいことがすぐにわかった（二〇〇六年の英国スカイ・ニュースの世論調査は、英国民の六〇%近くが、さらなる移民をすべて停止するべきだと信じていることを証明した)。一九九〇年には、ヨーロッパ議会から「あからさまにナチスに似た政党」と評されたこの政党は、今日、英国政界の合法的な勢力の一つで、二〇〇六年には地方議会の議席数を二〇議席から四六議席へと二倍以上に伸ばした。二〇〇八年には、その数は一〇〇議席にまで増えている[7]。

英国国民党の台頭は、英連合王国全体に反EU感情が盛り上がっていることの証しである。英国国民党はEUに対するあらゆる種類の懐疑論の受け皿になっている。この党は英国人のグローバル化に対する恐怖を明らかに追い風にしているのだ。同時に、英国国民党の最近の選挙における成功はまさに、この党が突然、「ムスリム問題」一つに焦点を絞ったことがもたらした成果である。

友人といっしょに霧雨のなかに立って、パブの壁に殴り書きされたこのような怒りを含んだきつい文句を眺めているうちに、英国国民党のプロパガンダを目にしたのはこれが初めてではないことに気づいた。ロンドンの地下鉄と路線バスをジハード唱道者《ジハーディスト》が攻撃した七・七爆破事件から五日後の二〇〇五年七月一二日、実行犯のうちの最年少者ハシブ・フサインによる自爆テロで破壊された三〇番バスのめちゃくちゃになって焼け落ちた残骸を描いた英国国民党のチラシが国中にばらまかれた。チラシの一番下には、「英国国民党に耳を傾けるべきときがきたのではないでしょうか」という、ぶっきらぼうだが的を突いたメッセージが添えられていた。

ハシブ・フサインは、同じ七・七爆破事件の実行犯モハメド・シッディク・カーン、およびシェザード・タンウィアと同様、ウェスト・ヨークシャー州に生まれ、ここビーストンの大きなムスリム・コミュニティーで育った（四人目の実行犯ジャーメイン・リンゼイは、ジャマイカからの最近の移民で、ムスリムへの改宗者である）。四人きょうだいの末っ子のハシブは、それほど信心深くはないが、絆は緊密な家族の出身である。父親と母親（両方とも英国市民権保持者）、兄と義姉はホルベック地区にある四ベッドルームの快適な家でいっしょに暮らしていた。家族の遠縁に当たる人たちの何人かも近くに住んでいた。

フサイン家はビーストンの平均から言えば貧しくはなかった。ハシブの父は工場で定職に就いていたし、兄はリーズ市の成功した行政官である。ハシブはとくに頭のいい子ではなかった。何かにのめり込むタイプでもなければ、理想に走る風でもなかった。ほとんどすべての点で目立たない子で、彼の友だちも家族も、英国当局でさえ、彼が突然、残忍行為の実行者に変身したことに当惑した理由はそこにある。

だが、追って明らかにするように、こうしたウェスト・ヨークシャー州生まれのごく普通の謙虚なパキスタン系英国人二世は、典型的なジハード唱道者だった。事実、ハシブ・フサイン青年がはにかみ屋のティーンエイジャーから三〇番バスの爆破実行犯にいたるまでにたどった人生は、社会運動としての地球規模のジハード提唱運動《グローバル・ジハーディズム》現象を理解するための完璧なひな型を示している。

最初に、社会運動と、その形成や発展に宗教が果たしがちな役割について少しばかり述べておこう。社会運動は、比較的微力な人たちが既成の社会秩序に挑戦するために集団的帰属意識《アイデンティティー》を旗印にして徒党を組むときに生まれる。そのような運動は、定義によれば、性格としてはユートピア的で、人々は情熱的、積極的に社会を想定しなおそうとする。これがぴったり当てはまるのは、地球規模のジハード唱道運動《グローバル・ジハーディズム》のような、しばしばグローバルな大変動を予想し、暴力を伴う革命を通して古い社会秩序を完全にひっくり返すことを目的とした、いわゆる変革を目指す社会運動である。

社会運動は、古代イスラエルの熱心党員《ゼロット》の行動が示しているように、決して現代特有の現象ではない。(8) また、福音派《エヴァンジェリカル》の運動が証明しているように、まったく非宗教的な運動であるとも言えない。それでも、それは、人間社会のありようを根本から想定し直す力を社会運動従事者に与える近代の到来を意味した。近代化とは、当然のことながら、定義がむずかしい言葉である。概念としては、社会が封建制から資本主義へと移行するにつれて、大々的な都市化と急速な工業化が進むことに伴う諸問題と結びつきがちだ。だが、近代の何よりの特徴は、人間の意識の突然の変化であろう。それは、人々がそれまで認めてきた社会の常態と価値観が、決して固定的なものでも絶対的なものでもなく、ましてや神の定めでもなく、人間のつくった柔軟性のあるものだということを悟ることによって起こった。言葉を換えれば、近代化とともに、社会とは単に人間が建設したものであり、個人がたがいに連帯を組んで働きかければ、急速に、抜本的に変更可能であるという認識が深まったのである。

　近代化は、個人が自分と社会とのおよその関係を理解する手段を変えたのと同じように、個人が自分自身を理解する手段も根底から変えてしまった。それまでは、人間の帰属認識《アイデンティティー》は、その人が属している社会によって定められていた。だが、社会とは人間のイマジネーションの産物にすぎないと考える傾向が強まるにつれて、社会が定める帰属意識《アイデンティティー》もまた、単なる人間の構築物であるとして退けられるようになった。結局、現在の社会秩序のありようには無数の選択肢があるとすれば、社会が当てはめる私たちの帰属意識《アイデンティティー》にも無数の選択肢があって当然である。そういうわけで、近代化が進むにつれて、社会から割り当てられた帰属意識《アイデンティティー》ではなく、意識的に自己を振り返って自覚した帰属意識《アイデンティティー》——「社会が決めた私」ではなく、「自分が決めた私」という新たな集団的帰属意識《アイデンティティー》が台頭してきた。つまり、近代化は、帰属意識《アイデンティティー》が授けられる世界、帰属意識《アイデンティティー》が意図的な行為を通して獲得されたり、失なったりする可能性のある社会——割り当てられた帰属意識《アイデンティティー》の世界から、自分で帰属意識《アイデンティティー》を決める世界への移行に一役買ってきたのである[9]。

　こうした意識の移り変わりの始まりは、通常、既成の社会秩序に対して初めて組織化された抵抗運動が目撃された時代である十九世紀初頭にまで遡ることができる。とりわけ「自由、平等、博愛」のかけ声とともに進められたフランス革命（一七八九—一七九九）[10]は、フランスだけでなく、ヨーロッパ全土で古くから認められてきた人間社会の正統信仰を永久に覆した。初めは自己防衛的なゆるやかな絆を形成していた個人グループが、工業化された世界のあちこちで起こる大々的な社会的変化に対処するために、次第に大きな組織をつくって攻勢に出るようになった。こうしたグループの参加者は、既存の社会秩序に挑戦するだけでなく、そのまさに基盤にも疑問を投げかけた。なぜ社会は今のようでなくてはならないのか？　なぜ別な形の社会であってはいけないのか？　思い切って変えてはどうか？

そのようなユートピア的理想が、少からぬ社会学者に不満のはけ口としての社会運動のことを忘れさせてしまっている。今日にいたるまで、社会運動の一部——たとえば、一九五〇年代、六〇年代の黒人の人種平等促進運動、女権拡張運動、あるいは今日の急進的な環境保護運動、グローバル化反対運動など——は、社会の自然な変化によって軛を解かれた諸個人に駆り立てられた、短命で組織されていない、社会的ストレスに対する極端な反応にすぎない、つまり、危機感に駆られた烏合の衆にすぎないと見られてきた。(11)

こうした受け止め方がもつ問題点は、それが社会運動の根底にある非常に現実的な悲憤を無視していることである。環境は実際に劣化しつつあるし、グローバル化は間違いなく地域経済を破壊している。黒人や女性、社会から除け者にされ希望を失っている人々は、権力者やエリートに傷つけられている。こうした社会運動の一部は、手間暇かかる社会参加や法改正を通してではなく、全面的な社会改革（あるいはジハード《ジハーディズム》唱道運動のような国家を超えた社会運動、地球規模《グローバル》の改革）を通してそうした悲憤に対処しようとしている。その行動が既存社会の基準から見ていかに破壊的であろうと、必ずしも不合理であるとか、常軌を逸していると決めつけるわけにはいかない。社会学者マイケル・シュウォーツが皮肉をこめて言っているように、社会運動の参加者たちは、その研究者たちと同じくらいまともだからだ(12)。

社会運動の受け止め方は一九六〇年代に変化した。人種、民族別団体、学生団体、環境保護団体その他など、組織化された集団的行動を通して、社会における幅広い文化的、社会的、政治的変動を生み出していこうとする人たちによる既成社会の価値観への合法的な挑戦とみなされるようになったのである。昨今は、社会運動は多かれ少なかれ、「権利を侵害された集団による、正常で、合理的な、組織的に根を張った政治的挑戦(13)」とみなすのが一般的になっている。だが、一部の社会学者のなかには、そのような運動の定義を、まったく同じような働きをしているが、自分たち自身を敢えて明確な宗教用語で定義する団体にまで広げることに、未だに大きなためらいをもっている人たちもいる。それはおそらく、学者たちが宗教を学問から離れた分野だと考えることに慣れていて、宗教が、二十世紀全般を通じて、社会学研究を支配してきた政教分離理論(14)によってあまりにもしばしば押しのけられてきたためであろう。だが、宗教と政治のあいだの境界線が、世界のいたるところでますます曖昧になっている今世紀に入って、私たちはもはや、個人的な帰属意識《アイデンティティー》から社会への挑戦を意図して集まった個人集団と宗教運動を本質的に異なるものだと見る余裕を失なっている。

実際、宗教には、社会運動の積極的実力行使にとりわけ役立つ道具となるいくつかの要素がある。宗教は、人間の深い自己意識――実存的自己――をうまく利用し、活動メンバーに運動を成功させるのに必要な、どこまでも個人的で、感情に訴える支柱を与えることができる。同時に宗教は、社会運動を立ち上げるのになくてはならないピラミッド型の組織、財源、意思疎通チャンネル、人材を提供する。アメリカの公民権運動が成功した大きな理由[15]は、黒人教会を説教壇から街頭へと情報をばらまく大事な場として利用できたことにある。

社会運動はその参加者に、参加によって何かを得られると確信できるような、〝極めつきの誘因[16]〟を提供しなければならない。宗教がからめば、信心深い人は通常、天国における約束のためなら現世的な報酬を喜んで犠牲にするから、そうした誘因を提供しやすい。忘れてはならないのは、本来なら社会運動の指導者たちが自らの運動を発展させるには長い歳月がかかるはずのところ、宗教的指導力の奥伝をもつと自称する人たちの場合[17]は、たとえ自分の属する宗教機関から公に認められていなくても（実際、宗教機関から認められていないとすればとくに）、無意識のうちに自分の権威と正統性を喧伝するようになりがちなことである。ラテン・アメリカの「解放の神学」運動を導いた左派の司祭たちのことを考えてみていただきたい。彼らの多くは、その行為によってヴァチカンから破門された（ヨハネ・パウロ二世は、彼らを教会の「内なる敵[18]」と呼んだ）。貧しく、疎外された人たちの軍団がこうした司祭たちに惹かれたのは、ベルトに差した銃ではなく、首の回りに着けている神父のカラーゆえのことだった。

あるいはビン・ラーディンの場合を考えてみよう。イスラーム学院で学んだこともない彼は、何の宗教的資格ももっておらず、イスラーム法や神学のごく基本的な知識しかもっていない。それにもかかわらず、伝統的にイスラーム宗教指導者階級に割り当てられている、たとえば独自の「法的見解《ファトワー》」をたびたび発行する権威をいつの間にか自分で勝手に獲得してしまった(イスラーム法によれば、「法的見解」は資格のある宗教界のメンバーしか発行できないことになっている)。ビン・ラーディンがムスリムのあいだで非常に人気があるのは、彼が意識的に宗教的権威を盗用しているからである。とりわけハシブ・フサインとその仲間である七・七爆破事件の実行犯のような若いヨーロッパ在住のムスリムは、自分たち自身はイスラーム法や神学には無知だが、自分たち自身の宗教的コミュニティーからの疎外感が、彼らをして別筋の精神的指導力のある人を切に求めさせている。ビン・ラーディンはそのスピーチや刊行物のなかで、このような若者たちに対し、彼らの要望に注意を向ける能力のない宗教指導者たちに耳を傾けるなと警告している。「私の見る限り、公認の学者による法的命令は何の重要性ももっていない」[19]と彼は宣言した。実際、ビン・ラーディンはそうした「偽善的イマーム」(彼のイスラーム解釈に同意しない宗教界のメンバーを指す)のリーダーシップに従うことは、「神以外のもの「そうしたイマーム」を崇拝するに等しい」[20]という驚くべき主張をしている。そのうえで、彼は大胆不敵にも、伝統的にイスラームの宗教指導者階級にのみ保持されている「正しいことを命じ、間違っていることを禁じる」義務を自分に任じた。これは賢く、巧妙なトリックである。若いムスリムに彼らの宗教指導者には従うのをやめようと決心させておいて、自分が彼らの宗教指導者の権威を引き受けるのだから。

すでに見てきたように、社会運動は、民族、文化、言語、国境を超えたメンバーのあいだの連帯感を創出するためにシンボルを利用せざるをえない。そうしたシンボルを効果的にするには、そのシンボルが運動のメンバーたちによく知られていて認識しやすく、受け入れやすいもので、しかもわくわくするような、関心をそそることのできる新しいものでなければならない。それは社会的価値観を反映するものでありながら、かつそれに挑戦するものである必要がある。人々によく知られていて、しかも無限に影響力の大きいシンボル――単語、成句、イメージなど、運動のメッセージに意味や重要性を賦与したい時には何度でも、革新的な解釈、再解釈が可能なシンボルをたくさんもつ宗教は、出来合いのシンボルの宝庫である。たとえば、熱情は個人の敬虔な行為、あるいは宗教にかこつけた反乱のシンボルになりうるし、キリストの十字架は、平和の象徴にも戦争の旗印にも用いられる。ジハードは罪と闘う内面的な闘争であると同時に、解放を求める外面的な闘争も意味する。伝統的な宗教権威者たちから盗用されたこうしたシンボルは、寺院、教会、モスクの古めかしい、時代遅れの、不可解で、政治とは無関係な態度と、社会運動に代表される新しい、斬新で、一般受けのする立場のあいだに明確な一線を引く手段として鋳直される。

最後に、そして最も重要なのは、暴力を容認し、それを許し、正当であると宣言して、秩序

VS.混沌、善VS.悪、という仮想の枠組に対置できる宗教の力は、社会運動の成功には欠かせないものであることだ。社会学者シドニー・タロウが書いているように、時には組織化された集団的暴力という行為を通じて、「支持者を結束させると同時に、敵の度肝を抜き、運動の勇敢さを誇示する」[21]ほど効果的な手段はない。

暴力は、宗教においては愛、慈善、あるいはその他の人間らしい条件と同じくらい欠くことのできない要素になりうる。きわめて抽象的な黙想にあこがれる宗教でもない限り、社会における他の「集団形成メカニズム」――民族、文化、政治、ナショナリズムなど――すなわち（宗教と同じように）内集団と外集団のあいだに境界をつくり、（宗教と同じように）それを行なうために常時暴力を適用するものすべてと闘うほかないからである。時代や文化を超えた宗教と暴力の共通部分は、宗教そのものの論理、あるいはその実体にはあまり関係がなく、むしろ宗教と暴力が集団的帰属意識《アイデンティティー》、つまりだれがわれわれの仲間で、だれが彼らの仲間かをもっとも単純に、もっとも効果的に見分ける手段としての永続性のある標識として機能しているという事実のほうに関係がある。

宗教はもちろん、アメリカの公民権運動や、インドの英国からの独立運動の場合のように、非暴力的な集団的不服従の推進にもまことに有効ではあるが、ラテン・アメリカの「解放の神学」運動が明らかにしているように、民主主義制度がまったく欠如しているか、あるいは支配体制側から厳しく抑圧されている社会や、合法的な反対勢力が単純に認められていない国で行なう運動にとっては、集団的暴力は抜本的な変革という目的を遂行する社会運動の唯一の手段であるのかも知れない。

一九七〇年代から八〇年代にかけて、一握りの政治的に活発な司祭たちによって広められた「解放の神学」は、人々になじみ深いシンボルや比喩（聖体祭儀、キリストの苦難、神の国の到来など）[22]を拠りどころにして、ラテン・アメリカの貧しく、虐げられた人たちを一つの集団的帰属意識《アイデンティティー》のもとにまとめ、既存の社会秩序に挑戦するために立ち上がるのを彼らに奨励した。「解放の神学」は、ニカラグア、エル・サルヴァドル、グアテマラなどのように無慈悲で、米国の支援を受けた政治体制に立ち向かう手段として、福音書の物語を純粋に社会政治学的用語で定義し直し、抑圧され除け者にされた当時の人々に代わって支配権力と闘う貧しく、無学な革命家という役割をイエス・キリストに与えた。

だがこうした政治体制が、「解放の神学」運動に対して無差別で、無尽蔵の国家公認の暴力でもって対処したとき、兵士たちはおおっぴらに尼僧を強姦、殺害し、ミサを行なっている最中の司祭を処刑した。国際社会がこの蛮行を抑制するための手を何一つ打とうとしなかったとき（ロナルド・レーガンは「解放の神学」をアメリカの安全保障にとっての脅威と呼んで、こうした体制の行動を積極的に支援した）、キリスト教徒革命家たちは自分たちも暴力に頼るしか選択肢はないと感じた。ニカラグアのサンディニスタ革命に参加したエルネスト・カーディナル神父は、「［キリストは］われわれは敵を愛さなくてはならないと言うが、敵と闘うことはできないとは言っていない……キリストは剣を禁じたが、機関銃は禁じなかった[23]」と唐突な主張をしている。

これらは、とりわけ北アメリカや西ヨーロッパで快適な中流階級の暮らしを営んでいる多くのキリスト教徒にとってショッキングな言葉だった。だが、ラテン・アメリカの「解放の神学」運動の数限りない犠牲者のなかで、おそらくもっとも有名なオスカー・ロメロ大司教が言っているように、正義なき平和がありえないのなら、そして正義は時として闘いとらなければならないとしたら、教会は「いかなる暴力も非難するとは簡単には言えない」。

ロメロ大司教は、教会への書簡にこう書いている。「組織をつくって自分たちの権利を擁護し、合法的な構造改革を推進しようとしていた何とたくさんの農民、労働者、スラム居住者などが、単純に『テロリスト』とか『破壊分子』と判断されて、逮捕され、拷問を受け、姿を消したり、つまり殺されたりしたことだろう。彼らを守り、自分を弁護し、無罪を証明する機会を与える法律や法的機関は皆無だった。こうした不平等、不公正を目の当たりにして、彼らはしばしば、暴力にまで訴えて自分たちを守らざるを得ないと感じた[24]」。

大事なのは、ロメロ大司教が言っているような暴力は、組織化され、儀式化された暴力、すなわち神聖な暴力であることを認識しておくことだ。マーク・ユルゲンスマイヤーが書いているように、ニカラグア、エル・サルヴァドル、グアテマラにおけるキリスト教徒革命家たちは、抑圧からの解放を求める自分たちの闘いを、単なる政治闘争ではなく、純粋な善と悪の勢力のあいだの仮想闘争とみなしている。それは、貧しく見捨てられた人々に代わって神が裕福で権力のある者と積極的に闘う戦争、だれもが自分たちはどちらの側か、立場を明確にしなければならない闘争であるという。「あなたがたは虐殺される人たちとともにいるのか、それとも虐殺者の側にいるのか」[25]とカーディナル神父は叫んだ。

だが、暴力は社会運動の不可欠な一部であるかも知れないが、行き過ぎればマイナスになり得ることはジハード唱道運動の例で見てきたとおりである。一方では、暴力は変革が可能であるという概念を生み出すことができ、それが同じような悲憤をもつ人々に手を取り合って何らかの運動を起こそうという気持ちを起こさせる。自爆行為のようなある種の戦術が成功し始めると、同じ運動のほかのメンバーもそれを採用するようになる。他方、暴力は国家によるさらに強い抑圧を招くことさえある。それがかえって運動をいっそう過激化させ、しまいには同調者をも怖がらせて、運動のもつ悲憤を無効にしてしまう。これは宗教がらみであろうとなかろうと、実は社会運動のパラドクスなのである。運動に対する対処の仕方が暴力的になればなるほど、運動そのものがもっと暴力的になりがちだ。究極的に「解放の神学」運動――さらに言えば、環境保護運動、非グローバル化運動、女権拡張運動、黒人による人種平等促進運動など――の過激化が緩和されたのは、運動のメンバーの悲憤について、社会の大勢の人たちが次第にいっしょになって取り組むようになったためである。実際、社会運動に対処するときの社会が取り得る選択肢は二つしかない。運動のメンバーの悲憤にまともに取り組むことによって、その運動を不適切なものにしてしまうか、彼らの悲憤に知らん顔をして、運動をさらに過激化させるかだ。あるいはシドニー・タロウが言うように、「街頭で始まった戦闘は、政府の議場で解決されるか、もしくは軍隊の銃剣によって決着をつけるかのいずれかである」[26]。地球規模のジハード唱道運動に対処するに当たって多くのヨーロッパ政府が直面している難題は、より大きな力を行使するか、それとも、より大きな生活、労働、居場所を与えるかにある。どちらのアプローチを選ぶかで、ヨーロッパのジハード唱道運動がしだいに下火になるか、あるいはヨーロッパの移民社会の不満が昂じて、全面的な革命になって爆発するかが決まるであろう。

ヨーロッパには二〇〇〇万人以上のムスリムがいて、その大半がヨーロッパの旧植民地からの移民である[27]。実際、ヨーロッパのあちこちにいる移民は、さまざまな理由から、脱植民地化の不安定なプロセスに否応なしに巻き込まれた人たちが多い。ハシブ・フサイン、モハメド・シッディク・カーン、シェザード・タンウィアらを含む移民の大半は、南アジア（インド、パキスタン、カシミール）出身であるし、フランスの移民の多くは、モロッコやアルジェリアのようなフランスの旧植民地からきている。

一九五〇年代に始まった第二次大戦の荒廃地の後片付けのために中東や北アフリカからやってきた移民労働者の群れは、ヨーロッパ中に広がった。こうした労働者の多くは、政府諸機関とほとんど接触がなかった。彼らの大半は民間会社が募集して雇った人たちで、民族別に隔離されたホステルやゲストハウスに住まわされた。彼らは貧しく、ほとんどが若い男たちで、ヨーロッパ社会の中で孤立していたため、言語や宗教、文化などの共通点を基盤にした自分たち独自の閉鎖的なコミュニティーを生み出していた。彼らは母国とは強い絆を維持していて、妻や子供たちに定期的に送金していた。ヨーロッパに永住しようと意図する者はほとんどいなかった。

一九七三年の石油輸出禁止で起こった世界経済危機がヨーロッパに大量の失業者を生むようになってからは、移民法が厳重になった。多くの国々が、合法的な入国許可には「個人関係の証明書類」を要求するようになった。ところが、この新しい法律は移民を抑止するどころか、ヨーロッパへの大量移民の第二波を招いてしまった。新たな法的制限が設けられると家族は永久に離ればなれになってしまうと心配した移民労働者の妻や子供たちが、夫や父親と同居するためにヨーロッパ大陸にどっと押し寄せ始めたのだ。

移民家族の再統合は、とりわけリーズ、ベルリン、ロッテルダムのような都市部では、ヨーロッパ在住のムスリムのあいだに、これまで以上に堅固な保守主義と、宗教的な慣習をいっそう厳格に遵守する気持ちを醸成した。イスラームは、外国の慣れない土地で暮らす家族の絆を強める手段になった。(28) 民族別の大きな集落が少しずつヨーロッパのあちこちに出現し始めた。ビーストン・ヒルや、ゴミの山になっている街路沿いに荒れ果てた住宅群が幾重にも連なり、ありきたりのケバブ屋やトルコ語の新聞スタンド、アラブ・マーケット、場所によってはセックス・ショップなどが立ち並ぶベルリンの「リトル・イスタンブール」と呼ばれるコッツブッセル・トール、ロッテルダムの中心部では、トルコ人とモロッコ人が人口の四分の一を占めている。

英国からブリュッセルまで、こうしたムスリム移民にヨーロッパはまもなく乗っ取られるのではないかという不吉な警告がしばしば耳にされた。こうした恐怖は、『イスラム化したロンドン』〔*Londonistan*〕、『ヨーロッパが眠っているあいだに』〔*While Europe Slept*〕、『西洋の最後のチャンス』〔*The West Last Chance*〕などのわざとらしいタイトルをつけた大量のベストセラー本によって、ますます広まった。この最後に挙げた本を書いたのは右派のジャーナリスト、トニー・ブランクリー〔一九四八年生〕で、「過激なイスラーム主義者が［今日］ヨーロッパを乗っ取るという恐怖感は、一九四〇年代にナチスがヨーロッパを乗っ取るという恐怖感と同じくらい……あらゆる点から見て大きい[29]」と警告している。人口学者は、ムスリムがヨーロッパの総人口に占める割合は二〜四％で、増えても六％にはならないであろうと予想していることを考えれば、そのようなヒステリックなコメントは深刻に受け止めにくい。だが、社会学者マーク・セイジマンによる調査が示しているところによれば、過去数年間に地球規模のジハード唱道運動に積極的に参加している者の八四％は、ほとんどがヨーロッパ在住の移民一世か二世であるという[30]。これは驚くべき統計数字で、これを見て、ヨーロッパにおける過激なイスラーム教徒の台頭は、彼らが同化できないことが大きな原因ではないかと結論づける人たちも出てきた。そうした人たちは、ムスリムがジハード唱道運動の罠に陥るのを防ぐためには、彼らをヨーロッパ社会に十分に同化させる必要があると主張する。彼らを宗教離れさせ、西洋化させなければならない。ヨーロッパの言語を学び、ヨーロッパの慣習に徹底的に適応させる必要がある。彼らの社会慣習や価値観を新しい故郷のそれに合わせるのが当然である。それが嫌なら、彼らは昔の故郷へ帰るべきだと。

こうした議論の問題点は、ヨーロッパに住むムスリムのほとんどがすでにヨーロッパ社会にかなりよく同化していることを踏まえていないことにある。ヨーロッパにいるムスリム、とりわけ移民の第二、第三世代はヨーロッパの言語を話し、ヨーロッパの大学で学位を取り、ほとんどヨーロッパ人と変わりなく暮らしている。ヨーロッパのイスラーム教徒は、宗教的、文化的多元主義、個人主義や人権、自由主義や近代性についてヨーロッパ人の思想を十分に吸収していて、学者たちはしばしば、バサーム・ティビィが「ユーロ・イスラーム」[31]と呼んでいるような、まったく新しい、文化的にもこれまでとは異なるヨーロッパ人イスラーム教徒が形成されているという。

暴力は拒否するけれども、地球規模のカリフ制の再興を求めるサラフィー主義組織「解放党《ヒズブ・アッターフリル》」のヨーロッパ部門のような、原理主義者《ファンダメンタリスト》の反民主主義組織でさえも、皮肉なことに、その姿勢や展望はきわめてヨーロッパ的である。その主張にはヨーロッパ的な公民権に関する用語を使うし、ヨーロッパ憲法で許されている政治的自由と特権を要求する。しかも、それらはほとんどすべてヨーロッパの言語で語られる。彼らの祖国で同じことをやろうとすれば、拘置所に入れられたり、拷問にかけられたりしかねないようなメッセージも、ヨーロッパの市民社会の基本原則では自由に説教できる。英国のあちこちの大学で英国の外交政策や内政について反論するために結集したり、自分たちの宗教・政治信条を展開・宣伝するセミナーを催したりする解放党のメンバーたちは、彼らがそれを認めているかどうかは別として、明らかに啓蒙運動の申し子的行動をしているわけである。彼らの政治的イデオロギーをもっとも明確に活気づけているのはヨーロッパであって、イスラームの教えではない。実際、彼らが求めている世界——国境なき世界——は、彼らがすでに暮らしている世界である。ヨーロッパ連合〔EU〕は地球規模のカリフ制のモデルなのだ。

いずれにしても、ヨーロッパ在住のジハード唱道者にとって、同化していないことが問題ではありえない。ハシブ・フサインはどう見ても英国社会にうまく同化していたし、七・七攻撃のリーダーだったモハメド・シッディク・カーンも、ほかのムスリムでない友だちから、「シッド」と呼ばれ、みんなに好かれていた教師であった。二〇〇四年三月一一日、スペインの通勤列車に爆発物を設置して、一九一人の死者を出した実行犯と考えられているジャマル・ゾウガムもマドリードでかなり成功したビジネスマンだった。『ウォールストリート・ジャーナル』紙の記者ダニエル・パールの殺害者アフメド・ウマル・サイード・シャイフも、英国生まれの高等教育を受けたパキスタン人で、社会的にも適応した中流家庭の出身だった。

これらの人たちは医師、弁護士、エンジニアなど、移民家族が誇りとする彼らのコミュニティーのベスト・アンド・ブライテストである。彼らは明らかに教育レベルの高い、社会運動に群がりがちな社会意識の強い人たちだ。既成の社会秩序に対する集団的挑戦を組織するだけの物質的、精神的余裕がある。ジハード唱道者たちは、もし事情が異なり、取り組む対象が変わっていれば、反グローバル化運動や、公民権運動に参加したであろうような種類の人たちを惹きつけている。ハシブ・フサインのようなジハード唱道者の極端な世界観をもち、暴力的な戦術を使うという理由だけで、社会運動としてのジハード唱道運動の正当性を剥奪することはできない。タロウが書いているように、すべての社会運動に見られる「極端な行動は、その趣旨の背景を仰々しい形で表わしたもの……暴力は集団で行なう異議申し立ての激化した「ような」ものである[32]」。

ハシブは平凡な学生で、勉学よりスポーツのほうが好きだったが、高校を卒業すると、さらに上のビジネス課程で資格を取ろうと勉強をつづけた。彼も、ほかの七・七の爆破実行犯のメンバーも、ヨーロッパやアメリカではしばしば、年少のムスリムの子供たちに「不信仰者」を嫌うように訓練するテロリスト養成所のように思われているイスラーム学院《マドラサ》の出身ではない。世界的に見ると、何らかの宗教教育を受けていたのは、ジハード唱道者の一三%にしかすぎない[33](九・一一のハイジャッカーは一人もイスラーム学院に通った者はいない)。イスラーム学院は、ほかの所では教育を受ける余裕のない貧しい人たちのための学校であることを思えば当然だろう。ヨーロッパであろうと中東であろうと、ジハード唱道者たちの共通点の一つは、彼らが概して貧しい人たちではないということだ。

確かに、ヨーロッパに住んでいるムスリム移民は、同じ世代のヨーロッパ人の大半よりは経済的レベルは低い。貧困は怨嗟を生みやすく、貧しさは希望を失わせる。そのどちらの要素も、ジハード唱道者リーダーたちの人集めの格好な道具として利用されやすい。それでもなお、地球規模のジハード唱道運動に走る者の大多数は、ハシブやその仲間たちのように、中流階級の家庭の出身なのである。

ハシブ・フサイン、モハメド・シディック・カーン、シェザード・タンウィアはみな、ビーストンのストラトフォード・ストリート・モスクに礼拝に行っていた。だが、七・七爆破事件に関する英国の公式報告によると、ハシブのジハード唱道運動への傾倒は、このモスクとも、既存の過激派の関係先とも無縁のところから起こっているという。二〇〇二年以降、ヨーロッパ諸国の過激化防止対策の大半が、ほとんど近視眼的にモスクを監視してきたのは皮肉なことだ。ドイツ警察は三〇〇か所以上のモスクの抜き打ち捜査を行なったが、ドイツ在住ムスリムの憤懣と不信を買っただけで、その努力に見合う発見はほとんどなかったのは、ジハード唱道者たちはモスクに集まりはしないからである。[34] ハシブが実際にカーンとタンウィアに会ったのは、ストラトフォード・ストリート・モスクではなく、カーンが広域社会奉仕プログラムを担当しているビーストンで人気のある「ハマラ保健生活センター」という青年クラブである。ジハード唱道者リチャード・レイドやザカリア・モッサオウィが礼拝に行っていて、短期間ではあるが、「不信仰者呼ばわり《タクフィール》」に熱心なアブー・ハムザ・アル・マスリが礼拝指導者《イマーム》だった（アル・マスリはモスクの評議委員会から公然と首にされ、過激な暴力を唆したとして現在投獄されている）北ロンドンのフィンズベリー・パーク・モスクでさえ、ジハード唱道者の養成所ではなかったことが、新聞で明らかにされている。三・一一のマドリード列車爆破事件の分子も、ハンブルクの九・一一の分子も、モスクとは何の関係もなかった。

今時のジハード唱道者ネットワークは、それぞれが自発的に集まった自主的組織になりやすい。それは親しい友だち同士の非公式なグループで、それぞれの宗教的コミュニティーから離れていっしょに集まる（マーク・セイジマンの言葉を借りれば「友だち仲間」である）。七・七事件の英国の公式調査が出した結論によれば、「かつてはナショナリズム的大義名分に根ざしていたグループの帰属意識《アイデンティティー》は次第に重視されなくなり、しばしば一人のリーダー格の人物を中心にした個人のゆるやかなネットワークが普通になってきている」という。モスクはせいぜい、自分の属するコミュニティーで除け者にされていると感じ、そのためにジハードのメッセージに影響されやすい、欲求不満の若者たちに帰属意識《アイデンティティー》を与える役割を果たしているにすぎない。

ハシブが突然、過激派イスラームへと転向したのは、モスクとの接触ではなくて、二〇〇三年のサウディアラビアへの旅行のあとだった。彼は前より頻繁に祈るようになり、伝統的なパキスタン人の衣服を身につけるようになった。礼拝指導者になりたいと口にするようにもなった。だが、彼が新たに発見した敬神の念は未熟で、深い知識に裏づけられたものではなかったがゆえに、ジハード唱道運動のような、反インテリ、反組織的であることが自慢のグループの格好なターゲットにされてしまった。精神的なリーダーとしてのビン・ラーディンの魅力の一つは、彼が伝統的な宗教指導者階級である「ウラマー」の悪影響を受けていないように見えることである。ビン・ラーディンは宗教指導者でもなければ、何の宗教的教育も訓練も受けていないことはご記憶であろう。スピーチや声明のなかで、彼は伝統的なムスリム宗教指導者のことを無造作に、「不信仰のイマーム」「敗北者イマーム」あるいは「偽善者的イマーム」などと呼んでいる（モハメド・シッディク・カーンは「いわゆる学者ども」という言葉を使っている）。九・一一のハイジャッカーたちは、すべての紋切り型の法学派を拒絶して預言者ムハンマドの掟を選んだとビン・ラーディンが宣言したのは、彼らがただ善良な信心深いムスリムで、「神の使徒」の足跡をたどる信奉者であることを示そうとしたからではなかった。彼の本心は、イスラーム法の独占的な解釈者としての宗教指導者階級の特権的地位を嘲笑うことにあった。「自分自身の気まぐれと欲望に従う連中［ウラマー］と付き合うな。彼らはこの世の厄介者である」[35]とビン・ラーディンは自分の信奉者たちに警告した。「彼らは圧制者の前でぺこぺこし、あなたがたについて嘘を広め、このように祝福されたジハードにあなた方を参加させまいとする」。

ジハード唱道運動は、伝統的な宗教指導者階級には知的に太刀打ちできないから、イスラームの法と慣行が基盤としている権威そのものを否定せざるをえない。イスラーム法と宗教指導者の示す慣例を真っ向から拒否し、仲介のない信仰体験を選ぶことで、信者はみなイマームであることになり、それは信じられないほど魅力的なことである。とりわけヨーロッパでは、若いムスリムはすでに、伝統的な宗教機関の中心から遠いところにいて、「その土地特有の」イスラームの形[36]が宗教界を風靡しているのだから。

それに、ジハード唱道運動が目をつけているのは若者であることを見誤ってはいけない。セイジマンの調査によれば、ヨーロッパおよびカナダの官憲に拘留されているジハード唱道者の平均年齢は二十歳である。ハシブ・フサインの死亡時の年齢は十八歳だった。ビン・ラーディンの目から見れば申し分のない候補者だったわけだ。「ジハードを行なわせることのできる年齢層は、十五歳から二十五歳までである[37]」と彼は述べている。「私はこの年頃の若者にジハードに全力を尽くせと指示する。なぜなら、こうした任務を主としてまかせられるのは彼らだからである[38]」。

こうした若者たちは、自分たちの礼拝指導者の古くさい、しばしばうんざりするほど現実離れした説教にほとんど関心を示そうとしない。彼らは、伝統的で、保守的なイスラームの解釈に不満なのだ。彼らはモスクの壁の内側には存在するはずのない、もっと身近な宗教心に飢えており、最も宗教的傾向の強い社会運動に近づいて、自分のコミュニティーの公式な宗教的権威に真っ向から反発する形で、自分なりの集団的帰属意識《アイデンティティー》を形成する。宗教教育は、ほとんど自学自習である。彼らのうちでアラビア語を理解する者はめったにいないし、イスラーム法の教育も受けていない。イスラーム的な権威の証しの保持者には懐疑的になる傾向さえある。彼らは、ともすれば知性偏重主義が自分たちの感情に直接訴える素朴で無条件の信仰の妨げになると考えがちである。[39] ヨーロッパにいる彼らは教育の機会にも、マスコミのテクノロジーにもアクセスしやすく、個人主義というヨーロッパ思想にどっぷり浸かっているため、アラブ・ムスリムが多数派を占める国々にいる同信者たちよりはるかに、伝統的なイマームよりも自称教祖を好み、「自己実現」のために宗教指導者の示す慣例を捨てたがる。ひとことで言えば、彼らはヨーロッパ人なのである。

同じ市民によるにせよ、政府によるにせよ、彼らが自分自身をヨーロッパ人と感じさせられることはほとんどないというだけなのだ。ムスリム第一世代と第二世代の若者たちは、その両親に比べてはるかによくヨーロッパに同化しているが、期待や権利意識が強いために、かえって親たちよりヨーロッパ社会から疎外されていると感じがちだ。歴史的にヨーロッパの多くの国々で施行されている制約の多い国籍法——しばしば血統主義《ジュス・サングエナス》（出生児は親が市民権をもつ国の市民権を得るという原則）に基づいている——の目的は、国籍を民族と結びつけることによって、民族的同質性をある程度維持することにあるため、移民に同じ社会のメンバーであるという感じを持たせにくくしている。たとえば、ドイツ生まれのトルコ人の子孫である者は、父親もドイツ生まれ、祖父もドイツ生まれであっても、最近までドイツ国籍を自動的には認められていなかった（一九九九年の法改正で、移民は国籍の申請をしやすくなった）。ヨーロッパの差別廃止法も同じように制限付きである。民族もしくは人種別集団にのみ法的保護を与えるが、宗教コミュニティーには与えていない。最近、シーク教徒や、ユダヤ教徒のようないわゆる単一民族宗教団体は、法律の拡大解釈の適用により保護されるようになったが、ムスリムや、エホバの証人、ラスタファリアン〔元エチオピア皇帝ハイル・セラシエを神と信仰するジャマイカ黒人〕のような多民族にわたる宗教団体には、宗教的差別に対する同じレベルの法的保護は与えられていない。事実、イタリアでは（この国の宗教的少数派としては最大規模であるにもかかわらず）、ムスリムは宗教コミュニティーと正式に認められておらず、そのため、彼らは宗教関連の建物の建設や連邦税の分配に関する法によって、著しく不便をこうむっている。

問題を悪化させているのは、ヨーロッパ全土に施行された新たな対テロ法が、一部の人権保護団体のいう「制度的差別」になっていることだ。そのような法律は、宗教別グループと法の執行人との関係に悪影響を与え、ヨーロッパの若いムスリムはしばしば、「データベース化されて」監視下に置かれるのを怖れて、いかなる条件の下でも警察には協力しないとぶっきらぼうに主張するようになった。

こうした若者の多くは、自分たちが差別とイスラーム嫌いがますます主流になりつつある大陸に住んでいると感じており、人種差別・外国人嫌いに関するヨーロッパ監視センターもそれを認めている。ウィーンを本拠にしたこの組織の二〇〇六年の報告によれば、職場と住宅市場の両方において、ムスリムに対する乱暴、破壊行為、差別がヨーロッパ全土で前例のないレベルにまで高まっているという（たとえば、アレンズバッハ世論調査研究所の調べでは、ドイツ人の八三％が「イスラーム」という言葉とテロリズムを同一視していることが判明した）。この研究で、インタビューを受けたムスリムのかなりの人たちが、自分たちがヨーロッパ社会に受け入れられるためには、「自分のムスリムとしての帰属意識《アイデンティティー》を捨てる」べきで、ムスリムであるかヨーロッパ人になるかは選べるが、その両方はあり得ないと感じている。

　これはまさにハシブ・フサインに突きつけられた難題だった。仲間の大半と同じように、フサイン（タンウィアとカーンも同様に）は、身内を訪ねて何度もパキスタンを訪問している。そして、これも仲間と同じように、両親の国と文化にほとんど情緒的なつながりを見いださなかった。英国の「解放党」の元メンバーの一人は、ヨーロッパ在住の多くの若いムスリムのジレンマをこう説明している。「パキスタンに行ったときにも拒否され、英国に戻ってきても、より大きな英国社会に自分が適合していると感じたことは一度もない。おまけに、両親の大半はわれわれが英国社会に適合するのを望んでいないということを忘れるわけにはいかないのだ[40]」。

　西洋にも東洋にも属していないと感じるこのような若いムスリムの多くが自己認識の危機《アイデンティティー・クライシス》に直面し、これが文化や社会によって保持されるものではない、人種、民族、国籍という境界のすべてを超えた新たな帰属意識《アイデンティティー》を求める方向へと彼らを駆り立てている。言葉を換えれば、彼らは自分たちが暮らしている領土的境界のない世界にふさわしい、領土的境界のない帰属意識《アイデンティティー》を求めているのだ。そして彼らは、そのような帰属意識《アイデンティティー》をオンラインで探す。実際、インターネットのおかげで、ジハード唱道者たちが長年夢見ていた世界規模の信仰共同体が仮想現実《ヴァーチャル・リアリティー》として存在するようになった。

インターネットは、ジハード唱道運動のリーダーたちが地球規模の聴衆に自分たちのメッセージを伝達することを目的とした高度なメディア・キャンペーンを行なうことを可能にした。アル・カーイダは「アッサハーブ」(「サハーブ」は「雲」のことで、天と地のあいだに存在するアッラーの徴とされている)という独自のメディア部門さえもっており、数か国語の吹き替え付きの日報から、ビン・ラーディンその他の音声付き録画や声明にいたるまで、毎日制作、配布している。そのビデオは、欧米の正当な理由のない攻撃に苦しむ世界中のムスリムの姿を写したものが多い。こうした姿に重ね合わせるように、イラクやアフガニスタンのような場所で敵視する標的にジハード唱道者が仕掛けた攻撃の成功が映し出され、それがジハード唱道者戦士たちを、世界中の孤立し、抑圧されたムスリムの救い主と思わせるような、格好の物語を生み出している。

インターネットはジハード唱道運動のリーダーたちに貴重な伝達手段を提供してはいるが、彼らのオンライン攻勢が若いムスリムたちに対して実際に果たしている役割については異論がある(七・七攻撃に関する英国の公式調査によれば、カーン、タンウィア、フサインがインターネットの熱心なユーザーだった証拠はほとんどないという)。これは社会運動の参加者の圧倒的多数が、社会学者の言う「フリーライダー」で、運動が掲げる悲憤を共有し、運動の目的に賛同し、運動のシンボルを自分たち自身の帰属意識《アイデンティティー》に取り込んでいるが、その運動の行動には参加しない人たちで構成されているためである。地球規模のジハード唱道運動の場合、フリーライダーたちは、チャット・ルームに参加し、ジハード唱道者のビデオをダウンロードはするが、ジハード唱道運動にはほかの反体制運動、権力者に対する反抗の一形態であるかのような気軽なノリを示しているのである。一九六〇年代の過激な学生運動、一九七〇年代後半の露骨で攻撃的な言葉で社会に対する不満や怒りをぶちまける単純なリズムのロックンロールのサブカルチャー、一九九〇年代のおそまつな〝反文化〟運動に似た「ポップカルチャー的ジハード唱道運動」などはみなそうだ。彼らは独自のスタイルの服装、独自のスラング、独自の遵奉者のシンボル、「不信仰者《カーフィル》」に対するジハードを賛美するビートを効かせたヘビー・メタル系の歌といった独自の音楽までもっている。こうした若者たちは、何の関係もない人たちとの集まりにパレスチナ風の頭被り《カフィーエ》を着けたりすることもある。ウサーマ・ビン・ラーディンがまるで現代のチェ・ゲバラであるかのように、彼の名入りのTシャツを着たり、彼がまるでサッカーの花形選手であるかのように、そのポスターを壁に貼ったりしているかも知れない。彼らは地球規模のジハード唱道運動の悲憤に共感し、世界中のジハード唱道運動の過激派の窮状に連帯感を抱くかも知れない。だが、こうした若者たちを動員し、彼らを励まして単なる集団的帰属意識《アイデンティティー》以上の集団行動に駆り立てるには、運動の積極的なメンバーとの長期にわたる個人的関係が必要で、それを維持するのは容易なことではない（こうしたいわゆる若者集団に浸透して、彼らを不可避的に行動に向かわせるために、アル・カーイダのメンバーを装った隠れ蓑の代理人を置くことがよくあるのはそのためである）。

長期にわたる個人的関係は、確かにハシブ・フサインを欲求不満の若者からジハード唱道運動の自爆者へと変えた。モハメド・シディック・カーンの「ハムラ保健生活センター」での立場は、ジハード唱道運動を吹き込むためにフサインのような有力な候補者を探し出して、共鳴させる機会をつくることを可能にさせた。だが、実際の教化は、公共の場ではなく、持続的な個人的接触と、緊密なグループの絆を通じて行なわれた。社会学者は、社会運動を活発化するのに必要なステップは三つあるという。その第一は、現在の社会秩序に疑問をもたせること。次に、その社会秩序の転覆が可能だと信じさせること。最後に、彼らの積極的参加が運動の成功に欠かせないと確信させることである。英国の公式調査報告によれば、こうしたステップは、七・七爆破事件の実行犯ばかりでなく、ヨーロッパ中の若いムスリムの動員に適用されているテクニックを完璧に反映しているという。

まず、人集めの目安として、ジハード唱道者のメッセージに影響を受けやすそうな人物を見つける。ベルリンでは、ジハード唱道者のリーダーたちが学校の「父母会」に両親のふりをして出席し、どの生徒が出来が悪く、同化に問題があり、疎外されそうになっているかなどを調べ上げていることが、調査によって明らかにされた。新規参入者は、インターネットや衛星テレビを通じて、世界中のムスリムが直面している広範囲の不公正をふんだんに見せられる。イスラームの伝統的な宗教・政治指導者たちは腐敗していて、おまけにムスリムの抑圧にも連座していることを暴露する。彼らは「近い敵」、すなわち偽善者であり、不信仰者であって、排除されるべきである。ムスリムの人たちを巻き込む国際紛争は――中国、カシミール、チェチェン、アフガニスタン、イラクのいずれであろうと、最高権力をもって聖戦に加わる欧米（「遠い敵」）が先導する広い意味での「対イスラーム戦争」の一部として提示される。これを撃退する勇気と力をもっているのは、イスラーム教徒を代表して闘うジハード唱道運動の過激派だけである。その例は、こうした戦士たちが、過去に（ソ連邦）においても現在（アメリカとイスラエル）においても、世界の超大国を相手に闘って奇跡的な勝利を遂げたことでもわかる。それは変化が可能であること、正しい行為をもってすれば、世界をつくりかえることを証明している。

しかし、これだけでは、ある種の欲求不満の若者たちを唆して、社会運動としてのジハード唱道運動のグローバル化に巻き込むのに十分であるかも知れないが、彼らを実際の行動にまで動員するには十分ではない。動員は、彼らが晒されている地球規模の悲憤と、日常、住んでいる地域ごとの悲憤が結びついたときに初めて可能になる。彼らは就職の機会、合法的な代議員の選出、公民権、学歴の利点など、ヨーロッパ人よりはるかに遅れているよそ者としての自分を体験している。たとえば、彼らを国家に忠実でないと非難するメディアや政治家たちから絶えず詮索されている除け者として、スカーフの着用や、モスクの建設制限などの法的禁止事項によって、自分の文化的、宗教的帰属意識《アイデンティーティー》の表明を控えなければならない外国人として、右派政党ばかりでなくヨーロッパ社会の主流派からも悪魔視されている移民として、人種差別やイスラーム嫌いを口汚く罵ることで暮しを立てているアヤーン・ヒルシ・アリ、オリアナ・ファラーチ、ブリジット・ガブリエルのような似非インテリにいじめられ、侮辱された信心深い青年男女として扱われることへの憤りなのだ。

そういうわけで、公共の場から個人の宗教的もしくは文化的身元証明手段を強制的に排除すること（フランス語ではこの慣習を「ライシテ」という）によって、一つの国民としてまとまった帰属意識《アイデンティティー》を市民にもたせることを意図した、公立学校におけるムスリム女子学生のスカーフ着用《ヒジャーブ》の禁止法をフランス議会が承認したとき、アイマン・ザワヒリは世界中の自分の信奉者たちに次のようなコミュニケを発表した。「フランスにおけるヒジャーブの禁止は、アフガニスタンで住民もろとも村を焼き払ったり、パレスチナで眠っている住民のいる家を破壊したり、いつわりの口実のもとにイラクで子供を殺し石油を盗む行為と一致する……グアンタナモの収容所で拘束者を苦しめ、アメリカの味方であるわれわれの指導者の監獄でムスリムを拷問にかける行為とも一致する」。

世界のどこかのムスリムにとっての不当行為は、自分たちにとっての不当行為でもある（その反対も可）という全体像がしっかり確認されて初めて、ジハード唱道運動の神学的教義が紹介される。そのとき初めて、彼らの世界は明確に抑圧されている者と抑圧する者、虐殺される者と虐殺する者、善と悪、「アルワラ・ワ・アルバラ」（忠誠と離反）に二分される。そこでやっと、新規参入者は無辜の民間人や仲間のムスリムに対する攻撃的なジハードが正当化されて然るべきだと信じるようになる。自分の個人的帰属意識《アイデンティティー》が剥奪され、集団的帰属意識《アイデンティティー》に完全に同化されて初めて、新規参入者に合法的な戦闘行為として、さらにこちらのほうが重要なのだが、同胞の復讐のためにかけがえのない手段として、望むなら自爆テロの機会が与えられる。

自爆テロリストという概念を掻き立てるのは、相手を憎んでいるか、あるいは自分の人生に価値を見失っているときである。だが、マーク・セイジマンが言うように、「人々に自分が相手を嫌っているという理由だけで自分を犠牲にする決意をさせるのは、事実上、きわめてむずかしい……反対に、愛、名声、栄光のような肯定的な理由のためであるほうが自分を犠牲にしやすいように思われる」。

ハシブ・フサインは地球規模の抜本的な改革を求めて三〇番バスに乗り込んだ。彼はこの恐るべき犯罪を行なうことを強要されたわけではなく、洗脳されていたわけでもなかった。彼は単独行動の熱心党員のような存在で、彼をそこに導いたのは神だけである。彼は不信仰者の血を流すことによって自分の信仰を新たにするために神に召し出された騎士、「同胞」の命のために自分自身の命を犠牲にする殉教者だった。フサインを地球規模のジハード唱道運動に駆り立てたのは、憤り、屈辱感、心の奥底にある不公平感であったかも知れない。だが、彼に自爆行為を実行させたのは、生意気で見当違いの、支離滅裂で与え方を間違った愛だった。神に代わって闘う仮想戦争《コズミック・ウォー》としてのジハードのロマンティックな概念によって燃え上がった愛、世界はわずか数ポンドの爆発物によって変えられるという幼稚な信仰による愛である。

ロンドンの爆破事件からほどなくして、私はハシブの友人や家族と話してみたいと思ってビーストン・ヒルに行った。そのとき、コミュニティー内で若いハシブがあの攻撃に連座していたことを認める人はほとんどいなかった。「われわれはまともな人間です」[41]とハシブの父親はロンドンの『インディペンデント』紙の見るに忍びないインタビューで泣きながら答えている。「わしはこれまでずっと、一生懸命働いてきた。どうか、どうか、どうか、これがわしと何らかの関係があるような言い方をしないでほしい。わしや、息子や、女房が知っていたなどと言わないでもらいたい。われわれはほんとに、ほんとにまともな人間なんだ。バスに乗っていたのは別人にちがいない。ハシブじゃないよ。あいつはいい子だった」。近所の人たちのなかには、ハシブがグループのリーダー、モハメド・シッディク・カーンに操られていたのだと言う者もいた。七・七爆破事件は、ビーストンの住民の一人が私に語ったように、英国内の反ムスリム運動の巻き返しを図る「内部の者の犯行」だったというコミュニティー内に渦巻く噂に、やけになってしがみついている人たちも大勢いた。

それから数年後、ふたたびビーストン・ヒルを訪れてみると、住民たちは多かれ少なかれハシブとその共同謀議者たちの有罪を仕方なく認めていたが、七・七爆破事件の結果として、体制への不満と疎外感は増大しただけだった。だが、イスラーム教徒とヨーロッパ人の価値観の融合をめぐる公的議論はまだまだつづいており、ヨーロッパ連合の一員となる資格として、移民とその子供たちに、ヨーロッパ社会に十分に同化するためには彼ら独自の文化への固執や、自分たちの人種、宗教、民族などにこだわる「閉鎖性」から脱却する必要があるのではないかという議論[42]がメディアをにぎわわせている。

そこで気がついたのは、ムスリムとしての帰属意識《アイデンティティー》を移住先の国の国民的帰属意識《アイデンティティー》に徹底的に組み込めという要求を、ヨーロッパの若いムスリムの非常に多くの者たちは、不合理で矛盾していると感じ、そのことによってますます欲求不満を募らせているという事実である（ヨーロッパでは、何らかの宗教的価値観をもっている者は除け者にされると感じている人が多い）。私が話したヨーロッパ在住のムスリムの大半は、すでにヨーロッパ社会に同化するために自分ができることはすべてやっており、正直言って、これ以上何を期待されているのかわからないと断言した。「自分はここで生まれたのです」とあるドイツ系トルコ人二世は私に言った。「私はドイツ語を話すし、博士号さえもっている。この国の法律に従い、憲法も認めている。これ以上彼らは私に何を望むのか？　徹頭徹尾ドイツ人になるためには、私は何をしなければならないんだ？　言って下さい。そうすれば、そのとおりにするから」。私はこの問いかけをドイツの名門チュービンゲン大学の政治学の教授に投げかけてみた。すると、彼は長い沈黙のあと、肩をすくめながらこう答えた。「ドイツ人になるためにできることはありません。あなたはドイツ人であるか、そうないかのどちらかです」。

宗教、文化、社会、経済的配慮を超えたこうした言い方こそ、なぜ地球規模のジハード唱道運動がヨーロッパの若いムスリムにあれほどアッピールするようになったかを説明してくれる。ヨーロッパ大陸のグローバル化と急速な脱領域化に直面して、ヨーロッパ連合の元からの住民にとってそれぞれの国民としての帰属意識《アイデンティティー》の定義がむずかしくなっているとすれば、移民や移民の子供たちにとってのそれは、彼らよりはるかに困難であるにちがいない。市民社会の一員としての資格が、その主流文化に一体感をもつことであると断定されるならば、どうしたら完全に同格のメンバーとして参加できるであろうか？　単純な事実は、民族と国民が同一のものと考えられていて、市民の帰属意識《アイデンティティー》の定義がむずかしい国では、外国人は永久に外国人のままであることだ。

地球規模のジハード唱道運動がはびこるのは、そのような「帰属意識《アイデンティティー》の真空地帯」のなかである。自分の宗教的・文化的系譜のせいで、住んでいる社会から〝よそ者〟というレッテルを貼られてしまっているハシブ・フサインのような若者たちにとって、ジハード唱道運動は別な形のもの――すなわち、社会的反抗の手段としての反動的帰属意識である。それは、身近な居住地で感じる悲憤と地球規模の悲憤を意図的に関連づけることによって形成される帰属意識《アイデンティティー》で――現実的であるとともに観念的でもある――それが苦難と不当な扱いをめぐる一つの共感をもてる物語を生み出す。地球規模のジハード唱道運動を阻止するには、こうした関連を断ち切り、その物語を粉砕するしかない。

そうしたプロセスの第一段階はヨーロッパの多くのところですでに始まっている。英国では、非常に多くのムスリム移民が英国社会の同じ一員と感じることを妨げている宗教的・人種的差別は言うに及ばず、社会・経済的障害に政府が本気で取り組むことを、これまでよりはるかに強く打ち出している。国籍法はすでに改定されて、英国国民としての身分は前よりずっと普遍的でわかりやすい概念になった。英国国籍を求める移民は、英国の歴史、文化、慣習に精通しているだけでなく、言語にも十分熟練していることを証明しなければならない。これらはみな、民族や文化的同質性ではなく、社会の構成員すべてが共有できる共通の国民的物語を基盤にした集団的帰属意識《アイデンティティー》の樹立を意図したものである（同様のプログラムはフランス、スペイン、イタリア、ドイツでも、英国よりずっと遅いペースではあるが進められている）。

これまでのところ、これらの改革はムスリム・リーダーたちの圧倒的多数から肯定的に受け止められている。英国のムスリム組織のなかで最大かつもっとも活発な英国イスラーム評議会のようなグループからも、英国で働きたい外国人の礼拝指導者に対して、政府が新たに英語に堪能であることを要求したことを、ほぼ全面的に支持した。このいとも単純に見える意思表示だけでも、英国の宗教指導者とこの国の若いムスリムのあいだの関係に非常に大きな影響をもたらした。モスクやイスラーム・センターが自分自身のありようを再構築するためのコミュニティーの活動拠点として認められるようになり、ここで若者たちはさまざまな社会的プログラムに参加できるようになったのである。それまでは、ハシブ・フサイン青年が初めてモハメド・シッディク・カーンに出会ったハムラ保健生活センターのようなコミュニティー・センターが唯一のたまり場だったのだ。さしあたり、イスラーム学生連盟、アル・フルカン・イスラーム文献保存財団、クィリアム財団（「解放党」の元メンバーにより創立された過激派対策シンク・タンク）を含むたくさんの英国ムスリム組織が、英国独自のイスラームの概念の定義に着手し、新世代のムスリムの若者たちに国民としての帰属意識《アイデンティティー》と、宗教的帰属意識《アイデンティティー》の両方を次第に無理なく保つことができると感じさせるようになった。

　こうした改革はすでに、ヨーロッパ全土でムスリムに影響を与え始めている。だが、それらは地球規模のジハード唱道運動と闘うための第一歩にすぎない。ムスリムの身近な居住地における悲憤に対処するだけでは十分ではないのだ。身近な居住地での悲憤と深い関わりのある地球規模の悲憤にも対処しなければならない。そして、この点に関しては、今のところ経済的にも軍事的にも世界で一番実力のあるアメリカだけがイスラーム世界と欧米とのあいだの物語を書き変えることができる。これは事実だ。なぜなら、アメリカは、軍事的にも、経済的にも、政治的にも、文化的にも、一方にヨーロッパや北アメリカ、他方にムスリムが多数派を占める国々とのあいだの紛争の最前線にいるだけでなく、この国そのものが、世界のすべての人びとがそのために努力している信仰と道義心の自由の権化として、地球規模のジハード唱道運動の拡大に立ち向かう最強の武器だからである。

アメリカ在住のムスリムがヨーロッパにおけるムスリム・コミュニティーが直面している帰属意識《アイデンティティー》や同化などたくさんの問題を大体において回避できていることについてはたびたび言及されている。経済環境が重要な役割を果たしているのは明らかだ。ヨーロッパのムスリムの大部分が貧しい移民家族の出身であるのに対し、アメリカのムスリムの大半は堅実な中産階級である。アメリカのムスリム家庭の平均収入は非ムスリム世帯のそれよりもやや高いし、アメリカのムスリムは、移民グループのなかで識字率と教育レベルがもっとも高いほうの一つである。それに、異なった文化、宗教、民族を吸収することで名高い、アメリカの長い歴史が、アメリカ在住のムスリムの実践的知恵の形成に間違いなく影響を与えている。人口学者によれば、すでに人種的にも、民族的にも、宗教的にも、地球上でもっとも多様性に富んでいるアメリカは、まもなく少数派が集まって多数派を形成する唯一の国になるだろうという。

だが、当然のことながら、アメリカのムスリムが自分の信仰や慣習をアメリカ生活の現実にうまく適合させることを可能にしている最重要ファクターの一つは、宗教的帰属意識《アイデンティティー》と国民的帰属意識《アイデンティティー》は必ずしも一致しなくてよいというアメリカ人の基本信念である。実際、アメリカのムスリムは、ヨーロッパのムスリムに比べてはるかにジハード唱道運動の影響を受けにくいのは、何よりもアメリカが宗教と宗教的表現の自由を重視しているからである。そしてその同じ自由が、世界中のムスリムにこのアメリカの誓いの魅力を感じさせつづけている。私はムスリム世界をあちこち旅してみて、まず第一に、アメリカとは信仰であれ、文化であれ、民族であれ、接触する者すべてを吸収してしまうスポンジのような国という認識によって、反アメリカという抵抗しがたい影響力をしばしば克服できるのを肌身に感じた。テヘランの街角で「アメリカに死を！」と群集に唱和するムスリムが、個人的にはアメリカの査証《ビザ》をとる手助けをしてくれと私に頼むのも見てきた。「対テロ戦争」がムスリム世界全般でのアメリカのイメージを悪くしているにもかかわらず、アメリカのもっとも信頼できる批評家でさえ、ムスリムがアメリカ以上に宗教を自由に堂々と追求できる国は世界のどこにも、イスラーム国においてさえもないことを今でも認めている。

もちろん、こうしたことすべてには、いかなることが起ころうとも、多元主義と民主主義、統治権と法の支配など、アメリカの実践的な知恵の根幹にある真の理想をアメリカの外交政策の中心に据えるという途方もなく大きな責任を伴う。後述するように、これは「ハマース」や「ヒズボラ」、「ムスリム同胞団」のようなイスラーム主義グループに対処するときに、まさしく遭遇する問題である。このようなグループに接触することは決して容易な仕事ではない。だが、究極的には、それが〝諸国を照らす光〟となるための唯一の手段になるはずだ。

第7章

中間地帯——カイロ・アメリカン大学

きれいに刈られた芝生、ここが焼けつく乾燥地帯であることを思うと信じられないほど緑豊かな校庭のあるカイロ・アメリカン大学〔AUC〕は、独立広場《マイダン・タフリール》の中心部にあるが、ざわざわしたカイロ市のほかの部分から隔離された別天地の趣がある。大学の堅固な壁の内側で、エジプトの金持ちの子弟が教え込まれているのは、典型的な欧米風の教養教育である（この学校はまさにその目的のために一九一九年にアメリカによって創立された）。AUCはまた、アラビア語を国外で学ぶ外国人の集合地でもある。私自身も、九・一一攻撃の翌夏、ここで自分のアラビア語に集中的に磨きをかけた。当時、この大学は、敵性言語の短期習得のために、わざわざカイロにやってきたアメリカ士官学校生のお気に入りの場所になっていた。髪を短く刈った未来の軍人たちはここで、自己紹介の仕方や、中東風のスナックとコーラの注文の仕方や、「車から出ろ！　ひざまずけ！」などの命じ方などを学ぶ。私はその夏、滞在中のホテルのホールで、アラビア語で「自由」を意味する「フッリーヤ」という言葉をくりかえし、くりかえし練習するのをよく耳にしたものだ。

私は士官学校生との接触をできるだけ避けた。それは彼らの存在が迷惑だったからではない。それどころか、彼らが「イスラームの五柱」のイラスト付きの薄い冊子を配られ、戦場に送り出される前に、いくらかでも言葉を学ぼうとしているのを知ってほっとした気持ちになっていた。連中を避けた理由はむしろ、講習が始まった最初の数日間に、彼らの一人がロビーにいる私のところへ走り寄るたびに、明らかに私を部屋の掃除係と間違えて、きれいなシーツや新しいタオルをくれと頼むからだった。何度がぎこちないやりとりがあったあと、彼らはみな、努めて私を避けるようになり、私も同様にした。

AUCでの授業の合間には、失業中のエジプト人男性たちといっしょに、おんぼろのカンバス製の日よけの下に腰を下ろし、どんよりした空を太陽がじわじわ傾いていくのに合わせてゆっくりと甘いミント・ティーをすすっているほか、何もすることがなかった。その当時の話題といえば、アフガニスタンでの戦争、イラクで起こるにちがいない戦争、アメリカの「対イスラーム聖戦」以外になかった。テーブル越しに交わされる声高な会話は、私が何も知らずに銃撃戦に巻き込まれたよそ者のように、私を避けるように飛び交っていた。一度か二度、単語の猛攻撃に向かって身をかがめ、完璧なアラビア語で何度も練習済みの質問を投げかけてみたが、いつもフランス語か英語で返事をされるか、冷笑された。彼らはどうして私がアメリカ人だとわかったのだろう？

私の素性は目でわかるらしいので、それを隠すことによってしか、彼らの会話に加わることができないと思って、お椀を伏せたようなニットの帽子をかぶり、濃い色のサングラスをかけて行くようにした。だが、私の浅黒い肌の色、彼らと同じような服装にもかかわらず、連中は本能的に私が彼らの一員ではないことを見抜いてしまうのだった（アメリカ人は私をアラブ人だと思い、アラブ人は私をアメリカ人だと思う皮肉は、わからないでもなかった）。その理由は、ゆっくりではあるが、私にもわかってきた。アメリカがこうした男たちに、かつて私に与えたのとまったく同じ、「おまえはわれわれの側か、さもなければテロリストの側だ」という単純な最後通牒を突きつけていたのだ。彼らの忠誠心あるいは政治的信念がどうであろうと、彼らがアメリカとアメリカのこの地域での政策をどう感じていようと、彼らが「アル・カーイダ」とその忌まわしい作戦をどれほど嫌っていようと、絶対に否定できない明確な事実が一つある。彼らはわれわれの側ではなかった、ということだ。

会話のほとんどが英語で行なわれているAUCのなかで、しきりに話題にされていたのは、故サミュエル・ハンチントンの『文明の衝突』についてだった。この本は数年前に出版されていたが、カイロでも驚くほどのベストセラーになっていたのである。ハンチントンは、二十一世紀の紛争の根源は、とくにそれが欧米対イスラーム世界である場合、イデオロギーもしくは経済ではなく、文明的なものが原因になるだろうと論じていた。「文明間の断層線が未来の戦線になるであろう[1]」と彼は九・一一攻撃のほぼ十年前に書いている。

AUCのエジプト人学生たちはこの本が気に入っていた。その理由はもっぱら、ハンチントンが彼の想像上の地球規模の衝突において「イスラーム文明」と「西洋文明」を同格に置いているように見えたことだけではなく、この仮説が、ジハード唱道者《ジハーディスト》たちが何年も前から言ってきたことを確認しているように見えたことにあろう。「これ［文明の衝突］はたいへん明白な事実である」とウサーマ・ビン・ラーディンは二〇〇一年一〇月にアル・ジャジーラのテレビ・リポーターに語っている。「クルアーンにも預言者の言行録にも証明され［ており］、信仰が厚いと断言する真の信者ならばみな、だれが何と言おうと、この事実を疑うはずがない」[2]。

アメリカでは、ハンチントンのこの仮説は、たちまち「対テロ戦争」の哲学的な裏づけになった。それはまるで、九・一一の出来事を、だれもが歴史的役割を演じるように仕組まれた、非常にわかりやすいドラマに当てはめる必要があったかのように。当時のアメリカ人の心理にもっとも適しているように見えたこのドラマは、ギリシア悲劇作家ソフォクレスを思わせるプロローグで幕開けする。二つの見えない勢力――「イスラーム教徒」と「欧米人」――が、たがいに勢いよく進み出て、大詰めの避けがたい衝突にいたる。それは光と大音響の爆発で双方が突然舞台に登場するまで、人間の目には見えないが神々によってはるか前から定められていた筋書きなのだ。

このような間違った思い込みから生まれた理論に、もっとも基本的な疑問を投げかける人はあとを絶たない。たとえば、「イスラーム文明」(あるいは、「西洋文明」)とは何か? それは世界に一五億人いるムスリムの一〇%しか住んでいないアラブ世界の文化的伝統を指すのか? それはもしかしたら、イスラームの初期の進化に大きな影響を与えたが、その起源は預言者ムハンマドの誕生の一〇〇〇年も前に遡るもので、アラブ文化とほとんど共通点がないペルシア文明を意味するのか? あるいは、十三世紀に中東全域を併呑したモンゴル帝国のことを言うのか? それとも、その後七〇〇年にわたってムスリム世界の大半に規範、倫理、美意識、理想を行きわたらせたオスマン帝国を指すのか?

実際には、このような特色ある文化のどれも、「イスラーム文明」を意味していない。この言葉は、どんな場所のどのような時代における、いかなるムスリム集団によって達成された特定文化、社会、統治国家をも指していない。それはまったく何も意味しておらず、想像上の「西洋文明」がエキゾチックなものを抽象化する過程で、対置する存在を手っ取り早く定義し、それを同じように想像上の「イスラーム文明」として一括《ひとくく》りにしたにすぎない。事実、「イスラーム文明」という言葉には何の意味もないとすれば、それは単に「イスラーム」と言っているにすぎず、「西洋文明」が「キリスト教」の略語であるのと変わりがない。ハンチントン自身もおおむねそれを認めている。「欧米にとって、その根底にある問題はイスラーム原理主義《ファンダメンタリズム》ではなく、イスラームそのものである」(3)と彼はこの影響力の大きい本で述べている。

「文明の衝突」論は、モロッコからマレーシアにいたるアラブ・ムスリム世界の多様な文化を一括りにして、同質の、歴史的に避けがたい敵に見立て、これをジハード唱道《ジハーディズム》運動に対抗するイデオロギー闘争の基盤として利用している限り、「対テロ戦争」は事実上、「対イスラーム戦争」であるという何ともお粗末な主張である。つまりこれには、テロリズムとの本質的な闘いとしての概念がまったく念頭に入れられていないのである。もし念頭に入れていたとすれば、スペインのバスク分離主義者、東チモールのキリスト教徒の蜂起、スリランカのヒンドゥー教徒でマルクス主義組織「タミル・イーラム解放のトラ」、インド東部の毛沢東主義者の反乱、イスラエルの宗教指導者《ラビ》カハネが創設した極右政党、アイルランド共和国軍、パンジャブ地方のシーク教徒分離主義者、マルクス主義組織「ムジャヒディーン・ハルク」、「クルド労働者党」（ＰＫＫ）などといったテロリストもそこに含まれていたはずだ。どちらかと言えば、これはイスラーム教徒という存在に限って適用される特定のテロリズムに対する闘いだった。このイデオロギー上の闘争が、じわじわと意図的に、二〇〇一年九月一一日にアメリカを攻撃した人たちや彼らを支持する組織ばかりでなく、パレスチナにおける「ハマース」、レバノンの「ヒズボラ」、エジプトの「ムスリム同胞団」、イランの宗教指導者体制、イラクのシーア派蜂起、チェチェンの反乱軍、カシミールの過激派、ターリバーン、その他のムスリムを名乗り、テロリズムを戦術として用いている本質的にはたがいに異なるグループの絶え間なく拡大する陰謀にまで広げられた理由はそこにある。「対テロ戦争」の元になっている語り草によれば、それらは共通の予定表を持ち、一つのイデオロギーを共有する一枚岩的な敵なのである。これらの多くのグループが、たがいをアメリカ以上に深刻な脅威と考えていることや、彼らがたがいにあまりにも異なるため、政治的願望も宗教的信念もまったく相容れないことがあり、おまけに、「対テロ戦争」が叫ばれるまでは、アメリカをいかなる戦争においても敵と考えたことは一度もないグループが多いことも意に介さない。

すると、地球上のムスリムの八〇％が、アメリカは「イスラーム世界を弱体化し分裂させ」ようとしていると信じるようになり、約三分の二が「対テロ戦争」の目的は、「この地域にキリスト教を広めることにある」[4]というようになったのも不思議ではない。世界のムスリムが多数派を占める国はどこでも、アメリカを肯定的に受け止めている割合は、いつの時点でも、そのもっとも忠実な同盟国のなかでさえも低下した。二〇〇六年に行なわれたピュー・グローバル・アティテュード・プロジェクトの調査によると、エジプト人の七〇%、インドネシア人の七〇%、パキスタン人の七三%、ヨルダン人の八五%、トルコ人の八八%(いずれもアメリカの同盟国)がアメリカを否定的に見ている。「対テロ戦争」がムスリムの心情や知性にとってはイデオロギー闘争を意味していたのだとすれば、この闘争はとっくに敗北していることにもはや疑問の余地はない。

そんなはずではなかった。当時のアメリカ国務長官コンドリーザ・ライスは二〇〇五年、エジプトを訪問して、カイロ・アメリカン大学に集まった学生と教授陣の前に立ち、驚くべき告白をした。「わが国アメリカは、六十年にわたって、ここ中東地域の安定化を図るために民主主義を犠牲にしてきました——ところが、そのどちらの目的も達成できていません。そこで方針を変えようとしています。われわれはすべての人々の民主主義への抱負を支持しようとしています」[(5)]。これが半世紀にわたって臆面もなくつづけられてきたアメリカの中東における外交政策であったとは驚くほかない。

ライス国務長官は、「ブッシュ・ドクトリン」と呼ばれる大まかにまとめられた外交政策原則を触れ回っていた。そのなかには、もっと危険な計画(たとえば予防戦争の原則)も提示されていた。アメリカの政策は「この世の圧政を終わらせることを究極の目的に、すべての国民と文化のなかで民主主義運動と制度の発達を求め、支援する」[6]ことになるはずであるという。ブッシュ自身が二期目の大統領就任演説でこう宣言した。「圧政下で希望のない生活をしているすべての人々が、アメリカはあなたがたが受けている抑圧を無視せず、あなたがたの抑圧者を許さないことを知るでありましょう。あなたがたが自由を求めて立ち上がるとき、われわれはあなたがたの味方になります」[7]。

中東に民主主義を推進することは、新しくもめずらしくもない発想である。過去のいくつもの政権が、この地域全体の政治的、社会的改革を無理に押しつけてきた。だが、ブッシュが提案しているように見えたのは、民主主義の推進が、今後アメリカとムスリム世界のあいだの関係の基盤になりそうな土台を形成するという、形を変えたプロジェクトであった。

おそらくこの理由のためであろう。ブッシュはアメリカでも、海外でも徹底的に笑いぐさにされた。アメリカのメディアの大半は、彼の美辞麗句で飾った民主主義は、イラク侵攻を正当化するためにすぎないとこき下ろした。アラブの新聞もまた、ブッシュの民主主義プロジェクトは本物ではなく、偽善的で、「自由」と「解放」を拡大することを口実に、ムスリム世界と終わりなき戦争を行なう言いわけだと嘲笑った。「抑圧、投獄、追放に立ち向かう」民主的な改革者に味方するというブッシュの約束は、ジョークだと思われた。なぜなら、こうした改革者たちは、エジプト、ヨルダン、サウディアラビア、モロッコなどアメリカの独裁的な同盟国の手によって行なわれる迫害に立ち向かおうとしているからだ。これらの国々はみな、体制側が少しでも弱みを見せたら、中東はたちまち過激派イスラーム主義者に乗っ取られると、欧米列強に何十年も信じ込ませてきたのである。

それでもブッシュ政権は、エジプト大統領ホスニ・ムバラク（アンワール・サダトの後継者）に圧力をかけて、国会議員選挙にこれまで禁止されていたムスリム同胞団のメンバーを参加させることに同意させた（ムバラクはエジプトで初めての対立候補が立った大統領選挙に、反体制派の政治活動家アイマン・ヌールの立候補も認めた）。ブッシュ政権はレバノン政府にも選挙を行なうように圧力をかけた結果、ヒズボラがより多くの議席を占めることになった。そしておそらく、最も賢明な措置は、ブッシュ政権がパレスチナ人に初めて、自由で公正な選挙で自分たちの政治指導者を選ぶ機会を与えたことであろう。

しばらくのあいだ、政治的流砂が中東へとながれて行くように見えた。英『エコノミスト』誌の言葉を借りれば、「世界で最も民主的でなかった地域の権力が、長々と安座していた支配者から反抗的な臣民に渡され始めた」[8]。アメリカに対して広がっていた懸念、とりわけジョージ・W・ブッシュへの強烈な憎しみにもかかわらず、アラブの街角には、アメリカとムスリム世界とのあいだの関係について、アメリカは十字軍としてではなく、疎外された者の擁護者として登場する新しい物語が書かれるかも知れないという純粋な感触があった。この地域の大多数の人たちが、世論調査員に対して、アメリカは本当にムスリム世界が民主主義国に向かって前進するのを見たいと思っているのだと信じていると語った。[9] ブッシュ大統領の二期目の就任演説から数か月後に行なわれたギャラップ・インターナショナルの調査では、中東の七八％の人たちが、民主主義は「一番よい政府の形」と考えていることがわかった。[10] 一年後の二〇〇六年のピューの調査では、欧米の一般人の大半は、民主主義は「欧米的なことの運び方で、多くのムスリム国ではうまく行かない」[11]と考えているのに対し、調査を行なったどのムスリム国でも、相対的多数もしくは大多数がその論議をきっぱりと否定し、自分たちの国に民主主義を要求した。アルジェリア、イエメン、チュニジア、バーレーン、ヨルダン、モロッコ、サウディアラビアでさえ民主化熱の波はこれらの国々の専制的な政治体制への前例のない政治的挑戦になっている。ようやく機会が到来したというわくわくした気持ちが、専制的な社会で人生を過ごしてきた大勢の人たちを、たとえどんなに小さなことでもいいからという思いで、自分たちの政治的運命を自分で選択するために投票所に向かわせたのである。

するとびっくりするような結果が出た。レバノンでは、ヒズボラが議会で一四席（前回より三席増）をとり、閣僚ポストも二つ獲得した。ヨルダンではムスリム同胞団の分派で、イスラーム主義政党である「イスラーム行動戦線」が議会の一五％の議席を獲得した。そしてもちろん、パレスチナでは、ハマースが政敵であるファタハをやぶって、パレスチナ自治政府の支配権を獲得した。

しかも、アラブ世界の首都で初めて、コンドリーザ・ライスがブッシュ・ドクトリンを発表したエジプトでは、民主主義推進の実験がもっとも目に見える形で試された。投票者を殴ったり、発砲したりするムバラクの警備隊が、投票所を閉鎖したり、反体制派のリーダーを手当たり次第に投獄するなか、独自の立候補者を立てたムスリム同胞団のメンバーが、エジプト議会の四四四議席のうち八八議席を獲得して、事実上、この国初の本格的な野党になった(12)。

活動を禁止されていた反体制グループから政権のれっきとしたメンバーになったモロッコやトルコのイスラーム主義政党と同様、エジプトのムスリム同胞団も、政府内で責任ある仕事をするようになると（無責任な反体制運動をするのとはちがって）、過激なイデオロギーを振り回す余地はほとんどなくなった。ムスリム同胞団は、この地域のアラブ人指導者たちが警告していたような、エジプトを神政国に変えようとする予想とは大違いの行動に出た。政治参加できた機会を徹底的に活用し、議会内のリベラル派のインテリ層や世俗派の民主主義者と同盟を結んだ。ムスリム同胞団のメンバーは、信教、集会、発言の自由を含むより大きな政治的自由を求めて、体制側に圧力をかけた。彼らは、他の反体制グループばかりでなく、ムバラク自身の率いる国民民主党メンバーとさえ提携し、サダトの暗殺後、三十年にわたりムバラクにこの国の専制的支配を許した非常事態法の撤廃を試みている。このような行動が、硬直したエジプト議会を初めて事実上の立法議会に近いものへと変貌させた。ムスリム同胞団は徐々に、そのもっとも堅実な批評家たちにさえも、もし機会を与えられれば、同胞団がエジプト政治の合法的な政治勢力になりうるという確信を与えた。ところが、まさにその理由のために、ムバラクはその警察国家の全力を挙げて彼らを抑えにかかったのである。

自分の権力基盤を強化し、ムスリム同胞団の人気増大を押さえこもうとするこうした果敢な行動の一環として、ムバラクは地方議会選挙を取りやめ、憲法の一部改正（同胞団とその同盟者の勇敢なボイコットにもかかわらず）を強行し、大統領選挙に彼の対立候補として立候補したリベラルな民主主義者アイマン・ヌールを含む大勢の弁護士、裁判官、ジャーナリスト、政敵らを一斉検挙して、全員を投獄した。

世界は息を凝らして、ムバラクの厳重な取締りだけではなく、この地域全体に起こりつつある政治改革の全廃に対していかに対処するべきか、アメリカからの合図を待った。当然のことながら、アメリカばかりか世界中の指導者たちの側にも、ハマースやヒズボラのようなアメリカのこの地域における利害関係と著しく矛盾するイデオロギー綱領を掲げる過激派グループを容認することについては途方もなく大きな懸念があった。だが、もしムスリム同胞団が反体制運動から一つの政党へと変身することができれば、おそらくそれが手本になって、他のイスラーム主義グループも武器を下に置いて、代わりに投票用紙を手に取るようになるのではないかという気持ちもあった。

世界が待ちに待った回答は、ライス国務長官が翌年の二〇〇六年に引きつづきカイロを訪問したときに出された。ムバラクの隣りに立った彼女は、彼の「民主的な」改革を賞賛し、取り止めになった選挙や、ムバラクの敵対者の逮捕にはまったく言及しなかった。のちにライスがワシントンへ帰途についたあと、ムバラクは、長官が「むずかしい問題を持ち出さず、何一つ変化を求めもせず、政治改革に介入もしなかった……彼女はエジプトで行なわれている政治改革と民主主義の履行の仕方に納得したのだ」[13]と誇らしげに言った。実は、ライスがエジプトにきた目的はただ一つ、ムバラクにパレスチナにおけるハマースの勢力を削ぐ手段としてハマースへの援助を断ち切らせ、ヨーロッパ、アメリカ、イスラエル陣営に加わるよう説得することだったのだ。

その趣意は明らかだった。レバノンやパレスチナで民主的に選ばれた指導者たちとかかわり合うのを拒否し、ヨルダン、エジプト、モロッコ、サウディアラビアなどの専制的な行動に逆戻りする同盟国のほうを向くことによって、アメリカが世界に、民主主義への参加を通じた平和的な政治改革を約束したのは嘘だったことがわかってしまった。結局、アイマン・ザワヒリが、ムスリム同胞団、ハマース、ヒズボラ、その他のイスラーム主義グループが真っ先にアメリカを信じて選挙に参加したことをこてんぱんにけなしたビデオ・テープのメッセージどおりになってしまったのだ。「民主主義のような背信行為［の制度］を提示してイスラーム教徒を誘い込む人間は……不信仰者《カーフィル》である」[14]とザワヒリはムスリム同胞団を批判した『痛恨の報い——同胞団の六十年』〔*The Bitter Harvest: The Brotherhood in Sixty Years*〕という広く行きわたっている彼の著書に書いている。「『民主的なムスリム』もしくは民主主義を呼びかけるムスリムは……不信仰者《カーフィル》である」。

過去数年間にわたってぎこちなく推進されてきた「民主主義」体験は、アメリカだけではなく民主主義そのものに対して中東全域に広範な敵意を生み出したと言っても過言ではないであろう。「民主主義」という言葉そのものが、ブッシュ政権の歴然とした偽善と外交的不手際で、「対テロ戦争」を仮想戦争《コズミック・ウォー》に変貌させたことによって傷つけられてしまった。その結果、アフガニスタンとイラクでの戦争で心身の苦悩、困窮、失意、死は増え、アメリカの価値観と理想に大幅に反したアル・カーイダ戦士の追跡が行なわれ、到来するはずの自由と民族自決を支持するというアメリカの言質は覆され、中東における社会的、政治的改革への抱負は成就しないままになっている。実際、この地域の多くで、民主主義は混沌と闘争の代名詞、よくても体制変革のおだやかな婉曲表現になってしまっている。

だが、アメリカの前政権の政策がジハード唱道運動を強化させ、とりわけムスリム青年層にその魅力を強く感じさせるようになっただけである一方、過去数年間のしがらみを投げ捨て、別な取り組み方で過激派イスラーム教徒に対するイデオロギー闘争に対処するための好機が、アメリカでようやく始まろうとしている。ジョージ・W・ブッシュが二〇〇一年九月一一日の攻撃の数日後に、「われわれにつくか、テロリストにつくか、どちらかだ[15]」、「この闘争に中立地帯はない[16]」と世界に向かって警告する容赦のない最後通牒を叩きつけてから八年後、バラク・フセイン・オバマの大統領選出は、中東における方程式を変え、ムスリムのあいだでのアメリカに対する観念をつくり替えた。実際、彼の大統領就任のまさにその瞬間から、オバマ大統領は、ムスリムが多数派を占める国々の市民の注意を、相手を尊重し合う言語を通して積極的に、大胆に引きつけることを自分の使命とした（欧米諸国との関係を妨げているものは何かと訊かれて、圧倒的多数のムスリムが、彼らへの尊重の欠如を第一の理由に挙げている）。「私の任務は、ムスリム世界には自分の暮しを立て、子供たちによりよい人生を願っているだけのすばらしい人たちが満ち満ちていることをアメリカ人に伝えることです[17]」とオバマは当選数か月後の大統領としての初会見に、アラブのニュース・チャンネル「アル・アラビーヤ」のインタビューに答えて語っている。「ムスリム世界への私の任務は、アメリカ人はあなたがたの敵ではないことを伝えることです」。

オバマの言葉は、単なる文明の衝突思考の否認にとどまっていない。その言葉は、アフリカ出身のムスリムの父とカンザス州出身のキリスト教徒の母の息子である自分自身を、イスラーム文明と西洋文明を一つにつなげる架け橋にしようとする努力の一端であるように思われる。そして、その言葉は、ザワヒリやビン・ラーディンのようなジハード唱道者たちに、「私の家族にはムスリムがいます。私はムスリム国に住んだ経験もあります[18]」と誇らしげに宣言するアメリカ大統領への何らかの対応を急がせることになった。

けれども、このアメリカの新大統領が、前政権の宗教的に二極化したレトリックや仮想的世界観を排除し、これまであまりにもしばしば、アメリカ人から悪魔扱いされてきた世界の一部と新たな関係を醸成しようとしていることは賞められてよいことである一方、地球規模のジハード唱道運動を支えつづけている悲憤に対する取り組みが十分に行なわれていないのであれば、たとえ前任者の中東における民主主義推進の努力がぎこちなく、ぎくしゃくしたものだったとはいえ、それを放棄してはならない。たとえば、二〇〇九年六月にカイロで行なわれた「ムスリム世界への取り組み」と題する彼の歴史的演説において、オバマは「占領地」とされているパレスチナ人領土の実情に触れ、パレスチナ人の日常的な屈辱についての感動的なスピーチを行なった。「占領地」などという言葉をこれまでに使ったことのあるアメリカ大統領は一人もいなかった。だが、彼は民主主義についてはほとんど言及せず、ムスリムが多数派を占めるほとんどすべての国で選挙のたびに示唆される問題の一つが、ムスリムの最大の関心である政治的権利の欠如であることについては、ありきたりの言葉以上のものをほとんど差し出さなかった。たいへん印象的だったのは、民主主義のトピックについて彼が発した数語が、会場の聴衆からもっとも大きく、もっとも長い拍手を受けたことである。これはオバマが無視することのできないトピックであることを示唆していた。

この問題について、ブッシュ大統領が正しかったことが一つある。過激派グループのアピールを根底から覆し、ムスリムの過激化を堰き止めるには、真に民主的な改革を行なうしかないということだ。だが、この仕事には口先だけの演説や内実のない約束以上のものが必要であろう。この地域のアメリカの同盟国（つまり、毎年アメリカから数十億ドルの経済、軍事援助を受けている国々）に対し、政府にもの申したい国民の増大する要求を認めさせ、政敵に対する恣意的な投獄や発言の禁止をやめさせ、とりわけ責任ある行政に参加したがっている宗教的ナショナリスト・グループにより大きな政治参加を認めるよう、活発で持続性のある圧力をかけていかなくてはならない。ブッシュ流の民主主義推進のせいで中東のとくにレバノンとパレスチナで暴力と不安定状態が増大しているにもかかわらず、この地域の平和と繁栄への解決の糸口は、さらなる民主化であって、その抑制ではないのだ。

このような不安定な地域で政治改革を進めるには、明らかに危険がともなう。二〇〇六年のイスラエルとレバノンの戦争（ヒズボラがイスラエル軍のパトロール兵を攻撃したことがきっかけになった）やそれにつづくイスラエルとハマースのガザ地区における闘争は、どちらも世界のこの地域における民主主義推進の危険を顕著に思い起こさせる。「アラブ民主主義の見返りがこの混沌か?[19]」とオンライン・ジャーナルの「スレート」が見出しで問いかけた。たしかに、中東での真に民主的な選挙によって生まれるであろう政府のなかには、アメリカと利害関係の対立する見解をもち、そうした政策を遂行しようとするところも出てくるかもしれない。だが、これらの国々の支配体制側が（アメリカの暗黙の承認のもとに）国民の要望を無視しつづける限り、他方でムスリム同胞団、ハマース、ヒズボラなどのイスラーム主義集団が国民の社会・経済的需要に対処するために働き、地域住民はみな、こっそりイスラーム主義者を支持しつづけることになる——彼らがそうするのは無理もないのだ。選挙になれば、町をきれいにする者が票を獲得するのは政治的に自明の理である。人々にイスラーム主義者を選ぶことができないようにするには、そうできない理由を彼らに与える必要があるのである。

中東における民主主義の推進に何らかの危険がともなうときはいつでも、人々は地域安定の達成を願って政治改革を抑制しつづけることにまつわる危険と比較して青ざめる。テロリズムは、合法的な政治的反体制派の存在が公共の場にない社会にはびこる。「解放の神学」運動で見てきたように、平和的な声を押し黙らせると、暴力が政治的意思表明の唯一の源《みなもと》になるのである。中東全土を通して、穏健なイスラーム主義政党が政治プロセスに参加を許されているときはいつでも、過激派グループへの国民の支持は下火になっている。トルコの公正発展党（AKP）の場合を考えてみていただきたい。かつて非合法化されていた反体制グループから、財政破綻寸前のトルコを回復させて、有力な政治勢力へと変貌を遂げたAKPは、イスラエルやアメリカとの絆を改善し、この国の抑圧されていたクルド人少数派により大きな自由を与え、事実上、「東部イスラーム戦士戦線」や「イスラーム解放運動」などのこの国の過激派宗教グループ[20]への国民の支持を切り崩した。逆に言えば、イスラーム主義の反体制派が抑圧されると、過激派グループや宗教的過激派の人気が高まる。一九九〇年代にほぼ十年近く国中を荒廃させたアルジェリアの内戦は、その適例である。アルジェリアの超過激なジハード唱道者組織「武装イスラーム集団」（GIA）の台頭は、政府がもっと穏健なイスラーム主義者の集団「イスラーム救国戦線」（FIS）の政治参加を禁止した直接の結果として起こったものである。

言葉を換えれば、イスラーム主義はジハード唱道運動の引き立て役を演じることができる。ジハード唱道者が仮想空間にその目的と抱負を置いているのとちがって、イスラーム主義者は、国家が対処できる具体的な目標と合法的な抱負をもっている。ジハード唱道者が政治参加を不信仰者の行為と見ているのに対し、イスラーム主義者政党はムスリム世界のどこでも、守るべきしっかりした政治的ルールのもとに公正な統治の機会が与えられれば、人権、女性の権利、政府の説明責任、法の支配、多元主義、法改革などの民主主義の理想に参与する責任ある政治的役者として進出できることが、終始一貫、証明されている。イスラーム主義政党が選挙で勝利すれば、民主主義は消滅するという予言は、これまでのところ間違いであることは明らかだ。事実、中東で穏健派に近いイスラーム主義者と、過激派に近いイスラーム主義者のどちらかを選ぶ機会が与えられれば、人々は常に穏健派の側についている（暴力行為と扇動的なレトリックで知られているハマースは、たとえば、その強烈なライバルである「パレスチナ・イスラーム聖戦」と比べれば、パレスチナではずっと穏健で、協調的なイスラーム主義グループであることを知っておくべきだ）。パキスタンの北西辺境州においてさえ、アル・カーイダやターリバーンの基地、ビン・ラーディンやザワヒリが隠れているような場所でさえ、いくつかの筋金入りのイスラーム政党と穏健なアワミ国民党のあいだの選挙戦で、後者が大勝している。

選挙で民主国家が生まれるわけではないとよく言われる。それは確かな事実だ。だが、ハマースがある程度制限をかけられた上で、パレスチナの自由に選ばれた政権内で適切な場所を与えられていたらどうなっていたか、ちょっと想像してみていただきたい（議会選挙でファタハに勝利したあとにつづいた流血事件を思うと、確かにむずかしい課題だが）。ハマースがエジプトのムスリム同胞団、さらに言えば、国際的に認められた政治団体（しかもアメリカやイスラエルと提携する）になるまではテロリストと呼ばれていたファタハで起こったような変貌を遂げていたとは考えられないだろうか？　たとえば、すでに述べたガザ地区のウム・アル・ナスルの惨事においても、イスラエルあるいはアメリカのせいではなく、ハマース政権が責任を問われていたのではないか？　言葉を換えれば、ハマースが統治したり、それがうまくいかなかったりする機会を与えられていたとしたら、パレスチナ人一般からのあれほど人気のある支持をいまだに謳歌していられたであろうか？　あるいは、人々はハマースに背を向けて、もっとイデオロギー色の少ない、もっと協調的で有能なファタハのような政党を好むようになっていただろうか？　それともファタハの失政が人々をハマースに向かわせたのか？　おそらく、永遠にわからないだろう。だが、一つだけ確かなことがある。選挙で民主国が生まれるはずがないのは本当かも知れないが、パレスチナのようなところでは、自由で公正な選挙が二回連続して行なわれていれば、かなりよい出発点になっていたであろう。

結局、この問題については、実際には選択の余地がない。中東全土における民主的改革がイスラーム主義政党の積極的な参加なしに行なわれるとは考えられない。たとえハマースやヒズボラのような、もっと過激なグループでさえも政界に参入させる必要がある。相変わらずテロリスト活動をつづけているにもかかわらず、この二つのグループはそれぞれの国のもっとも活力のある政治組織でありつづけている。そのような組織を（パレスチナ国家やレバノン国家に密着したような存在ではあるが）「国家に属さない存在」とみなし、彼らの政治的合法性の主張を退けることは、彼らの実力や人気を低下させることにならないであろう。だが、一定の認められた枠内でこうした宗教的ナショナリストたちを政治プロセスにもっと全面的に参加させれば、ムスリム同胞団やトルコのＡＫＰで起こったように、彼らの過激なイデオロギーを穏健化するように強く求めることは可能であろう。

すでに見てきたように、シオニストであろうと、キリスト教主義者であろうと、イスラーム主義者であろうと、宗教的ナショナリズムは、グローバル化が進み、ますます境界のない世界にあっては避けがたい。だが、それはそんなに悪いことではないかも知れない。非宗教的な独裁主義とジハード唱道者の狂信的行為の狭間では（この舵取りのむずかしい危険な地帯ではしばしばこの二つの選択肢しかない）、イスラーム主義は望ましい中間的地帯かも知れないのだ。実際、それはジハード唱導運動《ジハーディズム》への解毒剤になりうる。

もちろん、過去の成果や前例とは関係なく、イスラーム的価値観を信奉する政党は決して民主的ではありえないのだから、イスラームと民主主義はどう見ても両立しないと主張しつづける人たちもいる。だが、そのような見解は、インドネシア、マレーシア、セネガル、モロッコ、エジプト、バングラデシュなど、たくさんのイスラームの影響を受けた民主主義運動の成功例を無視しているばかりでなく、ムスリム世界における政治改革への希望を先送りすることになる。

このような基本的事実が紛れもなく証明されているのは、ガザ地区をおいて他にない。なぜなら、イスラエルとパレスチナのあいだの暴力の連鎖（領土や資源をめぐる闘争、あるいは神を味方にした仮想戦争《コズミック・ウォー》にしても）をどう見ようと、イスラーム主義者グループが責任ある政党に進化できるかどうかをどれほど信じられるか、中東における平和への希望をどう思うかに関して、一つだけ明らかなことがある。パレスチナ人を分断させ、ガザを封鎖し、ハマースとイスラエルのあいだの戦争を起こし、究極的には一五〇万人のパレスチナ人の命を奪ったのは、民主主義の約束ではなく、その約束の撤回だったからだ。それゆえ、長い目で見て、パレスチナばかりでなく、中東全域に平和と安定をもたらすのは、民主主義の抑制ではなく、むしろその継続的な推進であろう。最終的に地球規模のジハード唱道運動を敗北させるのは、この地域におけるすべての政党によるより広範な政治参加を、着実に、辛抱強く、積極的に進めていくことであろう。なぜなら、ジハード唱道運動の炎を燃え立たせつづけているのは、まさにそのような政治参加の欠落とその結果として生じた悲憤だからである。言葉を換えれば、過激なジハード唱道者を探し出して潰滅させるだけでは十分ではない。私たち自身も、ジハード唱道者のイデオロギーの魅力を鈍化させるような、ムスリムが多数派を占める国すべてに開かれた宗教的、政治的環境づくりに努力しなければならない。まさに私たちが知っているような「対テロ戦争」

はやがて終わる可能性がある。だが、社会運動としての地球規模のジハード唱道運動を阻止する闘争は、さまざまな方法で始まったばかりなのである。

イスラーム主義　イスラーム教徒のナショナリズム。政治的イデオロギーとしてのイスラーム。

ジャーヒリーヤ　無明時代。アラビア半島におけるイスラーム勃興以前の時代。

カーフィル　不信仰者。

クトゥブ主義者　エジプトの知識人で急進的な「ムスリム同胞団」のメンバーだったサイイド・クトゥブの信奉者。

宗教シオニズム　聖書に書かれているイスラエルの再興を求めるイスラエル・ユダヤ人の運動。

サラフィー主義　初期のムスリム共同体への精神的回帰を求める20世紀のスンナ派イスラーム教徒の運動。

シャハーダ（信仰告白）　ムスリムの信仰告白。「アッラーのほかに神なし、ムハンマドはその使徒なり」と唱える。

シャリーア　イスラーム法。

タクフィール　あるムスリムを不信仰者と一方的に宣言する慣習。

「神殿の丘」／ハラム・アッシャリフ　かつてエルサレム神殿があり、今は「岩のドーム」が建つエルサレムのモリヤ山の頂上にある台地。

ウラマー　イスラームの宗教指導者階級。イスラームの宗教学者集団。

ウンマ　世界規模のムスリム共同体。

ワッハーブ主義　19世紀にアラブ人改革者ムハンマド・イブン・アブド・アル・ワッハーブによって設立されたイスラームの超保守的一派。ムワッヒドゥーンとも呼ばれる。

ワクフ　イスラームの宗教寄進財産。エルサレムのイスラーム宗務省も指す。

ゼロット（熱心党）　1世紀のパレスチナでローマに対する蜂起を先導したユダヤ人過激派の運動。

シオニズム　ユダヤ人国家を支援する非宗教的ナショナリスト運動。

用語解説

アル・ナクバ　「大災害」。パレスチナ人がイスラエル国家の誕生とその結果として起こった難民危機を指して言う言葉。

アルワラ・ワ・アルバラ　ジハード唱道運動の核心となる「忠誠と離反」の教義。

カリフ　イスラーム共同体の政治的最高位者。カリフ座は1924年にムスタファ・ケマル・アタチュルクによって廃止された。

クリスチャニスト／ドミニオニスト　クリスチャン・ナショナリスト、政治的イデオロギーとしてのキリスト教信者。

クリスチャン・シオニズム　福音派プロテスタントのイスラエル国家支持運動。

ダール・アル・イスラーム　「イスラーム圏」。イスラーム政権の支配下にある領土。

ダール・アル・クフル　「不信仰者の圏」。イスラーム政権の支配下にはない領土。

エレツ・イスラエル　イスラエルの地。聖書に出てくる神との契約の地。

エヴァンジェリカリズム（福音主義）　18世紀の英国で始まったプロテスタント・キリスト教徒の社会運動。

ファンダメンタリズム（原理主義）　20世紀アメリカの福音主義唱道運動。

グローバル・ジハーディズム（地球規模のジハード唱道運動）
20世紀のアラブ改革運動（サラフィー主義）に起源をもつスンナ派ムスリムの戦闘的社会運動。

グッシュ・エムニム　「信者集団」の意。イスラエルの急進的ユダヤ人入植者の運動。

ホヴェヴェイ・ツィヨン　「シオンを愛する者」の意。レオン・ピンスキーを創立者とするユダヤ人入植者運動。

(4) 世論調査の結果は、WorldPublicOpinion.org. で見られる。アメリカに対して非好意的な見方をしているのはムスリムが多数の国々ばかりではない。スペイン人77%、ドイツ人63%、英国人44%、フランス人61%がアメリカに対して否定的な見方をしており、この数字はこれまでになく高いものになっている。
(5) スピーチの全文は、www.state.gov/secretary/rm/2005/48328.htm. で見られる。
(6) スピーチの全文は、www.whitehouse.gov/news/releases/2005/01/20050120-1.html. で見られる。
(7) 同上。
(8) "Regression Analysis," *The Economist*, March 17, 2007, 52.
(9) ムスリムの民主主義の受け止め方については、WorldPublicOpinion.org の一連の調査を参照されたい。
(10) www.voice-of-the-people.net.
(11) http://pewglobal.org/reports/display.php?ReportID=253.
(12) James Traub, "Muslim Democrats?" *The New York Times Magazine,* April 29, 2007, 44-49 を参照されたい。
(13) Rick Kelly, "Mubarak Regime Cracks Down on Opposition," World Socialist website, March 11,2006; www.wsws.org/articles/2006/mars2006/egyp-m11.shtml.
(14) *The Al-Qaeda Reader*, 136 に引用されたアイマン・ザワヒリの言葉。
(15) ジョージ・W・ブッシュ、2001年9月20日の上下両院合同会議での演説。全文は、www.whitehouse.gov/news/releases/2001/09/20010920-8.html を参照。
(16) ジョージ・W・ブッシュ、2001年9月20日の上下両院合同会議での演説。全文は、www.whitehouse.gov/news/releases/2001/10/20011007-8.html を参照。
(17)「アル・アラビーヤ」テレビによるオバマのインタビュー、2009年1月26日。
(18) 同上。
(19) www.slate.com/id/2145892/.
(20) トルコの過激派イスラーム主義者についての詳細は、Ely Karmon, "Radical Islamic Political Groups in Turkey," *Middle East Review of International Affairs* 1, no.4 (1997) を参照されたい。http://meria.biu.ac.il/journal/1997/issue4/jvln4a2.html. でも見ることができる。

Press, 2008), 216.
(26) Tarrow, *Power in Movement*, 94.
(27) Konrad Pedziwiatr, "Muslims in Europe: Demography and Organizations," in *Islam in the European Union*, ed. Yunas Samad and Katsuri Sen (Oxford, England: Oxford University Press, 2007), 26-59.
(28) Robert J. Pauly, *Islam in Europe: Integration or Marginalization?*(Burlington, Vt.: Ashgate, 2004), 99.
(29) "Again Anti-Europeanism," *The Economist*, April 28, 2007, 40.
(30) Marc Sageman, *Leaderless Jihad* (Philadelphia: University of Pennsylvania Press, 2008), 65.
(31) Bassam Tibi, "Muslim Migrants in Europe: Between Euro-Islam and Ghettoization," in *Muslim Europe or Euro-Islam,* ed. Nezar AlSayyad and Manuel Castells(Lanham, Md.: Lexington Books, 2002),31-52 を参照されたい。
(32) Tarrow, *Power in Movement*, 4.
(33) Segeman, *Leaderless Jihad*, 52.
(34) Ben Harburg と Siddik Bakir による Humanity in Action 用に準備した未刊の報告書 "Die Geister, die ich rief!" (The Ghosts That I Awoke): German Anti-Terror Law and Religious Extremism より。
(35) *The Al-Qaeda Reader*, 252 に引用されたビン・ラーディンの言葉。
(36) Jocelyn Cesari, "The Hybrid and Globalized Islam of Western Europe," in *Islam in the European Union*, ed. Yunas Samad and Katsuri Sen (Oxford, England: Oxford University Press, 2007), 108-122; 113.
(37) *The Al-Qaeda Reader,* 269 に引用されたビン・ラーディンの言葉。
(38) 同上、268.
(39) Olivier Roy, *Globalized Islam* (New York: Columbia University Press, 2004),31 を参照されたい。
(40) "My Brother the Bomber," *Prospect Magazine*, June 2007 に引用された Hassan Butt の言葉。
(41) Ian Herbert, "How British Muslim Whose Partner Died in 7 July Attacks Confronted Bomber's Father," *The Independent,* July 6, 2006.
(42) Roy, *Globalized Islam*, x.

第7章　中間地帯

(1) Samuel Huntington, "The Clash of Civilizations?" *Foreign Affairs* (Summer 1993).
(2) *Messages to the World,* 124 に引用されたビン・ラーディンの言葉。
(3) Samuel Huntington, *The Clash of Civilizations and the Remaking of World Order* (New York: Simon and Schuster, 1996), 217〔『文明の衝突』鈴木主税訳、集英社、1998 年〕.

ている。"BNP Doubles Number of Counsilors," http://news.bbc.co/.uk/2/hi/uk_news/politics/4974870.stm, May 5, 2006; Dominic Casciani, "BNP Gains from Labour Disaffection," http://news.bbc.co.uk/1/hi/uk_politics/7382831.stm, May 4, 2008.

(8) 英国の歴史家 E. J. Hobsbawm は、奴隷の暴動や農民の蜂起のような「素朴、もしくは古風な形の世論喚起活動」は、前近代的な社会運動であると考えている。E. J. Hobsbawm, *Primitive Rebels*（New York: Norton, 1959）, 1.

(9) Steven M. Buechler, *Social Movements in Advanced Capitalism*（New York: Oxford University Press, 2000）, 188 を参照されたい。

(10) Immanuel Wallerstein, "Antisystemic Movements: History and Dilemmas," in *Transforming the Revolution,* ed. Samir Amin et al.（New York: Monthly Review Press, 1990）, 13-53. Wallerstein によれば、フランス革命は「近代世界のイデオロギー的動機」をつくったという。これはその後、ジハード唱道運動を含むほとんどすべての社会運動に見られる。

(11) Emile Durkheim, *Suicide: A Study in Sociology*（Glencoe, Ill.: Free Press, 1951）を参照されたい。

(12) Michael Schwartz, *Radical Protest and Social Structure*（New York: Academic Press, 1976）, 135.

(13) Buechler, *Social Movements in Advanced Capitalism,* 35 に引用されたもの。

(14) Christian Smith, *Disruptive Religion*（New York: Routledge, 1996）, 4.

(15) Aldon Morris, "The Black Church in the Civil Rights Movement: The SCLC as the Decentralized, Radical Arm of the Black Church," Smith, *Disruptive Religion*, 29-46 に引用されたもの。

(16) Mancur Olson, *The Logic of Collective Action*（Cambridge, Mass.: Harvard University Press, 1965）を参照されたい。

(17) Smith, *Disruptive Religion*, 9-22 を参照されたい。

(18) Smith, *Disruptive Religion*、105-124; 116 にある Sharon Erickson Nepstad, "Popular Religion, Protest, and Revolt: The Emergence of Political Insurgency in the Nicaraguan and Salvadoran Churches of the 1960s-80s," に引用されたもの。

(19) *Messages to the World*, 141 に引用されたビン・ラーディンの言葉。

(20) 同上、228.

(21) Sidney Tarrow, *Power in Movement*（Cambridge, England: Cambridge University Press, 1998）, 94. Tarrow はテロリズムを、もっとも極端な、儀式化された形の政治的暴力にすぎないと見ている。

(22) Nepstad, "Popular Religion, Protest, and Revolt," を参照されたい。

(23) Phillip Berryman, *The Religious Roots of Rebellion*（New York: Orbis, 1984）, 314.

(24) 同上、314-315.

(25) Mark Juergensmeyer, *Global Rebellion*（Berkeley: University of California

れたもの。

(29) Jerrold M. Post, "Terrorist Psycho-logic: Terrorist Behavior as a Product of Psychological Forces," *Origins of Terrorism*, ed. Walter Reich (Washington, D.C.: Woodrow Wilson Press, 1990), 25-40. を参照されたい。

(30) Lincoln, *Holy Terrors*, 17.

(31) Lawrence, *Messages to the World*, xxii.

(32) *The Al-Qaeda Reader*, 194 に引用されたビン・ラーディンの言葉。

(33) *The Al-Qaeda Reader*, 182 に引用されたアイマン・ザワヒリ の言葉。

(34) Peter Bergen, "The Unraveling," *The New Republic*, June 11,2008 に引用されたもの。

(35) 同上。

(36) Jason Burke, *Al-Qaeda: Casting a Shadow of Terror* (London: I. B. Tauris, 2003), 8.

(37) Lawrence Wright, " The Master Plan," *The New Yorker*, September 11,2006 を参照されたい。

第Ⅲ部　われわれの知っているような戦争の終焉

第 6 章　ジェネレーション E

(1) Krishan Kumar はこの点を、"The Nation-State, The European Union, and Transnational Identities," in *Muslim Europe or Euro-Islam*, ed. Nezar AlSayyad and Manuel Castells (Lanham, Md,: Lexington Books, 2002), 53-68 でなかなかうまく指摘している。

(2) T. R. Reid, *The United States of Europe* (New York: Penguin, 2004), 3.

(3) Olivier Roy, *Secularism Confronts Islam* (New York: Columbia University Press, 2008), 30.

(4) Mark Lander, "In Munich, Provocation in a Symbol of Foreign Faith," *The New York Times*, December 8, 2006.

(5) "Uncomfortable Politics of Identity," *The Economist*, October 14, 2006, 68; Jane Perlez, "Muslims' Veils Test Limits of Britain's Tolerance," *The New York Times*, June 22, 2007; "Deconstructing the Veil," *The Economist*, October 14, 2006, 63.

(6) 引用部分は、Chris Allen, "From Race to Religion : The New Face of Discrimination," *Muslim Britain: Communities under Pressure*, ed. Tahir Abbas (London: Zed, 2005), 49-65, 44 からとった。ほかに Matthew Taylor, "BNP Accused of Exploiting Cartoons Row with Muslim Leaflet," *The Guardian*, October 5, 2006 も参照されたい。

(7) "Who are the British Party and What Do They Stand For?" Socialist Worker Online, May 24, 2008. この文書には、BNP の創立者 John Tyndall がナチの正装で、アドルフ・ヒトラーの写真の前でポーズをとっている写真が載っ

(7) Wright, *The Looming Tower,* 190 に引用されたもの。
(8) Muhammad Saeed al-Qahtani, *Al-Wara'wal-Bara' According to the Aqeedah of the Salaf,* 英語版は http://islamworld.net/docs/wala.html. で見られる。
(9) Maulana Masood Azhar, *Virtues of the Jihad* (*Karachi:* Idara Al-Khair, 2001).
(10) Abu Muhammad 'Asim Al-Maqdisi, *Millat Ibrahim* [The Religion of Ibrahim] *and the Calling of the Prophets and Messengers and the Methods of the Transgressing Rulers in Dissolving It and Turning the Callers Away from It,* 英語版は www.maktabah.net で見られる。
(11) Abu Hamza al-Masri', *Beware of Takfir,* 英語版は、www.scribd.com/doc/2402521/Beware-of-Takfir-Abu-Hamza-AIMISRI.
(12) ザワヒリの "Al-Wala' wal-Bara' の英語版の全文については、*The Al-Qaeda Readers,* 84 を参照されたい。Raymond Ibrahim はこの文を "Whoever does love an infidel is not a Beliver." と訳している。
(13) この「法的見解」の全文（英文）は、http://amman message.com/index.php?option=com_content&task=view&id=33&Itemid=34 で見られる。
(14) Abd al-Hakim ibn al-Matroudi, *The Hanbali School of Law and Ibn Taymiyya* (London: Routledge, 2006) を参照されたい。
(15) イブン・タイミーヤの「法的見解」の全文は、Richard Bonney, *Jihad: From Qur'an to Bin Laden* (New York: Palgrave, 2005), 424-425 に収録されている。
(16) *W. Montgomery Watt, The Formative Period of Islamic Thought* (Oxford, England: Oneworld Publications, 1998), 292 に引用されたもの。
(17) Johannes J. G. Jansen, *The Neglected Duty* (New York: Macmillan. 1986),177 に引用されたもの。
(18) Shaykh ul-Islaam Taqi-ud-Deen Ahmad ibn Taymiyyah, *The Religious and Moral Doctrine of Jihad.* この本の全文（英文）は http://hss.fullerton.edu/comparative/Jihad_relmora.pdf. で見られる。
(19) Jansen, *The Neglected Duty,* 169.
(20) Sayyid Qutb, *Milestones* (India: Islamic Book Service, 2006), 26-27.
(21) Jansen, *The Neglected Duty,* 192.
(22) 同上、55 に引用されたもの。
(23) 同上、15-16.
(24) Wright, *The Looming Tower,* 50.
(25) Abdullah Azzam, *Defense of Muslim Lands,* 全文（英文）はwww.islamistwatch.org/texts/azzam/defense/defense.html. で見られる。
(26) Montasser al-Zayyat, *The Road to Al-Qaeda: The Story of Bin Laden's Right-Hand Man* (London: Pluto Press, 2004), 68-70.
(27) この「法的見解」の原文は、*Messages to the World,* 58-62 に見られる。
(28) al-Suri, *Global Islamic Resistance Call* にある言葉。Bryanjar Lia, *Architect of Global Jihad* (New York: Columbia University Press, 2008), 314-315 に引用さ

(50) www.severnsvalley.org/ministiries/faithevangelism.asp. を参照されたい。
(51) *Washington Post* editorial, "Pulling Rank on Religion," August 13, 2007 に引用されたもの。
(52) www.militaryreligiousfreedom.org/press-releases/ccc_usafa.html. で全文およびビデオが見られる。
(53) "Report of Americans United for Separation of Church and State on Religious Coercion and Endorsement of Religion at the United States Air Force Academy"; www.au.org で見られる。
(54) Pam Zubeck, "Air Force Deems Chaplain's Call Appropriate," Colorado Springs *Gazette*, April 27,2005 も参照されたい。
(55) David Antoon, "The Cancer from Within," November 7, 2007. www.truthdig.org で見られる。
(56) www.cadence.org/home/who-we-are/a-strategic-ministry.
(57) Jason Leopold, "U.S. Soldiers Launch Campaign to Convert Iraqis to Christianity," McClatchy Newspapers, May 28, 2008.
(58) Jamal Naji and Leila Fadel, "Iraqis Claim Marines Are Pushing Christianity in Fallujah," McClatchy Washington Bureau, May 29, 2008.
(59) Arnon Regular, "Road Map Is a Life Saver for Us', PM Abbas Tells Hamas," *Háaretz,* June 25, 2003.
(60) Robert Draper, "And He Shall Be Judged," *GQ*, March 24, 2009.
(61) Neela Banerjee, "Religion and Its Role Are in Dispute at the Service Academies," *The New York Times*, June 25, 2008.
(62) http://english.aljazeera.net/news/asia/2009/05/20095320131585 4832/html を参照されたい。
(63) Jerry Scahill, "Blackwater Founder Implicated in Murder," *The Nation*, August 4, 2009.
(64) *Messages to the World,* 188 に引用されたビン・ラーディンの言葉。

第5章　近い敵と遠い敵

(1) Zarqawi の手紙の全文は、www.globalsecurity.org/wmd/library/news/iraq/2004/02/040212-al-zarqawi.htm. で見られる。
(2) Paul von Zielbauer, "U.S. Investigating Strike That Killed 15 Civilians," *The New York Times*, October 13, 2007; Christian Berthelsen, "Attack Kills 4 in Iraq on Holiday," *Los Angeles Times*, October 13, 2007.
(3) Robert Pepe, *Dying to Win* (New York: Random House, 2005), 205.
(4) Bruce Hoffman, *Inside Terrorism* (New York: Columbia University Press, 1998), 99 に引用されたもの。
(5) Hadith: Bukhari 7:670, narrated Abu Huraira.
(6) *Messages to the World,* 147 に引用されているビン・ラーディンの言葉。

in *Belief and Bloodshed: Religion and Violence Across Time and Tradition,* ed.Wellman（Lanham, Md.: Rowman and Littlefield, 2007）, 195-210. *American Piety in the 21st Century: New Insights to the Depth and Complexity of Religion in the US, Selected Findings from the Baylor Religion Survey,* September 2006 も参照されたい。

(34) George M. Marsden, *Understanding Fundamentalism and Evangelicalism*（Grand Rapids, Mich.: Eerdmans, 1991）および Timothy L. Smith, "The Evangelical Kaleidoscope and the Call to Christian Unity," *Christian Scholar's Review* 15, no.2（1986): 125-140 を参照されたい。

(35) Marsden, *Understanding Fundamentalism,* 1.

(36) ギャラップとプリンストンの世論調査については、www.wheaton.edu/isae/Gallup-Bar-graph.html. を参照されたい。

(37) Marsden, *Understanding Fundamentalism,* 117.

(38)「生まれ変わった」という言葉は、新約聖書（「ヨハネによる福音書」第3章3節の「はっきり言っておく。人は新たに生まれなければ、神の国を見ることはできない」）に由来しているが、生まれ変わった者だけが救われる——つまり、イエスと独特な霊的交わりをもつ人々——という概念は18世紀から19世紀にかけての福音主義運動にそのルーツがある。

(39) この点については、Christian Smith, *American Evangelicalism: Embattled and Thriving*（Chicago: University of Chicago Press, 1999）, 89; 120-153 を参照されたい。

(40) Luisa Kroll, "Megachurches, Megabusiness," *Forbes*, September 12, 2003 を参照されたい。

(41) Chris Hedges, *American Facists*（New York: Free Press, 2006）, 22-23 を参照されたい。

(42) Smith, *American Evangelicalism,* 120-121.

(43) この点については、Joel A. Carpenter and W. R. Shenk, *Earthen Vessels: American Evangelicals and Foreign Missions, 1880-1980*（Grand Rapids, Mich.: Eerdmans, 1990）を参照されたい。

(44) この運動の詳細については、Michelle Goldberg, *Kingdom Coming*（New York: Norton, 2007）および Hedges, *American Fascists* を参照されたい。

(45) Hedges, *American Fascists,* 8.

(46) 前述の *Selected Findings from the Baylor Religion Survey,* September 2006 を参照されたい。

(47) http://jerusalemprayerteam.org/articles/nosurprise.asp.

(48) Jim Wallis, "Dangerous Religion: George W. Bush's Theology of Empire," *Soujourner's* , September-October 2003.

(49) Kara Hopkins, "The Gospel According to Gerson," *American Conservative,* November 19, 2007 に引用されたもの。

(12) www.cnn.com/WORLD/9511/rabin/amir/11-06/index.html.
(13) "Rabin Assassin's Wife: Yigal Amir Sacrificed Himself for His People," *Haaretz*, は、www.haaretz.com/hasen/spages/915701.html. で見られる。
(14) http://www.ynetnews.com/articles/0,7340,L-332026,00.html を参照されたい。
(15) http://www.ynet.co.il/english/articles/o,7340,L-3467773,00html を参照されたい。
(16) Stephen Sizer, *Christian Zionism: Road Map to Armageddon?* (Leicester, Mass.: Inter-Varsity Press, 2004), 251 に引用されたパット・ロバートソンの言葉。
(17) 福音派のイスラエル支持運動であるクリスチャン・シオニズムは、実際には「6日間戦争」以前どころか、イスラエル国家誕生以前から存在する。クリスチャン・シオニスト組織は、その一部を数え上げただけでも、Christian Friends of Israel, the Christian Israel Public Affairs Committee, Voices United for Israel, Christians United for Israel, International Christian Embassy in Jerusalem などがある。
(18) Mike Evans, *Jerusalem Betrayed* (Nashville: Thomas Nelson, 1997), 167.
(19) Sizer, *Christian Zionism*, 233 に引用されたハギーの言葉。
(20) Yaakov Lappin, "Christians: We'll Fight for Israel," www.YNETnews.com, September 27, 2006.
(21) Sizer, *Christian Zionism*, 248 に引用されたリンゼイの言葉。
(22) Walter Russell Mead, "The New Israel and the Old," *Foreign Affairs*, July-August 2008, 28-46; 35 に引用されたもの。
(23) Conrad Cherry, *God's New Israel* (Upper Saddle River, N.J.: Prentice Hall, 1971), 57 に引用されたジョナサン・エドワーズの言葉。
(24) この最初の紋章のすぐれた草案は以下で見られる。www.greatseal.com/committees/firstcomm/reverse.html.
(25) Cherry, *God's New Israel*, 15.
(26) Cherry, *God's New Israel*, 225 に引用されたもの。
(27) 同上、272.
(28) 同上。
(29) 同上、276.
(30) Jeff Sharlett, "Soldiers of Christ," *Harper's*, May 2005 に引用されたもの。テッド・ハガードは、2007年にメタンフェタミンの度重なる購入と男娼との交わりを認め、数十年にわたる麻薬と同性愛反対の説教をやめた。
(31) Frances FitzGerald, "A Disciplined Charging Army," *The New Yorker*, May 18,1981 に引用されたもの。
(32) この問題については、George Marsden の名著 *Fundamentalism and American Culture* (NewYork: Oxford University Press, 2006), 9 を参照されたい。
(33) James K. Wellman, Jr., "Is War Normal for American Evangelical Religion?"

あるいは「先生」を意味する「ソフィスト」という言葉でたびたび描写していることからもわかる。ヨセフスはそのためにある程度まで悪事を見て見ぬふりをしている。ヨセフスはこのグループを（ほかのサドカイ派、パリサイ派、エッセネ派とくらべて）正式な名称でなく、単に第四宗派と呼んでいる。だが、ユダの熱心党員たちがローマに対する顕著な反抗グループを形成した熱心党員とは同じはなかった可能性がある事実を考慮し、以下では彼らについて「第四宗派」という呼称を使っていく。

(22) ヨセフスは、マサダの物語をヘロデ宮殿の下方にある導水渠に隠れていて虐殺を免れた2人の女性と5人の子供たちから聞いたと述べている。

第4章　信者軍団

(1) 宗教的シオニズムのルーツは、Rabbi Yehuda hai Alkalai（1798-1878）にある。

(2) Motti Inbari, "Religious Zionism and the Temple Mount Dilemma—Key Trends," *Israel Studies* 12 no. 2（2007）: 29-47 を参照されたい。

(3) Shlomo Zalman Shragai, "Rabbi Avraham Hacohen Kook on the Restitution of the Place of Our Temple to the People of Israel," *Sinai* 85（1978）: 193-198; 197 に引用されたもの。

(4) Gershom Gorenberg, *The End of Days: Fundamentalism and the Struggle for the Temple Mount*（New York: Simon and Schuster, 2001）, 100 を参照されたい。

(5)「グッシュ・エムニム」は1967年の勝利で生まれたものだが、公的な組織になったのは1974年である。

(6) Gershom Gorenberg, *The Accidental Empire: Israel and the Birth of the Settlements, 1967-1977*（New York: Times Books, 2006）, 91; 90-92, 303 に引用されたもの。

(7)「レヴィ・エシュコルの率いる国家統一政権は、戦争勃発寸前の1967年6月に樹立された。戦争直後からの数か月間、この政権は西岸地区のイスラエル入植地に関する明確な政策は何ももっていなかった。政府の大半のメンバーは当初、将来の交渉の切り札としてこの地域を保持しておこうと考えていた」。Yehezkel Lein, *Land Grab: Israel's Settlement Policy in the West Bank*（Jerusalem: B"Tselem, 2002）, 6-7.

(8) Gorenberg, *Accidental Empire*, 92 に引用されたもの。

(9) Ian Lustick, *For the Land and the Lord: Jewish Fundamentalism in Israel*（New York: Council on Foreign Relations, 1988）, 8.

(10) Gilles Kepel, *The Revenge of God: The Resurgence of Islam, Christianity and Judaism in the Modern World*（University Park: Pennsylvania State University Press, 1994）〔『宗教の復讐』中島ひかる訳、晶文社、1992年〕を参照されたい。

(11) Isabel Kershner, "Radical Settlers Take On Israel," *The New York Times*, Septermber 26, 2008.

下記を参照されたい。「出エジプト記」23:29-30, 34:11;「申命記」7:23;「ヨシュア記」2:24, 6:2, 6:16, 8:1, 10:8, 10:10, 24:7;「士師記」3:28, 4:7, 4:15, 6:3, 7:9, 7:22, 18:10, 20:28;「サムエル記上」5:11, 7:10, 13:3, 14:12, 17:46, 23:4, 24:4, 26:8;「列王記上」20:28.

(17)「ヘレム」という言葉は、*Encycropaedia Judaica* では、「神にとって忌まわしいもの、もしくは神に捧げられたものといういずれかの理由で、通常、使用や接触をしないように分離されているもの」と定義されている。形容詞としての「ヘレム」は、哲学的にはアラビア語の「ハルマ」(「禁じられた」もしくは「神聖な」の意)とつながっている。『クルアーン』はこの言葉から、聖域を示す「ハラム」という語を引き出した。だが、ヘブライ語の「ヘレム」とアラビア語の「ハラム」(さらに言えば、「ヘレム」とヘブライ語の聖域を表わす「クォデシュ」)の違いは、「ヘレム」が人間にとって完全に手の届かない、取り戻すことのできない聖別されたものを指しており、それゆえ、これらは破壊するために別にしておかなくてはならない。これについては、Philip D. Stern, *The Biblical Herem: A Window on Israel's Religeous Experience*(Atlanta: Scholars Press, 1992)および M.Greenberg, "Herem," in *Encycropaedia Judaica,* ed., Cecil Roth et al.,(New York, 1971-72), 344-351 を参照されたい。「ヘレム」は「破壊」と同義語としてのみ解釈される必要はない。この言葉は戦争とはまったく無関係な言葉としての用法がたくさんある(「出エジプト記」22:19;「レビ記」27:28-29)。R. D. Nelson, "Herem and the Deuteronomic Social Conscience," *Deuteronomy and the Deuteronomic Literature,* ed. M. Vervenne and J. Lust(Leuven, 1997), 39-54 を参照されたい。

(18) John Collins, "The Zeal of Pinehas: The Bible and the Legitimation of Violence," *Journal of Biblial Literature* 122, no. 1(2003), 7.

(19) この点については、偉大な Julius Welhausen が *Prolegamena to the History of Ancient Israel*(New York: Meridian Books, 1957)のなかで指摘している。

(20) Zealots(熱心党)について詳しくは、Martin Hengel, *The Zealots*(Edinburgh: T&T Clark, 1989); H.Paul Kingdon, "The Origins of the Zealots," *New Testament Studies* 19(1968), 74-81; Morton Smith, "Zealots and Sicarii: Their Origins and Relation," *Harvard Theological Review* 64(1971): 1-19; David Rhodes, *Israel in Revolution: 6-74 C.E.*(Philadelphia: Fortress, 1976) を参照されたい。Morton Smith は "zealot" という言葉は、「ガリラヤのユダ」の存命中における組織化された政治的一派を指してはいなかったことを証明している。1世紀のユダヤ教の派閥主義についての詳細は、Jeff S. Anderson, *The Internal Diversification of Second Temple Judaism*(Lanham, Md.: University Press of America, 2002)を参照されたい。

(21) Flavius Josephus, *The Jewish Wars,* trans. G. A. Williamson(New York: Dorset Press, 1985)を参照されたい。「ガリラヤのユダ」が『トーラー』を学んだユダヤ教指導者らしいことは、ヨセフスがギリシア語で「知識人」

(9) *Messages to the World,* 121-122 に引用されているビン・ラーディンの言葉。
(10) Tyerman, *Fighting for Christendom,* 142-143.
(11) 教皇ウルバヌス二世のスピーチについては少なくとも4つの異なった版がある。これは Fulcher of Chartres の年代記からのもので、*A Source Book for Medieval History,* ed. Oliver J. Thatcher and Edgar Holmes McNeal (New York: Scribner's, 1905), 513-517 に引用されているもの。
(12) レーモン・ダジールの年代記は、Bainton, *Christian Attitudes toward War and Peace,* 112-113 に見られる。
(13) 古代近東における聖戦思想〔divine war〕の概要については以下を参照されたい。Sa-Moon Kang, *Divine War in the Old Testament and in the Ancient Near East* (Berlin, 1989), Moshe Weinfeld, "Divine Intervention in War in Ancient Israel and in the Ancient Near East," *History, Histotriograhy, and Interpretation: Studies in Biblical and Cuneiform Literatures,* ed. H. Tadmor and M. Weinfeld (Leiden, 1987); Michael G. Hasel, *Military Practice and Polemic: Israel's Laws of Warfare in Near Eastern Perspective* (Berrien Springs, Mich.: Andrews University Press, 2005).
(14) イスラエルの神は、ヘブライ語の『聖書』のなかでは、「エル」と「ヤハウェ」の両方で呼ばれている。ユダヤ教ではこの二つの神は最終的には一つにされるが、「エル」と「ヤハウェ」は明らかに別々の歴史、神話、崇拝者をもつ二つの異なった神であったことを知っておくことが大事である。「エル」はアブラハムと契約をした古代カナン人の最高神だった。「ヤハウェ」は、シナイ半島の近くのどこかに住む好戦的な半遊牧民部族にちなんで名付けられたエジプト地方の神であった可能性が高い。モーセはそこでこの神に燃える柴という形で初めて遭遇した。この話については、C. D. Moor, *The Rise of Yahwism* (Leuven, 1990) を参照されたい。本書では、筆者は双方の神を単純に「神」という一つの言葉で語っていく。戦士としての神のイメージは、『聖書』にあるもっとも古い賛美歌、たとえば「デボラの歌」(「士師記」5:1-31) や「海の歌」(「出エジプト記」15:1-21) に見られる。「いくさびと」としての神については、Millard C. Lind, *Yahweh Is a Warrior: The Theology of Warfare in Ancient Israel* (Scottsdale, Pa:, Herald Press, 1980); Patric Miller, *The Divine Warrior in Early Israel* (Cambridge, Mass., 1973), および "God the Warrior: A Problem in Biblical Interpretation and Apologetics," *Interpretation* 19 (1965): 39-46; Mark S. Smith, *The Early History of God: Yahweh and the Other Deities in Ancient Israel* (San Francisco: Harper & Row, 1990) を参照されたい。
(15) Weinfeld, "Divine Intervention," 124 を参照されたい。
(16) 神の存在はまた、象徴的なもの、あるいは倫理的規範を示すもの(たとえば「契約の箱」のようなもの)、もしくは神器として聖別された武器などに反映される。戦場における神の存在のさらに多くの例については、

and the Social Construction of Movement Identities," *New Social Movements,* ed. Enrique Larana（Philadelphia: Temple University Press, 1994）, 185-208. も参照されたい。

（30）Steven M. Buechler, *Social Movements in Advanced Capitalism*（New York: Oxford University Press, 2000）, 41.

（31）同上。

（32）政治的暴力と国家の役割については、Donatella della Porta, *Social Movements, Political Violence, and the State*（Cambridge, England Cambridge University Press, 1995）および Sidney G. Tarrow, *Power in Movement*（Cambridge, England: Cambridge University Press, 1998）, 94 を参照されたい。

（33）Bruce Lawrence, ed., *Messages to the World: The Statements of Osama bin Ladin*（London: Verso, 2005）, 168 に引用されたビン・ラーディンの言葉。

（34）Raymond Ibrahim, ed., *The Al-Qaeda Reader,*（New York : Doubleday, 2007）xxx に引用されたビン・ラーディンの言葉。

（35）*The Al-Qaeda Reader,* 217 を参照されたい。

第II部　神こそ戦びと

第３章　神殿への熱情が私を虜にする

（1）James Carroll, *Crusade: Chronicles of an Unjust War*（New York: Metropolitan Books, 2004）, 7 および彼のエッセイ "The Bush Crusade," *The Nation*, September 20, 2004 を参照されたい。

（2）2001 年 9 月 20 日の上下両院合同会議におけるジョージ・W・ブッシュの演説。全文については、www.whitehouse.gov/news/releases/2001/09/20010920-8.html. を参照されたい。

（3）*Message to the World,* 135 に引用されているビン・ラーディンの言葉。

（4）同上 121 に引用されているビン・ラーディンの言葉。

（5）十字軍の遠征回数は数え方によってちがうが、筆者は Christopher Tyerman にしたがって、次の 5 回に分けた。第一次十字軍（1095-1099）はエルサレムの奪回に従事、第二次十字軍（1145-1149）はシリア・パレスチナのいくつかの港の征服とスペインのキリスト教徒との闘い、第三次十字軍（1188-1192）はサラディンにエルサレムを奪われてしまい、第四次十字軍（1198-1204）と第五次十字軍（1213-1229）は、おおむねキリスト教復活運動の手段として聖戦を組織化したものであった。詳細については、Christopher Tyerman, *Fighting for Christendom: Holy War and the Crusades*（London: Oxford University Press, 2004）を参照されたい。

（6）同上、204.

（7）*The Al-Qaeda Reader,* 261 に引用されているビン・ラーティンの言葉。

（8）Ronald H. Bainton, *Chritian Attitudes Toward War and Peace*（New York: Abingdon Press, 1960）, 116 を参照されたい。

れたもの。

(12) Benny Morris, "Revisiting the Palestine Exodus of 1948," in *The War for Palestine*, ed. Eugene L. Rogen and Avi Shlaim (Cambridge, England: Cambridge University Press, 2001), 37-59; 47.

(13) ベングリオンから息子宛の手紙。Ilan Pappe, *The Ethnic Cleansing of Palestine* (Oxford, England: Oneworld Publications, 2006),23 に引用されたもの。

(14) Amy Dockser Marcus, *Jerusalem 1913* (New York: Viking, 2007),37 に引用されたもの。

(15) Morris, *The War for Palestine,* 42 に引用されたもの。

(16) "Golda Meir Scorns Soviets," *The Washington Post*, June 16, 1969.

(17) Charles D. Smith, *Palestine and the Arab-Israeli Conflict* (Boston: St. Martin's Press, 2001), 45 を参照されたい。

(18) Ghassan Kanafani, *The 1936-39 Revolt in Palestine* (New York: Committee for a Democratic Palestine, 1978), 26 を参照されたい。

(19) Baylis Thomas, *How Israel Was Won* (Lanham, Md.: Lexinton Books, 1999), 4 に引用されたもの。

(20) Christopher Sykes, *Crossroads to Israel* (Cleveland: World Publishing, 1965), 5 に引用されたもの。

(21) Shlaim, *The Iron Wall,* 27 に引用されたもの。

(22) 同、25.

(23) 同上。

(24) 同上、21.

(25) パレスチナ難民と強制移住者の総数の正確な数については、www.badil.org. で知ることができる。

(26) Yehezkel Lein, *Land Grab: Israel's Settlement Policy in the West Bank* (Jerusalem: B"Tselem, May 2002), 93 を参照されたい。

(27) Alternative Information Center, "The Separation Wall in East Jerusalem: Economic Consequences," を参照されたい。詳細は www.alternativenews.org/images/stories/downloads/socioeconomic_bulletin_11-12.pdf.

(28) この逸話は、英国からマッカへの旅をしていたある匿名の女性が、このときモハメド・シッディク・カーンといっしょにイスラエルに行ったときの会話にもとづいている。

(29) William Gamson, "The Social Psychology of Collective Action, " *Frontiers in Social Movement Theory,* ed. Aldon D. Morris (New Haven, Conn.: Yale University Press, 1992), 53-76. これはジハード唱道運動の研究にとって大事な用語である。なぜなら、抑制の上に築かれた基本的枠組は本質的に異なるグループをうまく共鳴させ、ヒズボラ、ハマース、アル・カーイダなどの競合する組織のあいだに同盟意識を生み出すからである。Scott Hunt, Robert Benford, and David A. Snow," Identity Fields: Framing Processes

Press, 2005), 29 および *Journey of the Jihadist* (New York: Harcourt, 2007) を参照されたい。
(25) ジハード唱道者たちの新聞『アル・ムジャヒドゥーン』1995年4月26日号にザワヒリが書いた論文の題名から引用した。
(26) Umar F. Abd-Allah, *The Islamic Struggle in Syria* (Berkeley, Calif.: Mizan Press, 1983) を参照されたい。
(27) Gerges, *The Far Enemy*, 63 に引用されたもの。
(28) Ayman Zawahiri, *Knights under the Prophet's Banner*, serialized in *Al-Sharq al-Aswat*, December 2-10, 2001.
(29) Brynjar Lia, *Architect of Global Jihad: The Life of Al-Qaida Strategist Abu Musab al-Suri* (New York: Columbia University Press, 2008), 158-159 に引用されたもの。

第2章　二度約束された土地

(1) Babylonian Talmud, Tractate Kiddushin 49:2.
(2) アリエル・シャロンの言葉、Suzannne Goldberg, "Rioting as Sharon Visits Islam Holy Site," *The Guardian,* September 29, 2000 に引用されたもの。
(3) このメモの英訳は、以下のサイトで見ることができる。www.hrc.utexas.edu/research/fa/digitized/forzinetti/1.html.
(4) Adam Kirsch, "The Most Shameful of Stains," *New York Sun*, July 11, 2006. に引用されたもの。
(5) E. J. Hobsbawm, *Nations and Nationalism Since 1780* (Cambridge, England: Cambridge University, Press, 1990), 169〔『ナショナリズムの歴史と現在』浜林正夫・嶋田耕也・庄司信訳、大月書店、2001年〕.
(6) Michel Winock, *Nationalism, Anti-Semitism, and Fascism in France* (Stanford, Calif.: Stanford University Press, 1998) 137〔『ナショナリズム・反ユダヤ主義・ファシズム』川上勉・中谷猛監訳、藤原書店、1995年〕.
(7) Ernest Renan, "What Is a Nation?" in *Nation and Narration*, ed. Homi K. Bhabha (London: Routledge, 1992), 8-22; 11.
(8) 全文は以下を参照されたい。Leon Pinsker, "Auto-Emanicipation: An Appeal to His People by a Russian Jew," trans. from the German by Dr. D. S. Blondheim, in *Essential Texts of Zionism* (Jerusalem: Federation of American Zionists, 1916).
(9) Theodor Herzl, *The Jewish State: An Attempt at a Modern Solution of the Jewish Question*, trans. Jacob de Haas (New York: Federation of American Zionists, 1917), 12.
(10) Avi Shlaim, *The Iron Wall* (New York: Norton, 2001), 3 に引用されたもの。
(11) Benny Morris et al., eds., *The Birth of the Palestinian Refugee Problem, 1947-1949* (Cambridge, England: Cambridge University Press, 2003), 41 に引用さ

(11) Max Weber, *Politics as a Vocation*（Minneapolis: Fortress Press, 1972）、〔『職業としての政治』脇圭平訳、岩波文庫、1980年〕を参照されたい。同じ問題については、Michel Foucault, *Discipline and Punish*（New York: Vintage, 1995）, および *The History of Sexuality,* vol.1（New York: Vintage, 1990）を参照されたい。

(12) この点に関しては、Jerry Z. Miller, "Us and Them," *Foreign Affairs*（March-April 2008）を参照されたい。

(13)「ジハード」という言葉は、『クルアーン』に35回出てくるが、明らかに「闘い」の意味で使われているのは4節だけであり（11回は明らかに平和的な意味で使われており、残りはさまざまな解釈が可能であるが、矛盾した用法もいくつかある）、それは初期のムスリム共同体内に闘いと暴力の避けがたい緊張状態があったことを示している。Richard Bonney, *Jihad: From Qur'an to Bin Ladin*（New Yokrk: Palgrave, 2005）, 28-29を参照されたい。

(14) ビン・ラーディンの『ウンマート』誌（カラチ）との2001年9月28日の会見記。傍点は筆者。

(15) Maulana Masood Azhar, *The Virtues of Jihad*（Karachi: Mahle Sunnah Wal Jama'at Publications, 2001）.

(16) Sheikh Abdullah ibn Yusuf Azzam, *Join the Caravan*（London: Azzam Publications, 2001）.

(17) John Gray, *Al-Qaeda and What It Means to Be Modern*（New York: New Press, 2002）, 26〔『アル・カーイダと西欧――打ち砕かれた「西欧的近代化への野望」』金利光訳、阪急コミュニケーションズ、2004年〕.

(18) Jarret M. Brachman, *Global Jihadism: Theory and Practice*（London: Routledge, 2008）,31に引用されたもの。

(19) Faisal Devji, *Landscapes of the Jihad*（New York: Cornell University Press, 2005）,25を参照されたい。

(20) Brachman, *Global Jihadism,* 39-40.

(21) Sayyed Qutb, *Milestones*（Birmingham, England: Maktabah, 2006）, 27.

(22) I. M. Abu-Rabi, *Intellectual Origins of Islamic Resurgence in the Modern Arab World*（Albany: State University of New York Press, 1999）, 130に引用されたもの。

(23) Natana DeLong-Bas のすぐれたアブドゥルワッハーブ伝、*Wahhabi Islam*（Oxford University Press, 2004）におけるアブドゥルワッハーブが二人の傑出した学者シェイフ・アブドゥッラー・イブン・イブラーヒム・イブン・サーイフ（ナジェド出身）とシャイフ・ムハンマド・ハヤート・アル・ヒンディを通してイブン・タイミーヤに紹介されたという主張は正しいと思う。Delong-Bas はワッハーブ自身がよく言われているような、イブン・タイミーヤの熱烈な信奉者であったかどうかについては疑問視している。

(24) Fawaz Gerges, *The Far Enemy*（Cambridge, England: Cambridge University

Church, Sandy, Oregon, June 21, 2003）より。

（13）David Barrett et al., *World Christian Encyclopedia: A Comperative Survey of Churches and Religions—AD 30 to 2200*（London: Oxford University Press, 2001）を参照されたい。

（14）この点については、Talal Asad, *On Suicide Bombing*（New York: Columbia University Press, 2007）を参照されたい。

第Ⅰ部　帰属意識の地勢学

第1章　国境のない個人

（1）Steven Erlanger, "U.S. and Israelis Are Said to Talk of Hamas Ouster," *The New York Times,* February 14, 2006.

（2）"Flood of Sewage in Gaza Kills at Least 4," *The New York Times*, March 27, 2007. を参照されたい。

（3）1882年3月11日、ソルボンヌ大学で行なわれた エルネスト・ルナンの講義、「国民とは何か？（Qu'est-ce qu'une nation?）」。Geoff Eley and Ronald Grigor Suny, eds., *Becoming National: A Reader*（New York: Oxford University Press, 1996）, 41-55 に収録されている。

（4）Nayan Chanda, *Bound Together: How Traders, Preachers, Adventurers and Warriors Shaped Globalization*（New Haven, Conn: Yale University Press, 2007）を参照されたい。

（5）Hans-Henrik Holm and Georg Sorensen, eds., *Whose World Order? Uneven Globalization and the End of the Cold War*（Boulder, Colo.: Westview Press, 1995）, 1および Paul M. Lubeck, "The Islamic Revival," in *Global Social Movements,* ed., Robin Cohen and Shirin M. Rai（London: Athlone Press, 2000）, 146-164）を参照されたい。

（6）Roland Robertson, *Globalization: Social Theory and Global Culture*（London: Sage, 1992）, 8.

（7）Anthony D. Smith, *National Identity*（Reno: University of Nevada Press, 1991）, 3-15, 同著者の *The Nation in History*（Hanover, N. H.: University Press of New England, 2000）; *Nationalism: Theory, Ideology, History*（Cambridge, England: Polity, 2001）; *Nations and Nationalism in a Global Era*（Cambridge, England: Polity, 1995）を参照されたい。

（8）Benedict Anderson, *Imagined Communities: Reflections on the Origin and Spread of Nationalism*（London: Verso, 2006）〔『定本　想像の共同体　ナショナリズムの起源と流行』白石隆・白石さや訳、書籍工房早山、2007年〕.

（9）Peter Mandeville, *Transnational Muslim Politics*（London: Routledge, 2003）を参照されたい。

（10）Edmund Burke, *The Works of the Right Honourable Edmund Burke*, vol.6（London: Oxford University Press, 1907）, 155.

原 注

はじめに

(1) 英語版の全文は、『ガーディアン』紙のウェブサイトで見られる（筆者はそのアラビア語の原文に合わせて簡潔な文体にした）：www.guardian.co.uk./world/2001/sep/30/terrorism.september113. Juan Cole によれば、この原文は、「おそらくハイジャッカーのなかでただ一人のエジプト人だった Muhammad Atta 自身が書いたものと思われる」という：www.juancole.com/essays/qaeda.htm.

(2)「仮想戦争《コズミック・ウォー》（Cosmic War）」という言葉は、Mark Juergensmeyer が *Terror in the Mind of God*（Berkeley: University of California Press,2003）〔『グローバル時代の宗教とテロリズム』古賀林幸・櫻井元雄訳、明石書店、2003 年〕で使っている。

(3) Bruce Lincoln, *Holy Terrors: Thinking About Religion After September 11*（Chicago: University of Chicago Press, 2003）, 17.

(4) Lawrence Wright, *The Looming Tower: Al-Qaeda amd the Road to 9/11*（New York: Knopf, 2006）, 142〔『倒壊する巨塔』上・下、平賀秀明訳、白水社、2009 年〕に引用されたもの。

(5) John Mueller, *Overblown: How Politicians and the Terrorism Industry Inflate National Security Threats and Why We Believe Them*（New York: Free Press, 2006）および彼のすぐれた論文 "Is There Still a Terrorist Threat? The Myth of the Omnipresent Enemy," *Foreign Affairs,* September-October, 2006 を参照されたい。

(6) Juergensmeyer, *Terror in the Mind of God*, 158.

(7) Eric Hoffer, *True Believer*（New York: Harper & Row, 1951）, 163.

(8) Gary Wills, "A Country Ruled by Faith," *The New York Review of Books,* November 16, 2006 に引用されたもの。

(9) 2001 年 9 月 14 日、ワシントン D.C. のナショナル・カテドラルで行なわれた合同礼拝におけるジョージ・W・ブッシュのスピーチ、"Our responsibility to history is already clear: to answer these attacks and rid the world of evil." Charles Babington, "Bush: U.S. Must 'Rid the World of Evil'", *The Washington Post,* September 14, 2001 を参照されたい。

(10) John McCain, interview with Jon Stewart, T*he Daily Show with John Stewart,* May 19, 2008.

(11) Anne E.Kornblut, "Bush Shifting Public Focus to Terrorism and Iraq War," *The New York Times,* August 31, 2006 を参照。

(12) Lieutenant General William G. Boykin のスピーチ（at the Good Shepherd

——. *Nationalism: Theory, Ideology, History.* Cambridge, England: Polity, 2001.
——. *The Nation in History.* Hanover, N.H.: University Press of New England, 2000.
——. *Nations and Nationalism in a Global Era.* Cambridge, England: Polity, 1995.
Smith, Charles D. *Palestine and the Arab-Israeli Conflict.* Boston: St. Martin's Press, 2001.
Smith, Christian. *American Evangelicalism: Embattled and Thriving.* Chicago: University of Chicago Press, 1999.
——. *Disruptive Religion.* New York: Routledge, 1996.
Tarrow, Sidney. *Power in Movement.* Cambridge, England: Cambridge University Press, 1998.
Thatcher, Oliver J., and Edgar Holmes McNeal, eds. *A Source Book for Medieval History.* New York: Scribner's, 1905.
Tyerman, Christopher. *Fighting for Christendom: Holy War and the Crusades.* London: Oxford University Press, 2004.
Walzer, Michael. *Arguing About War.* New Haven, Conn.: Yale University Press, 2004.
Watt, W. Montgomery. *The Formative Period of Islamic Thought.* Oxford, England: Oneworld Publications, 1998.
Weber, Max. *Politics as a Vocation.* Minneapolis: Fortress Press, 1972〔『職業としての政治』脇圭平訳、岩波書店、1980 年〕.
Wilson, John. *Introduction to Social Movements.* New York: Basic Books, 1973..

Lein, Yehezkel. *Land Grab: Israel's* Settlement Policy in the West Bank. Jerusalem: B'Tselem, 2002.

Lia, Brynjar. *Architect of Global Jihad: The Life of Al-Qaida Strategist Abu Musab al-Suri.* New York: Columbia University Press, 2008.

Lustick, Ian. *For the Land and the Lord: Jewish Fundamentalism in Israel.* New York: Council on Foreign Relations, 1988.

Mandaville, Peter. *Transnational Muslim Politics: Reimagining the Umma.* New York: Routledge, 2004.

Marcus, Amy Dockser. *Jerusalem 1913.* New York: Viking, 2007.

Marsden, George M. *Fundamentalism and American Culture.* New York: Oxford University Press, 2006.

——. *Understanding Fundamentalism and Evangelicalism.* Grand Rapids, Mich.: Eerdmans, 1991.

Melucci, Alberto. *Challenging Codes: Collective Action in the Information Age.* Cambridge, England: Cambridge University Press, 1996.

Mueller, John. *Overblown: How Politicians and the Terrorism Industry Inflate National Security Threats and Why We Believe Them.* New York: Free Press, 2006.

Olson, Mancur. *The Logic of Collective Action.* Cambridge, Mass.: Harvard University Press, 1965.

Pape, Robert. *Dying to Win.* New York: Random House, 2005.

Pauly, Robert J. *Islam in Europe: Integration or Marginalization?* Burlington, Vt.: Ashgate, 2004.

Reich, Walter, ed. *Origins of Terrorism.* Washington, D.C.: Woodrow Wilson Press, 1990.

Reid, T. R. *The United States of Europe.* New York: Penguin, 2004.

Robertson, Roland. *Globalization: Social Theory and Global Culture.* London: Sage, 1992.

Roy, Olivier. *Secularism Confronts Islam.* New York: Columbia University Press, 2008.

Sageman, Marc. *Leaderless Jihad.* Philadelphia: University of Pennsylvania Press, 2008.

Samad, Yunas, and Katsuri Sen, eds. *Islam in the European Union.* Oxford, England: Oxford University Press, 2007.

Schwartz, Michael. *Radical Protest and Social Structure.* New York: Academic Press, 1976.

Sizer, Stephen. *Christian Zionism: Road-Map to Armageddon?* Leicester, England: Inter-Varsity Press, 2004.

Smith, Anthony D. *National Identity.* Reno: University of Nevada Press, 1991.

Foucault, Michel. *Discipline and Punish: The Birth of the Prison.* New York: Vintage, 1995〔『監獄の誕生』田村俶訳、新潮社、1977 年〕.

——. *The History of Sexuality,* vol. 1. New York: Vintage, 1990〔『性の歴史 I 知への意志』渡辺守章訳、新潮社、1986 年〕.

Gerges, Fawaz. *The Far Enemy: Why Jihad Went Global.* Cambridge, England: Cambridge University Press, 2005.

Goldberg, Michelle. *Kingdom Coming.* New York: Norton, 2007.

Gorenberg, Gershom. *The Accidental Empire: Israel and the Birth of the Settlements, 1967–1977.* New York: Times Books, 2006.

——. *The End of Days: Fundamentalism and the Struggle for the Temple Mount.* New York: Simon and Schuster, 2001.

Hatina, Meir. *Islam and Salvation in Palestine.* Tel Aviv: Tel Aviv University, 2001.

Hedges, Chris. *American Fascists.* New York: Free Press, 2006.

Hobsbawm, E. J. *Primitive Rebels.* New York: Norton, 1959〔『素朴な反逆者たち』水田洋ほか訳、社会思想社、1989 年〕.

Hoffer, Eric. *True Believer.* New York: Harper & Row, 1951〔『大衆運動』高根正昭訳、紀伊國屋書店、1969 年〕.

Holm, Hans-Henrik, and Georg Sørensen, eds. *Whose World Order?: Uneven Globalization and the End of the Cold War.* Boulder, Colo.: Westview Press, 1995.

ibn al-Matroudi, Abd al-Hakim. *The Hanbali School of Law and Ibn Taymiyya.* London: Routledge, 2006.

Jansen, Johannes J. G. *The Neglected Duty.* New York: Macmillan, 1986.

Juergensmeyer, Mark. *Global Rebellion: Religious Challenges to the Secular State, from Christian Militias to Al-Qaeda.* Berkeley: University of California Press, 2008.

——. *Terror in the Mind of God: The Global Rise of Religious Violence.* Berkeley: University of California Press, 2003〔『グローバル時代の宗教とテロリズム』古賀林幸・櫻井元雄訳、明石書店、2003 年〕.

Kanafani, Ghassan. *The 1936–39 Revolt in Palestine.* New York: Committee for a Democratic Palestine, 1978.

Kepel, Gilles. *The Revenge of God: The Resurgence of Islam, Christianity and Judaism in the Modern World.* University Park: Pennsylvania State University Press, 1994〔『宗教の復讐』中島ひかる訳、晶文社、1992 年〕.

Kilcullen, David J. "Countering Global Insurgency." *Journal of Strategic Studies* 28, vol. 4 (August 2005): 597–617.

Lawrence, Bruce, ed. *Messages to the World: The Statements of Osama bin Laden.* London: Verso, 2005〔『オサマ・ビン・ラディン発言』鈴木主税・中島由華訳、河出書房新社、2006 年〕.

参考文献

Abbas, Tahir, ed. *Muslim Britain: Communities Under Pressure.* London: Zed, 2005.

AlSayyad, Nezar, and Manuel Castells, eds. *Muslim Europe or Euro-Islam.* Lanham, Md.: Lexington Books, 2002.

Amin, Samir, et al., eds. *Transforming the Revolution.* New York: Monthly Review Press, 1990.

Anderson, Benedict. *Imagined Communities: Reflections on the Origin and Spread of Nationalism.* London: Verso, 2006〔『想像の共同体』白石隆、白石さや訳、NTT 出版〕.

Asad, Talal. *On Suicide Bombing.* New York: Columbia University Press, 2007.

Barrett, David, et al., eds. *World Christian Encyclopedia: A Comparative Survey of Churches and Religions–AD 30 to 2200.* London: Oxford University Press, 2001.

Berryman, Phillip. *The Religious Roots of Rebellion.* New York: Orbis, 1984.

Buechler, Steven M. *Social Movements in Advanced Capitalism.* New York: Oxford University Press, 2000.

Burke, Edmund. *The Works of the Right Honourable Edmund Burke.* London: Oxford University Press, 1907.

Carpenter, Joel A., and W. R. Shenk. *Earthen Vessels: American Evangelicals and Foreign Missions, 1880–1980.* Grand Rapids, Mich.: Eerdmans, 1990.

Carroll, James. *Crusade: Chronicles of an Unjust War.* New York: Metropolitan Books, 2004.

Chanda, Nayan. *Bound Together: How Traders, Preachers, Adventurers, and Warriors Shaped Globalization.* New Haven, Conn.: Yale University Press, 2007.

Cherry, Conrad. *God's New Israel.* Upper Saddle River, N.J.: Prentice Hall, 1971.

Cohen, Robin, and Shirin M. Rai, eds. *Global Social Movements.* London: Athlone Press, 2000.

Della Porta, Donatella. *Social Movements, Political Violence, and the State.* Cambridge, England: Cambridge University Press, 1995.

Devji, Faisal. *Landscapes of the Jihad.* Ithaca, N.Y.: Cornell University Press, 2005.

Durkheim, Emile. *Suicide: A Study in Sociology.* Glencoe, Ill.: Free Press, 1951〔『自殺論』宮島喬訳、中央公論社、1985 年〕.

Ellens, J. Harold, ed. *The Destructive Power of Religion.* Vol. 1. Westport, Conn.: Praeger, 2004.

訳者あとがき

二〇〇九年三月、「イスラーム世界に宗教改革現象が起こりつつある」というテーマを基調にイスラーム世界の変遷を描いたレザー・アスランの処女作 *No god but God*（Random House, 2005）の日本語版『変わるイスラーム——源流・進展・未来』（藤原書店）が出版されてまもなく、問題の「宗教改革現象」のなかで、グローバル化の嵐によって急進化していく「地球規模のジハード唱道運動《グローバル・ジハーディズム》」の実態を浮き彫りにした次作 *How to Win a Cosmic War: God, Globalization, and the End of the Terror* が同じアメリカのランダムハウスから刊行されて話題を呼んだ。

読者の反響を見て、九・一一のテロを始めとする「地球規模のジハード唱道運動」は、地上軍ではなく、この世の「悪」自体を滅ぼすことを目的とした、終わりのない、非常に観念的な闘いの一環であるという位置づけに大きな注目が集まっていることを知った著者は、さらに多くの読者に末永く読み継いでもらえるように、その後、原著の一部を加筆・修正し、簡潔にまとめたペーパーバック版を *Beyond Fundamentalism: Confronting Religious Extremism in the Age of Globalization* というタイトルで同じランダムハウスから二〇一〇年四月初旬に出版した。本書はそのペーパーバック版の翻訳である。

ハードカバー版のタイトルにある Cosmic War という言葉は、アメリカの社会学者で宗教学者でもあるマーク・ユルゲンスマイヤーの造語で、人々の目に映る「許しがたい悪」を「サタン」と見立て、自分の信じる神を味方につけ、この「サタン」を滅ぼすことこそ「神意」なのだという観念のもとに、体を張って闘う宗教的行動主義者の形而上学的な戦争を指しており、実は遠い昔から今日にいたるまで、さまざまな宗教的伝統のなかで起こってきた普遍的現象であるという。この言葉を本書では「仮想戦争」と訳し、本書の全体の論調を総括するにふさわしい言葉と考えて、日本語版のタイトルにもこれを入れた。

本書の冒頭には、たまたま積み残された九・一一のハイジャッカーの一人の旅行カバンから発見された「最終的実行指令書」のような奇妙な文書が引用されている。この文書を「ハイジャッカーの心のなかで行なわれる儀式めいたドラマを盛り上げるためのおごそかな宗教儀礼……どれもリハーサルずみの一瞬一瞬を描いた台本のように読めた」のは著者がムスリム文化圏の出身だったからであろう。

イスラーム世界には、巡礼月の一〇日に犠牲祭《イード・アル・アドハー》と呼ばれる行事があり、神への捧げものとして羊を屠り、その肉を参加者一同と分かち合って祝う祭礼がある。これは一種の神事であるから、屠殺者は神官のように心を浄めて祈りを捧げ、犠牲として捧げる動物の苦痛が少ないように、ナイフ一本で手際よく行なうのが慣習になっている。「聖句を唱えつつナイフを研ぎ、切れ味を確かめよ、生け贄に苦痛を与えてはならぬ」というくだりを読むと、あのハイジャックを宗教儀礼に似たパフォーマンスと見た著者に妙に納得させられる。

九・一一の攻撃は、すでに進行中の「仮想戦争《コズミック・ウォー》」への誘惑だったと著者は言う。「われわれにつくか、テロリストにつくか、どちらかだ」という、すっかり有名になってしまったブッシュ元大統領の言葉は、世界中に放映されるテレビ・カメラの前で、だれかにぜひ言わせなければならない「仮想ドラマ」の台本の重要な台詞《せりふ》だったのだと。

本書は、そのハイジャッカーたちとほぼ同世代の、テヘラン生まれのムスリムである著者が、宗教史・宗教学の知識をもとに、世界各地を精力的に飛び回り、深い洞察力に満ちた作家の目と感性で実際に観察して綴った、宗教的行動主義者、すなわち「仮想戦士」たちの動機とその背景を探る物語である。

焦点は、「なぜ、今日、宗教的行動主義者たちがこれほどまでに先鋭化しているのか」という疑問にある。ペーパーバック版のサブ・タイトル *Confronting Religious Extremism in the Age of Globalization*（グローバル化時代の宗教的急進主義に対峙する）は、この問いかけに対し、グローバル化の進む現時点での「仮想戦争」の実態に、自らの体験を踏まえながら取り組もうとする著者の気構えを示唆している。

つまり、「仮想戦争」は領土や政治政策をめぐる争いではなく、帰属意識《アイデンティティー》をめぐる闘いであるというのが著者の見解である。危機にさらされているのは、不確定な世界に生きている自分自身の意識であって、それは、二つの標題の両方に含まれている言葉であるGlobalization（グローバル化）という昨今の現象と大きな関わりをもっている。

グローバル化は、個人的にも集団的にも自分自身の定義の仕方を急激に変えてしまったことを、イラン系アメリカ人のムスリムであり、人種的にはペルシア人といういくつもの帰属意識をもつ著者自身が現実に痛感している。帰属意識は、地域の境界による制約を受けなくなっているために、グローバル化した世界では変化しつつある。個人は、国籍、階級、性別、宗教、民族等々の重層的な帰属意識によって構成されているのだが、そのうちの国籍、階級などが意味をもたなくなると、別の宗教、民族などの帰属意識がその隙間を埋めるようになるのはきわめて自然なことで、実際、世界の多くのところで今、宗教は、想像以上のスピードで、民族、文化、国籍さえも超えて広がる最高の帰属意識になりつつあるという。

国民国家がある程度、文化的同質性を共有する人びとの共同体を統治する、独立した領土的境界線をもった統一体であった時代には、非宗教的ナショナリズムがもてはやされた。だが、現在では、ニューヨーク、パリ、ロンドン、香港のようなコスモポリタン都市が台頭し、大量の移民、二重国籍者、混血児の急増、国境を越えて絶え間なく移動する人びとなどが、領土的境界内の文化的均質性の維持をほとんど不可能にしてしまっている。世界を地域単位に分けることがむずかしくなればなるほど、ナショナリズムは集団的帰属意識の第一の目印としての地位を失いつつあるのだ。

実のところ、非宗教的ナショナリズムはその発端からあやふやな概念であったと著者は見る。それは宗教改革後のヨーロッパで生まれ、ヨーロッパの啓蒙主義時代に奨励されて、やがて征服や植民地主義を通じて地球上の他の場所に計画的に押しつけられた。発展途上国の大部分では、国民国家というのは外国産の発想である。中東地図は、勝手に引かれた国境線、適当に付けられた国名、しばしば植民地主義者に強引に押しつけられたでっち上げの国民性などで何度も上書きされている。こうした地域では、ナショナリズムが集団的帰属意識の第一の目印であったことは一度もない。

ヨーロッパや先進世界においてさえ、非宗教的ナショナリズムという概念には問題があった。ヨーロッパにおいてナショナリズムと反ユダヤ主義は同時期に広がったのであり、ユダヤ人を「国家のなかの国家」と見て排斥したことが、ドレフュス事件を生み、やがてはユダヤ人国家の建設と、その後のパレスチナ人との長い確執の源となる。非宗教的ナショナリズムはまた、公民権をもつ居住者に生活のあらゆる面で国家の統治権への服従を要求することも、七歳で両親とともにアメリカに亡命し、のちにアメリカの公民権を取得した著者の忘れがたい体験である。グローバル化した今日においても、現代国家は帰属意識についても独占権を保持しようとする。公私ともに、社会生活のあらゆるレベルで、こまごまと規制するのを当然のこととしているのだ。宗教的、政治的表現の何が適切で、何が不適切か。現代国家は、社会的、政治的、精神的活動のすべてに同意を求める。つまり、現代国家自体が自ら公認する集団的帰属意識をだれが共有でき、だれが共有できないかを決定するのであり、その拘束力は圧倒的である。

ユルゲンスマイヤーは、このような現象を見て、「二十一世紀の最初の十年間で宗教がにわかに悪化したのではなく、急進的な宗教イデオロギーが、権威に対する無数の社会的、文化的、政治的憤懣と結びついた様々な反逆の表明手段となったのだ」(「グローバルな政治における宗教的暴力」『アメリカのグローバル戦略とイスラーム世界』所収)と述べている。この種の「戦争状態のなかで暮らすことは、個々の人間が、自分はだれなのか、なぜ自分が苦しみ、だれから屈辱を受け、どんな犠牲を耐え忍んできたかを思い知る世界に住むこと」だからだ。

地球全体の平和と安全保障に対する本当の脅威は、「地球規模のジハード唱道運動」のような、領土的境界内に収められない国境を越えた宗教運動の台頭から生まれている、ということも、本書の重要な指摘の一つである。地球規模のジハード唱道運動は、宗教運動というよりも、宗教的なシンボルを使って国境や隔たりを超えた集団的帰属意識を醸成するための社会運動のようなものである。社会運動は、比較的微力な人たちが既成の社会秩序に挑戦するために集団的帰属意識を旗印にして徒党を組むときに生まれる。そのような運動は、ユートピア的であり、人びとは情熱的、積極的に社会を想定しなおそうとする。地球規模のジハード唱道運動のような、しばしばグローバルな大変動を予想し、暴力を伴う革命を通して古い社会秩序を完全にひっくり返すことを目的とした、いわゆる変革を目指す社会運動は、その典型である。

しかしこの「ジハード唱道運動」(アラビア語では「ジハーディイーヤ」)という言葉の意味と適用については、たくさんの混乱があるという。「とりわけそれが、アメリカの敵対者をたった一つの項目にまとめてしまう楽観的な政治家や、見識のない一般人に恐怖の仲立ちをする不注意なメディアによって、不適切に利用されることがあまりにも多いからである。とくにムスリムはこの言葉に迷惑している」とムスリムの著者は指摘する。「アル・カーイダやこれに近い過激派によって利用されているジハードの概念は、正しくは行動規範の一つであって、イスラームの主要教義の一つなどでは断じてないのに、大昔からそうであるかのように間違った解釈をされている」と。

「ジハード」本来の意味は、「葛藤」（動詞の「ジハーダ」は、「目標に向かって努力する」という意味）である。つまり、自分自身との葛藤、人間に重くのしかかる情念、本能、誘惑との闘いである。だが、ジハード唱道者は、こうした伝統的な定義を超えてこの言葉を用いる。ビン・ラーディンの言葉によれば、「ジハードを弱めることなく、積極的に取り入れて、日常生活の一部にすることを求め、それに名誉ある地位を与えること求める」。イスラームの規範である礼拝、喜捨、断食、巡礼、信仰告白という信仰と実践の五行も、ジハード唱道運動においては、ジハードというたった一つの実践行為で代行できるとみなされる。

こうした「宗教運動というよりも、宗教的なシンボルを使って国境や隔たりを越えた集団的帰属意識を醸成するための社会運動」としてのジハード唱道運動の歴史的ルーツは十三世紀にまで遡る。

南進してきたモンゴル人は、イスラーム文化花盛りのアッバース朝帝国の首都バグダードを灰燼に帰し、王族・学者・職人などの財産を奪い、住民を一人残らず惨殺した。その挙げ句に、イスラームの教えや慣習と東方の多神教を混ぜたような宗教をつくり、やがて自分たちをムスリムだと称した。逃げ延びた人々のなかで最も学識が高く、イスラーム世界で最も人々に尊敬されていた法学者イブン・タイミーヤは、にわかムスリムのモンゴル人支配者のインチキ性を見抜き、神を敬わないリーダーの支配下にあるムスリムにはみな、反抗する義務があると主張し、「不信仰者」であるリーダーの支配を甘んじて受ける者自身も「不信仰者」であると強調した。今日、過激派仮想戦士たちは、世界を「信仰者圏」と「不信仰者圏」に厳密に二分するこのイブン・タイミーヤの見解を、自分たちの宗教的行動主義の金科玉条にしているのである。

ヨーロッパ連合が一九九二年に発足してから一八年、今では二七か国、五億人のメンバーが一つの共同体を形成し、「ジェネレーションE」と呼ばれる「国境なきヨーロッパの新世代」には、グローバル化の象徴のような平和と繁栄の未来像を提供しているかのように見えるが、他方、統合によって、野放図な資本主義、文化の希薄化、民族的帰属意識の喪失といったマイナス要因が、人々の心を不安にして、十九世紀を風靡したナショナリズムの台頭時に似た外国人嫌いや、国粋主義的風潮を生んでいることも著者は見のがさない。

　今日のヨーロッパで、同質的な文化的背景のなかの目障りな存在は、第二次大戦の後片付けの労働者として集められたり、その後の中東の動乱を逃れてやってきたりしたムスリム移民とその子孫たちと目されている。建前としては信教の自由はあるが、モスクの建設を禁止している国もあれば、宗教法人としての税制上の優遇措置を認めていない国もあり、公共の場で宗教的シンボル（ムスリム女性のスカーフ着用など）の禁止など、厳然とした制度的差別が存在する。そうした状況の下で、違和感の少ない帰属意識《アイデンティティー》を共有できる仲間に惹かれ、「地球規模のジハード唱道運動」に勧誘に乗る二世、三世の若者が生み出されている。そこでは同化の有無が問題になっているのではない。彼らは一世以上に同化し、いわば「ヨーロッパ人」なのであるが、このようにヨーロッパ人に同化しているからこそ、帰属意識によりいっそう不安を感じているのである。

この運動が、宗教運動というよりも、宗教的なシンボルやレトリックを使って国境を越えた集団的帰属意識《アイデンティティー》を醸成するための一種の社会運動であることを、著者は七月七日事件の犯人の出身地でヒースローから三〇〇キロあまり北のヨークシャー州リーズ市ビーストンを訪ねて確かめる。国家のもつ軍事力や組織力のない彼らにとって、もっとも効果的な戦術はテロであり、現世での最強の味方は、それをリアルタイムで世界中に報道してくれるメディアである。いつどこで起こるかわからないテロが、世界中の人々の恐怖を掻き立て、「対テロ戦争」へと立ち上がらせ、それはしばしば宗教がらみの仮想戦争の様相を呈する。それこそが、彼らの望んでいることで、そのようにして戦闘態勢をとらせることによって、味方の集団的帰属意識《アイデンティティー》を強化したいのである。

How to Win a Cosmic War（仮想戦争に勝つには?）というハードカバー版のタイトルの趣旨は、「仮想戦士」の跳梁する形而上学的「パラレルワールド」に引きずり込まれることなく、彼らをそうした行動に駆り立ててきた「悲憤」にこそ思いを馳せ、その解決に具体的に取り組んでいくしかないという提言にある。原書に繰り返し出てくるそうした「悲憤」を表わすgrievancesという言葉には、複数扱いであることから見て、政治や社会の理不尽さに対する彼らの憤りや悲しみ、こんなことが許されてはならないという義憤、それらに対してなす術《すべ》がないという悲哀、そうした自分たちに対する地球社会の隣人たちの無知、無関心、軽蔑に対する静かな怒りなどが示唆されているのではないだろうか。

ペーパーバック版のタイトル *Beyond Fundamentalism*（原理主義を超えて）に含まれている「原理主義」という言葉についても触れておこう。

「原理主義」という言葉は、元来、折から台頭してきた新しい科学的合理性に沿うような聖書の解釈を認めず、聖書の記述を文字通りの事実として受け止めるべきだという二十世紀初頭のアメリカのプロテスタント一派の主張を指した言葉である。ムスリムはクルアーンを神の言葉だと信じるが、その解釈については基本的には自由なので、「原理主義」という言葉はイスラーム世界の語彙にはなかった。ところが、欧米のメディアでイスラーム過激派の枕詞《まくらことば》として「イスラーム原理主義」という言葉が頻繁に使われるようになってから「翻訳語」として流入し、アラビア語では「頑固者」、ペルシア語では「時代遅れの人」に近い意味に訳されている。その結果、「イスラーム原理主義者」という言葉は、イスラーム世界では実質的には「ワッハーブ主義者」のような「偏狭頑迷な人」というイメージをもっている。原書のタイトル *Beyond Fundamentalism*（原理主義を超えて）は、こうした「原理主義」という言葉の呪縛を解消すると共に、宗教的シンボルやレトリックを使わずに「仮想戦争《コズミック・ウォー》」の淵源を解明してゆくことの重要性を強調しているように思われる。

こうしたイスラーム世界の複雑な背景を知るために、レザー・アスランの前著『変わるイスラーム』が未読であれば、その一読をお薦めする。もっと具体的な姿を知りたいと望まれる方は、この秋、アメリカのノートン社から発売予定の彼の次著 *Tablet & Pen: Literary Landscape from the Modern Middle East*（現代中東文学のアンソロジー）に集められた作品を通して、この地域の人々の生《なま》の声、つぶさに描写された情景に直接触れていただきたい。彼自身も、この本に続いて中東を舞台にした「ゼロを発見する」文明の旅を主題にした歴史小説を手がけるという。

レザー・アスランは一九七二年テヘラン生まれの三十八歳。イラン革命の時、七歳で両親とともにアメリカに亡命して、ハーヴァード大学、カリフォルニア大学で宗教史・宗教学の学位を取得、名門アイオワ大学の創作学科でも学んだ。のちにここの宗教学部で教鞭をとり、そのときの講義録を本の形にまとめたのが、前作『変わるイスラーム』である。現在はカリフォルニア大学リバーサイド校の創作学科の助教授を務める傍ら、中東政策へのアドバイザー、さまざまなメディアへの出演や寄稿、講演やブログなどで活躍している。その活動や主張に関心のある方は http://www.rezaaslan.com をご覧いただきたい。

翻訳に当たっては、『クルアーン』の日本語訳は中央公論新社の『コーラン』I、II（藤本勝次・伴康哉・池田修訳）を、『聖書』は日本聖書協会発行の新共同訳を参照した。アラビア語の日本語表記については、普通、定冠詞「アル」が前後の単語とリエーゾンして一語のように発音される言葉も、本書のなかでアラビア語の意味として引用されている場合は、文字どおりにカタカナで表記した。

編集の労をお取り下さったのは、前回と同じ西泰志氏。藤原書店は前著の刊行時と同様、今回も単に書物を刊行するだけでなく、関係機関と協力の上、著者の再来日を実現して、関心のある方々に広く紹介し、セミナーや講演を通じて多くの方々との対話の機会を用意しようとしている。これは著者にとって、広い世界へのもう一つの扉を開いてもらうに等しい、新鮮な刺激に満ちた機会であろう。「本をつくることは、人の環を広げること」という藤原良雄社長の志を、訳者の私も実感をもって体験させていただいている。一冊の本の出版にかかわってこれに勝る喜びはない。心より感謝申し上げる。

二〇一〇年六月

白須英子

Bruce）　22
リンゼイ、ハル（Lindsey, Hal）　138-139, 142, 211
ルペン、ジャン=マリー（Le Pen, Jean-Marie）　205
ルーズヴェルト、フランクリン・デラノ（Roosevelt, Franklin Delano）　142
ルナン、エルネスト（Renan, Ernest）　37-76
レイド、リチャード（Reid, Richard）　230
レイド、T・R（Reid, T. R.）　204
レーガン、ロナルド（Reagan, Ronald）　142, 145, 220
レーモン・ダジール（Raymond of Agiles）　109
レオ四世（教皇）（Leo IV〔pope〕）　108
レオ九世（教皇）（Leo IX〔pope〕）　143
ローレンス、ブルース（Lawrence, Bruce）　193
ロバートソン、パット（Robertson, Pat）　137, 144, 148
ロバートソン、ローランド（Robertson, Roland）　39
ロメロ、オスカー（Romero, Oscar）　221
ロワ、オリヴィエ（Roy, Olivier）　58, 207

ワ　行

ワイズ、アイザック・メイヤー（Wise, Isaac Mayer）　141

Theodor)　77-81, 84, 86, 134, 137
ヘロデ大王（Herod the Great）　64
ベン・グリオン、ダヴィド（Ben-Gurion, David）　34
ボイキン、ウィリアム・G（Boykin, William G.）　26, 153-154
ボイド、グレゴリー（Boyd, Gregory）　153
ホッファー、エリック（Hoffer, Eric）　25
ホブズボーム、エリック（Hobsbawm, Eric）　75
ホルム、ハンス=ヘンリク（Holm, Hans-Henrik）　39

マ 行

マースデン、ジョージ（Marsden, George）　144, 146, 149
マイケル、スティーヴ（Mickel, Steve）　157, 215
マイモニデス（マイモーン）（Maimonides, Moses）　129
マケイン、ジョン（McCain, John）　26
ミューラー、ジョン（Mueller, John）　24
ムスタファ、シュクリー（Mustafa, Shukri）　24, 181-182
ムバラク、ホスニ（Mubarak, Hosni）　187, 258, 260-262
メイル、ゴルダ（Meir, Golda）　83
メルヴィル、ハーマン（Melville, Herman）　139
モッサオウィ、ザカリア（Moussaoui, Zacarias）　230
モリス、ベニー（Morris, Benny）　80

ヤ 行

ユベール、アンリ（Hubert, Henry）　73
ユルゲンスマイヤー、マーク（Juergensmeyer, Mark）　15, 25, 221
ヨセフス、フラヴィウス（Josephus, Flavius）　119-120, 122, 124
ヨハネ・パウロ二世（教皇）（John Paul II〔pope〕）　216
ヨハネス八世（教皇）（John VIII〔pope〕）　108

ラ 行

ラーナー、ヨエル（Lerner, Yoel）　70
ライス、コンドリーザ（Rice, Condoleezza）　256, 259, 261-262
ラインスタイン、ジョシュ（Reinstein, Josh）　138
ラッシュドゥーニー、ロウザス・ジョン（Rushdoony, Rousas John）　140
ラヘイ、ティム（LaHaye, Tim）　26
ラビン、イツハク（Rabin, Yitzhak）　135-137
ラムズフェルド、ドナルド（Rumsfeld, Donald）　158
ランド、リチャード（Land, Richard）　150
リンカーン、ブルース（Lincoln,

ハアム、アハド（Ha'am, Achad） 81
パール、ダニエル（Pearl, Daniel） 227
ハイダー、イェルク（Haider, Jörg） 205
ハガード、テッド（Haggard, Ted） 143-144, 155
バルフォア、アーサー（Balfour, Arthur） 87
ハンチントン、サミュエル（Huntington, Samuel） 252-254
ビーチャー、ライマン（Beecher, Lyman） 141
ビルンバウム、ナータン（Birnbaum, Nathan） 78-79, 81, 84
ビン・ラーディン、ムハンマド（bin Laden, Muhammed） 188
ビン・ラーディン、ウサーマ（bin Laden, Osama） 6, 23, 25-26, 48, 58-59, 96-97, 105-107, 152, 159, 162, 168, 187-191, 194, 196-198, 217, 231-232, 236-237, 252, 264, 268
ピンスケル、レオン（Pinsker, Leon） 77-78, 81
ファドル博士（サイイド・イマーム）（Fadl, Dr.） 181
ファラーチ、オリアナ（Fallaci, Oriana） 240
ファラジュ、ムハンマド・アブドゥル・サラーム（Faraj, Muhammad Abd al-Salam） 181-185
ファルウェル、ジェリー（Falwell, Jerry） 142-144
ブイェリ、ムハンマド（Bouyeri, Muhammad） 205
フィルバー、ヤアコブ（Filber, Ya'akov） 133
フサイン、ハシブ（Hussain, Hasib） 210-211, 217, 223, 227-230, 232, 235-236, 238, 241-242, 244, 246
フセイン、サダム（Hussein, Saddam） 144, 158
ブッシュ、ジョージ・W（Bush, George W.） 5, 26, 97, 102-105, 107, 145, 152-153, 158, 257-259, 263, 265-266
フラグ・ハーン（Hülegü Khan） 174
ブラックマン、ジャレット（Brachman, Jarret） 51-52
ブランクリー、トニー（Blankley, Tony） 225
フランクリン、ベンジャミン（Franklin, Benjamin） 140, 142
プリンス、エリック（Prince, Eric） 149, 159
ブレア、トニー（Blair, Tony） 207
ブロム、スコット（Blom, Scott） 155
ヘイギー、ジョン（Hagee, John） 137
ペイプ、ロバート（Pape, Robert） 166
ベギン、メナヘム（Begin, Menachem） 88
ヘッジズ、クリス（Hedges, Chris） 151
ヘルツル、テオドール（Herzl,

サ　行

サダト、アンワール（Sadat, Anwar）　180-187, 258, 260
ザワヒリ、アイマン（Zawahiri, Ayman）　6, 56, 58-59, 61, 97, 170, 185-187, 189-191, 194-196, 198, 240, 262, 264, 268
ジェファーソン、トーマス（Jefferson, Thomas）　140
シャイフ、アフマド・オマル・サイード（Sheikh, Ahmed Omar Saeed）　51, 172, 179, 227
シャロン、アリエル（Sharon, Ariel）　67-68
ジャンセン、ヨハネス（Jansen, Johannes）　184
シュヴァルツコッペン、マックス・フォン（Schwartzkoppen, Max von）　72
シュウォーツ、マイケル（Schwartz, Michael）　215
シュライム、アヴィ（Shlaim, Avi）　87
スタンレイ、チャールズ（Stanley, Charles）　152
スミス、アンソニー（Smith, Anthony）　40
スミス、クリスチャン（Smith, Christian）　150
セイジマン、マーク，（Sageman, Marc）　225, 230, 232, 241
ゾウガム、ジャマル（Zougam, Jamal）　227
ゾラ、エミール（Zola, Émile）　76
ソレンセン、ゲオルク（Sørensen, Georg）　39

タ　行

タロウ、シドニー（Tarrow, Sidney）　219, 223, 228
タンウィア、シェザード（Tanweer, Shehzad）　211, 223, 229, 235-236
チャーチル、ウィンストン（Churchill, Winston）　203
チンギス・ハーン（Genghis Khan）　174
ティビィ、バサーム（Tibi, Bassam）　226
ドブソン、ジェイムズ（Dobson, James）　148, 155
ドリュモン、エドゥアール（Drumont, Édouard）　74-76
ドレフュス、アルフレッド（Dreyfus, Alfred）　73-74, 76-77, 79, 134

ナ　行

ナセル、ガマル・アブドゥル（Nasser, Gamal Abd）　53-54, 180, 185-186
ナルキス、ウジ（Narkiss, Uzi）　132
ヌール、アイマン（Nour, Ayman）　258, 261
ネタニヤフ、ベンジャミン（Netanyahu, Benjamin）　68

ハ　行

パーキンズ、トニー（Perkins, Tony）　150
バーク、エドマンド（Burke, Edmund）　43

ウズイーヤ（ibn Qayyim, al-Jawziyyah） 179
イブン・タイミーヤ、アフマド（ibn Taymiyyah, Ahmad） 49, 172-173, 175-181
イブン・ハンバル、アフマド（ibn Hanbal, Ahmad） 176-177
ヴァン・ゴッホ、テオ（van Gogh, Theo） 205
ヴィノック、ミシェル（Winock, Michael, ） 75, 82
ヴィルダース、ゲルト（Wilders, Geert） 205
ヴェーバー、マックス（Weber, Max） 43
ウェルマン、ジェームズ（Wellman, James K.） 144
ウォーリス、ジム（Wallis, Jim） 148
ウスマーン・イブン・アッファーン（Uthman ibn Affan） 177
ウルバヌス二世（教皇）（Urban II〔pope〕） 107-109
エヴァンズ、マイク（Evans, Mike） 137, 142, 152
エドワーズ、ジョナサン（Edwards, Jonathan） 139
オバマ、バラク（Obama, Barack） 5-6, 263-265
オマル、ムハンマド（Omar, Muhammad） 194

カ 行

ガーゲズ、ファワズ（Gerges, Fawaz） 56
カーター、ジミー（Carter, Jimmy） 182
カーディナル、エルネスト（Cardenal, Ernesto） 220, 222
カーン、モハメド・シッディク（Khan, Mohammed Siddique） 91-93, 98, 211, 223, 227, 229, 231, 235-236, 238, 242, 246
ガブリエル、ブリジット（Gabriel, Brigitte） 240
キャスレン、ロバート（Caslen, Robert） 154
ギャムソン、ウィリアム（Gamson, William） 94
キャロル、ジェイムズ（Carroll, James） 102-103
クック、アブラハム・イツハク・ハコーヘン（Kook, Avraham Yitzhak HaCohen） 131-132
クック、ツヴァイ・イェフダ（Kook, Tzvi Yehuda） 132-133
クトゥブ、サイイド（Qutb, Sayyid） 49, 54, 56, 105, 182-183, 185
グラハム、ビリー（Graham, Billy） 148
グレイ、ジョン（Gray, John） 50
ケペル、ジル（Kepel, Gilles） 58, 134
ゲラン、ピート（Geren, Pete） 158
コンスタンチヌス（ローマ皇帝）（Constantine〔emperor〕） 108
コリンズ、ジョン（Collins, John） 114
ゴレン、シュロモ（Goren, Shlomo） 128-133

人名索引

本文に登場する主な人名を対象とした。

ア 行

アズハル、マウラーナ・マスード（Azhar, Maulana Masood） 48, 53, 169, 181, 183-184
アタチュルク、ケマル（Atatürk, Kemal） 24, 182
アダムズ、ジョン（Adams, John） 140
アッザム、アブドゥッラー・ユースフ（Azzam, Abdullah Yusuf） 49, 187-190, 196
アブデュルハミト二世（オスマン帝国カリフ）（Abdul Hamid II〔Ottoman caliph〕） 85
アブドゥ、ムハンマド（Abdu, Muhammad） 49, 52-53, 55, 180-181, 187-188, 190, 196
アブドゥルワッハーブ、ムハンマド・イブン（Abd al-Wahhab, Muhammad ibn） 55
アミル、イガール（Amir,Yigal） 135-136
アラファト、ヤセル（Arafat, Yasir） 35, 44
アリ、アヤーン・ヒルシ（Ali, Aayan Hirsi） 240
アル・アイイリ、ユースフ（al-Ayiri, Yusuf） 168
アル・アサド、ハーフェズ（シリア大統領）（al-Assad, Hafez） 57
アル・アフガーニー、ジャマール・アッディーン（Al-Afghani, Jaman ad-Din） 52-53
アル・カフターニ、ムハンマド・サイード（al-Qahtani, Muhammad Saeed） 169-170
アル・サダト、アンワール（al-Sadat, Anwar） 180-187, 258, 260
アル・ザルカウイ、アブー・ムサブ（al-Zarqawi, Abu Musab） 163
アル・スーリ、アブー・ムサブ（al-Suri, Abu Musab） 57-58, 61, 187, 192, 196
アル・ハック、ジャッド（al-Haqq, Jadd） 183-184
アル・バフリ、ナーシル・アフマド（al-Bahri, Nasir Ahmad） 58
アル・バンナー、ハサン（al-Banna, Hasan） 49, 52-54
アル・マクディシー、アブー・ムハンマド（al-Maqdisi, Abu Muhammad） 170
アル・マズハリ、ラビー（al-Madkhali,Rabi, xix） 51
アル・マスリ、アブー・ハムザ（al-Masri, Abu Hamza） 170-171, 230
アンダーソン、ベネディクト（Anderson, Benedict） 40
イスランブリ、ハリド（Islambouli, Khalid） 180-181, 185-186
イブン・カイイム、アル・ジャ

ま　行

や　行

ら　行

わ　行

た　行

な　行

は　行

さ　行

事項索引

本文に登場する主な事項を対象とした。

著者紹介

レザー・アスラン（Reza Aslan）

作家、宗教学者。1972年テヘラン生まれ。サンタ・クララ大学で宗教学を学んだあと、ハーヴァード大学神学大学院およびアイオワ大学創作学科小説部門で修士号、同大学でトルーマン・カポーティ基金小説部門の特別研究員および中東・イスラーム学の講師を務めたあと、カリフォルニア大学サンタ・バーバラ校で宗教史の博士号を取得。カリフォルニア大学リバーサイド校創作学科助教授。

CBSニュース、ナイトラインなどのTV番組の中東アナリストを務め、『ロサンゼルス・タイムズ』『ニューヨーク・タイムズ』『ワシントン・ポスト』『シカゴ・トリビューン』『ネーション』などにも寄稿。著書：*No god but God*（邦訳『変わるイスラーム』藤原書店）。

訳者紹介

白須英子（しらす・ひでこ）

翻訳家。日本女子大学文学部英文学科卒業。フリーランス翻訳者として雑誌、新聞、報道（『中央公論』、『英エコノミスト』、NHKなど）の翻訳に携わる。主訳書に『ナポレオン1812年』『クラウゼヴィッツ　戦争論の誕生』『ベルリン・ダイアリー』『オスマン帝国衰亡史』（中央公論）『日本の暗号を解読せよ』『スターリンとは何だったのか』『ソヴィエトの悲劇』『実録　ラスプーチン』『エルサレムの20世紀』『イスラーム世界の二千年』『図書館の興亡』『イラン人は神の国イランをどう考えているか』（草思社）『レーニンの秘密』（NHK出版）『変わるイスラーム』（藤原書店）など。著書に『イスラーム世界の女性たち』（文春新書）。

仮想戦争《かそうせんそう》　——イスラーム・イスラエル・アメリカの原理主義《げんりしゅぎ》

2010年7月30日　初版第1刷発行 ©

訳　者　白　須　英　子

発行者　藤　原　良　雄

発行所　株式会社　藤　原　書　店

〒162-0041　東京都新宿区早稲田鶴巻町523
電　話　03（5272）0301
ＦＡＸ　03（5272）0450
振　替　00160 - 4 - 17013
info@fujiwara-shoten.co.jp

印刷・製本　中央精版印刷

落丁本・乱丁本はお取替えいたします
定価はカバーに表示してあります

Printed in Japan
ISBN978-4-89434-752-6

イスラームは「世界史」の中心か？

別冊『環』④

イスラームとは何か

〈「世界史」の視点から〉

〈寄稿〉ウォーラーステイン／トッド／サドリア／飯塚正人／梅村坦／岡田恵美子／加賀谷寛／黒木英充／黒田壽郎／黒田美代子／小杉泰／桜井啓子／鈴木董／鈴木均／田村愛理／中堂幸政／東長靖／鷹木恵子／中村光男／西井涼子／奴田原睦明／羽田正／久田博幸／日野舜也／堀内勝／宮田律／松原正毅／三島憲一／宮治美江子／武者小路公秀／フサイン

菊大並製　三〇四頁　二八〇〇円

（二〇〇二年五月刊）◇978-4-89434-284-2

世界は「オリエント」から誕生した

別冊『環』⑧

「オリエント」とは何か

〈東西の区分を超える〉

〈座談会〉岡田明憲＋杉山正明＋井本英一＋志村ふくみ

〈寄稿〉岡田明憲／堀晄／紺谷亮一／川瀬豊子／吉枝聡子／岡田恵美子／前田耕作／春田晴郎／北川誠一／黒田壽郎／香月法子／小川英雄／大貫隆／山形孝夫／川口一彦／森本公誠／山田明爾／宮治昭／森谷公俊／田辺勝美／岡田保良／長澤和俊／石野博信／増田精一／岡﨑正孝／山内和也／中務哲郎／高濱秀／一海知義／久田博幸

菊大並製　三〇四頁　三五〇〇円

（二〇〇四年六月刊）◇978-4-89434-395-5

共存の歴史を明かす

イスラーム治下のヨーロッパ

〈衝突と共存の歴史〉

Ch-E・デュフルク　芝修身・芝紘子訳

ヨーロッパ世界とイスラーム世界は果たして水と油なのか？　イスラーム治下の中世ヨーロッパにおける日常生活の歴史から、共存の実態を初めて明かし、二大文明の出会いを描く。

四六上製　三五二頁　三三〇〇円

（一九九七年四月刊）◇978-4-89434-066-4

LA VIE QUOTIDIENNE DANS L'EUROPE MÉDIÉVALE SOUS DOMINATION ARABE

Charles-Emmanuel DUFOURCQ

民主主義の多様性

変わるイスラーム

〈源流・進展・未来〉

R・アスラン　白須英子訳

一三カ国で翻訳、世界が注目するイスラーム世界の新鋭の処女作！　いま起きているのは「文明の衝突」ではない。イスラームの「内部衝突」と「宗教改革」である。一九七二年生の若きムスリムが、博識と情熱をもって、イスラームの全歴史を踏まえつつ、多元主義的民主化運動としての「イスラーム」の原点を今日に甦らせる！

A5上製　四〇八頁　四八〇〇円

（二〇〇九年三月刊）◇978-4-89434-676-5

NO GOD BUT GOD

Reza ASLAN